本书受大连外国语大学 2019 年学科建设经费
资助出版
本书系教育部人文社会科学研究青年基金项目
“英语世界的六朝小说研究”（18YJC751033）
最终成果

英语世界的六朝小说研究

The Study of Six Dynasties' novels in the English Speaking World

芦思宏 著

中国戏剧出版社
CHINA THEATRE PRESS

图书在版编目（CIP）数据

英语世界的六朝小说研究 / 芦思宏著. — 北京：
中国戏剧出版社，2020.8
（中外文化与国际传播研究丛书 / 唐润华，张恒军
主编）
ISBN 978-7-104-04982-1

Ⅰ. ①英… Ⅱ. ①芦… Ⅲ. ①志怪小说—英语—文学
翻译—研究—中国—六朝时代 Ⅳ. ①H315.9 ②I207.41

中国版本图书馆 CIP 数据核字（2020）第 137241 号

英语世界的六朝小说研究

项目策划： 张恒军
项目统筹： 王松林
责任编辑： 郭 峰
责任印制： 冯志强

出版发行： 中国戏剧出版社
出 版 人： 樊国宾
社　　址： 北京市西城区天宁寺前街 2 号国家音乐产业基地 L 座
邮　　编： 100055
网　　址： www.theatrebook.cn
电　　话： 010-63385980（总编室）
传　　真： 010-63383910（发行部）

读者服务： 010-63381560
邮购地址： 北京市西城区天宁寺前街 2 号国家音乐产业基地 L 座

印　　刷： 鑫海达（天津）印务有限公司
开　　本： 787mm×1092mm 1/16
印　　张： 19.5
字　　数： 290 千
版　　次： 2020 年 8 月 北京第 1 版第 1 次印刷
书　　号： 978-7-104-04982-1
定　　价： 108.00 元

总序

唐润华　张恒军

一

文化，因其丰富性而具有迷人的魅力，因其重要性而备受关注和重视，因其复杂性而令研究者辗转反侧。

何谓文化？众说纷纭。《说文解字》云：“文，错画也，象交文。”[①]“文”原指各色交错的纹理，引申成为包括文字在内的各种象征符号，又具体化为文书典籍、文章、礼乐制度等。“化”指二物相接，其一方或双方改变形态性质，由此引申出教化、迁善、感染、化育诸义。《周易·贲卦》云：“观乎天文，以察事变；观乎人文，以化成天下。”[②]可见，中国先贤对“文化”的理解，已经形成了中国特有的与“神文”倾向相区别的“人文”倾向。在西方，1871 年，英国文化学家泰勒在《原始文化》中为“文化”赋予了明确的定义：“就其广泛的民族学意义来说，是包括全部的知识、信仰、艺术、道德、法律、习俗以及作为社会成员的人所掌握和接受的任何其他的才能和习惯的复合体。”[③]文化定义本身成为

① 〔东汉〕许慎：《说文解字》，中华书局 1985 年版，第 297 页。

② 〔清〕阮元校刻《十三经注疏》，中华书局 1980 年版，第 37 页。

③ 〔英〕爱德华·泰勒著：《原始文化》，连树声译，上海文艺出版社 1992 年版，第 1 页。

一个争论不休的学术现象，足以说明文化的重要价值。

文化在型构民族气质、推动国家发展和人类文明的进程中发挥着重大作用。文化是一个国家、一个民族的灵魂，是一种象征符号的系统，一个国家、一个民族在长期共同生活和社会实践中，不断地发明和运用符号，即创造文化。在文化的形成过程中，民性、民风会呈现出士风、士气，并传承后世，形成改变历史、推动民族进步的文化活力。这种文化活力将延续一个国家、一个民族的精神血脉，在薪火相传、代代守护和与时俱进、推陈出新中，保持国家和民族的生机与活力，支撑经济社会的发展。在人类文化发展的进程中，不同思想文化相互碰撞、彼此交融，又会共同推动人类文明的进步。尤其是16世纪以后，文艺复兴、工业革命、法国大革命等推动的现代文化，显著地改变了人类文明的进程。

文化是国家软实力的重要组成部分。20世纪90年代初，约瑟夫·奈提出了软实力的概念，认为软实力即国家的文化力量。[①] 文化确实是越来越成为一个民族凝聚力和创造力重要源泉，成为国家综合实力的重要指标。尤其是作为文化软实力灵魂的核心价值观，对外，它会展示出国家的创造力、思想的影响力、观念文化的亲和力以及文化产品的辐射力等；对内，它会表现为国家的凝聚力、民族发展的生命力、公民的创造力等。因此，习近平说："文化自信，是更基础、更广泛、更深厚的自信。"[②] 文化自信是一种广普自信，是国家、民族、人类的灵魂，也是信仰、信念的底气和支撑。文化自信是国家软实力建设的关键内容。

文化是建立国与国之间良好沟通及和谐世界的重要桥梁。随着全球化时代的来临，国家、民族之间的差距在缩小，不同文化之间和谐相处是最大的利益所在。其实，不同文化的本质或精神是相通的，约翰·贝利的适应理论、特纳等人的社会认同感理论等，都是建立在此基础上的。因此，20世纪50年代，爱德华·霍尔系统研究"跨文化传播"，旨在研究来自不同文化背景的人们如何进行

① 〔美〕约瑟夫·奈：《软实力》，马娟娟译，中信出版社2013年版，第1页。

② 《习近平在庆祝中国共产党成立95周年大会上的讲话》，《人民日报》2016年7月2日第1版。

交流和沟通。的确，文化可以成为国与国之间良好沟通的重要桥梁，丝绸之路、宝莱坞电影、熊猫丛书等，都是跨文化传播的典型案例。

二

中华民族在5000多年文明发展进程中，创造了博大精深的中国文化。及至五四新文化运动，中国文化揭开了现代转型的序幕。源于中华民族内生性的演化，当代中国最终选择了社会主义文化，实现了马克思主义、社会主义与中国传统文化的有机融合，最终形成了新时代具有中国特点、中国风格、中国气派的中国文化。

中国文化是一种一体多元文化。一体，即中国文化始终内蕴着统一的核心形态的价值理念，成为各种具体文化思想的主流规范；多元，即各民族共同创造的，故其形式呈开放辐射性，内容多元而丰富。中国文化主要有三个方面的特质：一是“和而不同”的仁爱精神。“和而不同”思想将有助于建设一个人与自然、与社会、与人之间和谐的、可持续发展的美丽新世界；二是万物“共生”的生命精神。中国文化主体是以“生”为核心范畴生命本体论，强调“共生”，“天地与我并生，万物与我唯一”①、“兼相爱，交相利”②。“远人不服，则修文德以来之”③、“四海之内皆兄弟也”④、“己所不欲，勿施于人”⑤，这些中国人的处世哲学，也是奉献给当代世界的核心价值理念；三是以人为本的人文精神。以人为本的人文精神是中国文化最根本的精神，是中华民族对人类的一项重要贡献。

当代中国文化深植于中华优秀传统文化。习近平总书记在评价中华优秀传

① 〔清〕王先谦：《庄子集解》，商务印书馆1934年影印版，第13页。
② 〔清〕孙诒让：《墨子间诂》，中华书局2001年版，第103页。
③ 〔清〕刘宝楠：《论语正义》，中华书局1990年版，第649页。
④ 同上书，第488页。
⑤ 同上书，第485页。

统文化时，多次用精神命脉、重要源泉、坚实根基、突出优势、最深厚的软实力等，突出其地位和作用。当代中国文化继承了中华优秀传统文化中讲仁爱、重民本、守诚信、崇正义、尚和合、求大同等基因。当代中国文化立足于红色革命文化，从红船精神、井冈山精神、长征精神、延安精神、西柏坡精神到当代中国特色社会主义文化的繁荣，是党领导人民在革命、建设、发展中，创造了革命文化和社会主义先进文化。

中国正处在全球化背景下实现民族复兴的关键时期。如何实现中华文明与世界文明交流互鉴，用文化自信唤醒世界对中国的新认识，确认自身文化的主体性，建立一个可持续的后现代文明，是中国的历史性机遇。所幸的是，一种新的建设性的思维方式和建设性的后现代化之路正在中国不断推进，“后现代是人与人、人与自然和谐共处的时代”①、因而要“建设持久和平、普遍安全、共同繁荣、开放包容、清洁美丽的世界”。②

2012 年，中共十八大明确提出“要倡导人类命运共同体意识”。这一理念的建构与流变过程不仅彰显了中国与世界同呼吸共命运的发展战略与交往策略，同时也传递了源自中华民族传统文化精髓的伦理价值观。正如贝克所说：“全球化首先是人类共同命运的意识，世界所有国家和民族已经被纳入一个休戚与共、相互依存的‘风险共同体’。”③ 这一理念有利于破解国家理性的自利性及国家间合作共赢格局的困境，体现了各国命运与共的根本格局对国家间合作共赢的新要求，预示着人类命运共同体意识和人类共同价值的双驱动。

2013 年 9 月和 10 月习近平分别提出建设“新丝绸之路经济带”和“21 世纪海上丝绸之路”的合作倡议。“一带一路”倡议不仅造福中国人民，而且造福各

---

① 汤一介：《当前中西文化交流与会通的一种可能趋势》，《跨文化对话》第 29 辑，生活·读书·新知三联书店 2012 年版，第 25 页。

② 习近平：《决胜全面建成小康社会　夺取新时代中国特色社会主义伟大胜利》，人民出版社 2017 年版，第 58—59 页。

③〔德〕乌尔里希·贝克：《自由与资本主义——与著名社会学家乌尔里希·贝克对话》，路国林译，浙江人民出版社 2001 年版，第 104 页。

沿线国家和整个人类，不仅将推动沿线国家乃至全球的经济社会发展和变化，而且将会推动中国与沿线国家乃至全球的信息交流与文化碰撞，让世界真真切切地感受中国。“一带一路”不仅是实现中华民族振兴的伟大构想，也是沿线各个国家的共同事业，使经济互补、地缘毗邻、文化趋同的国家间形成紧密的合作关系。“一带一路”蓝图的设计，向世界展现了一幅横贯东西的战略布局，为未来的世界发展带来无限的生机。

与此同时，中国面临的外部环境正在发生巨大变化：传统的政治经济格局、全球治理体系不断深刻调整，尤其是世界多极化、经济全球化、文化多样化、社会信息化日益发展，国际传播的场景和模式都发生了深刻变化，文明交流互鉴面临着新机遇、新挑战，中国价值观在国际中的传播也面临新问题、新需要。传统的全球理论、文化理论、传播理论都逐渐不适应新的时代特征，中国的对外交流和国际传播需要寻求新的理论支撑，从新理论中寻找方向指引、解释工具和应对方案。

三

人类文明千姿百态，文化千差万别。差异形成了人类文化的丰富多彩、博大精深，差异也形成了不同文明、文化间的冲突。

中国文化和西方文化作为人类社会非常重要的两大文化体系，差异性是客观存在的。文化学的解释不外乎三种视角：第一是地理环境，不同民族所处的地理环境不同；第二是种族，认为种族不同，文化就不同；第三是历史，认为不同的文化在长期积淀中逐渐形成。

差异不可怕，人类历史就是各种文化互相传播、碰撞、融合和不断创新的过程。尤其是在全球化、高科技时代，各个文明相互之间的冲突，意味着所有文明的整体毁灭。所以，亨廷顿也说，“在文化间的战争中，受损失的是文化”。因此，文化多元共存是人类可持续发展的需要。文化单一性必然导致脆弱，文化多样性产生稳定性；单一性导致极端性，多样性产生包容性；单一性容易导致文化中心主义，多样性有利于弘扬文化相对论。

文明的冲突归根到底是价值观的冲突。价值观念是指本民族共同坚守的行为道德标准，任何一个民族都希望自己的文化与价值观得到他民族的认同并影响他民族。国家价值观就是人们对自己国家存在意义的估价或最高评价，是人们判断国家存在、发展和变化的根源。每个国家都有自己的“核心价值观”。国家核心价值观是一个国家长期形成并经其成员认可的基本价值理念，集中体现了国民的价值追求和行为取向，是社会意识形态最重要的组成部分，对于增强本民族的向心力、凝聚力和软实力极其重要。西方的个人主义价值观和东方的集体主义价值观都有其优秀的一面。

与此同时，人类文明的进步需要各国人民形成并遵循一个共同价值观，而这个共同价值观不仅需要与各国的国家价值观兼容并蓄，而且需要各国价值观的滋养与贡献。吸收和消化不同文化传统中的优长以达到“会通”是人类文化发展的必由之路。正如罗素所说：“不同文明之间的交流，过去已经多次证明是人类文明发展的里程碑。”①

20世纪以来，国际社会可谓风云激荡。随着民族意识、民族思想的崛起及其在民众间的普及与深化，第三世界国家和地区普遍寻找话语权，期待发出自己的声音。如何确立自己的文化身份，寻求走向现代化的多元模式和道路；如何有效展开主体间性，确立不同文明间的对话立场，呼应和平发展、和谐相处的时代主旋律，成为理论界、学术界探索的核心命题之一。

“9·11”事件后，研究者开始关注文明的冲突，关注跨文化沟通。国际传播的主体是谁？国家、国际性非政府组织、全球媒体和全球公民在哪些层面、哪些场景下互动？信息的跨国流动在不同的文化、制度下带来了哪些问题？文化间或者文明间的冲突不可避免吗？康德所构想的永久和平是否只是一个美丽的梦？

对于理论界、学术界而言，我们必须通过对人与人之间、文化与文化之间、

---

① ［英］罗素：《一个自由人的崇拜》，出自《中西文化之比较》，时代文艺出版社1988年版，第8页。

国家与国家之间的深入研究，建设跨文化的学术共同体，通过“行动”和“一起做事”，探讨人类共同问题的解决之道。这也是国际传播研究的新趋势。

四

基于上述理解，我们决定出版这套《中外文化与国际传播研究丛书》。

本丛书的主要内容侧重于跨文化传播，尤其是文化的国际传播，既包括从学术上对文化传播的相关理论进行多视角、跨学科的探讨，也包括从应用上对文化传播的现实路径进行深入、系统的回顾与前瞻；既包括对中国传统文化和当代文化及其蕴含其中的价值理念的阐释，以及对中华文化海外传播历史与现状的检视，也包括对他国文化及其海外传播进行全面深入的案例剖析。

丛书同时作为国家社科基金重大项目《“一带一路”背景下中国价值观的国际传播研究》（项目批准号：17ZDA285）的阶段性研究成果和延伸性研究成果。阶段性研究成果主要由该项目课题组成员提供，这些成员包括来自中国传媒大学、华中科技大学、武汉大学、复旦大学、北京外国语大学等国内著名高校的资深学者以及来自《人民日报》、新华社、中央电视台等权威媒体的资深专家。这些成果主要关注中国价值观国际传播的环境演变与理论创新研究、“一带一路”沿线国家对中国价值观的认知与认同研究、国家价值观念国际传播的中外比较研究、人类命运共同体视阈下中国价值观的跨文化阐释研究、“一带一路”背景下中国价值观国际传播创新研究等。延伸性研究成果主要由大连外国语大学的教学与科研骨干提供，学科领域包括新闻传播、国际关系、中国文化、比较文学、对外汉语等，主要关注跨文化传播前沿理论研究、中华文化本体研究、东西方文明与中外文化比较研究、中华文化国际传播研究等。我们希望这些学术探索对于促进全球化时代中外文化的交流互鉴、深化“一带一路”背景下中国价值观的国际传播研究等会有所裨益。

最后，感谢大连外国语大学、中国戏剧出版社对本丛书出版的大力支持。

前言

preface

六朝时期是中国古小说发展的高峰阶段，以志怪与志人为代表的两种小说，都取得了前无古人的辉煌成就。在中国小说的发展史上，六朝小说肩负着承上启下的重要角色，是中国小说史研究的重要部分。小说作为一种文体形式在这一时期逐渐成熟，小说创作也呈现了前所未有的繁荣景象，此时诞生的小说数量近二百部。六朝小说在人物刻画、叙事手法、故事情节等方面均基本成型，直接影响了唐传奇、宋话本，以及明清时期的白话小说。以《搜神记》和《世说新语》为代表的六朝小说，是中国古小说中“志怪”与“志人”的典型代表，其中记录的故事条目反映了六朝时期的社会环境、士人生活，以及宗教文化等多方面内容，是研究六朝文学的重要材料。自 20 世纪 80 年代以来，中国对六朝小说的研究达到了阶段性的高峰，在考据、校注、语言、文化等方面的研究中，均有了突破性的进展，至今仍保持着上升的趋势。

作为中国小说发展的早期代表，六朝小说的研究已走向世界，在译介、阅读、研究等方面，取得了一系列的研究成果。由于中西方文化间的巨大差异，六朝小说在英语世界中的接受与研究与国内的情况不尽相同，西方学者往往秉持着他们所特有的研究视角和思维方式，在研究的侧重点与方法上均与中国学者有所差异。因此，我们有必要对英语世界中六朝小说的译介和研究情况进行详细地分析总结，以便了解中西方现有的研究成果，在双方的相互交流沟通之中，推动对六朝小说研究的进一步深入。

鉴于目前国内尚无对英语世界六朝小说译介与研究进行总体梳理与再研究的学术专著或博士论文，本书第一次对英语世界六朝小说的译介与研究情况进行归纳与整理，并侧重于英语世界对六朝小说的文体特点与艺术特色研究，凸显六朝小说作为断代文体史的重要作用，以及其对后世小说创作、审美观念等方面的影响。本书全面分析了六朝小说在英语世界译介与研究的总体情况，包括已出版译著、书评、研究专著、学位论文、期刊论文，并重点探讨了六朝小说的文体形式特点，及其与六朝时期的社会风尚、宗教思想等文化现象的关系。本书以英语世界六朝小说的研究成果为依据，重点分析了英语世界关于六朝小说的文体形式、叙事手法、故事情节，以及小说与六朝文化的研究，包括志怪小说与佛教、道教的影响关系，志怪小说反映的鬼神观念，志人小说刻画的魏晋士人生活等内容。在此基础上，书中还指出了总体译介与研究的不足之处，通过中西方六朝小说研究的侧重点和方法比较，提出了英语世界研究对中国学界的借鉴与参考价值。在中西方相互交流与影响的基础上，以期打破中西方的文化隔阂，推动六朝小说的传播与研究，扩大六朝小说在世界范围内的影响。

目录

contents

绪　论

一、研究意义

中国文学作为中国文化的重要载体，凝结着中华民族先辈们的卓越智慧，从远古时期的神话传说到晚清时期的谴责小说，中国文学所取得的成果可谓蔚为大观，为后人奠定了坚实的研究基础。不仅如此，在中华文化走出去的前提下，关注中国文学在异域文明的传播和研究也显得尤为重要，以便对中国文学的传播和变异情况有更为清晰的认识，同时结合中国本土的研究特点，从变异学的研究视野出发，分析中国文学在英语世界中发生的变异现象，从而促进跨文明研究的进一步深化。

中国小说体裁的雏形出现于两汉时期，在《汉书·艺文志》中已列出 15 家小说，并出现了杂史类小说、杂俎小说和早期志人小说、志怪小说的作品，例如《山海经》《括地图》《异闻记》《列仙传》《蜀王本纪》《吴越春秋》《西京杂记》等均创作于先秦两汉时期。魏晋时期，小说作为一种文体形式逐渐趋于成熟，在近四百年的历史进程中呈现了繁荣的创作现象，各朝代的作家们共创作了近两百部小说。魏晋南北朝是中国小说史上一个承前启后的时期，小说的形式特点在此时基本成型，并对唐传奇产生了重要影响。在艺术形式、思想内容等多个方面，唐传奇均渗透着魏晋小说的特点，其许多故事情节都是从魏晋时期的志怪小说中演化而来。作为断代文体史的重要部分，六朝小说研究的深度与广度，都不及其他断代文体史，造成了六朝小说研究的诸多缺憾。近年来，以宁稼雨先生为代表的诸位学者，逐步增强了对六朝小说的关注，通过搜集整理前贤的研究成果，同时加以详细的述评，对六朝小说的整体研究起到了积极的推动作用。就20世纪的成果来看，对六朝小说的研究不仅集中于文献版本的考证，还触及了更为具体的艺术特色方面，这种系统深入的理论研究，对于确定六朝小说的文学史地位也有重要意义。

从广义上来说，魏晋小说主要有志怪与志人两种题材。中国几千年的历史创造了大量的神话传说，因此志怪在中国文学中有着悠久的历史传统，如先秦的神话、寓言，两汉的方士小说，都有志怪主题的内容存在，但直至六朝时期志怪才成为一种文体形式逐步成熟。据李剑国先生统计，六朝时期，志怪小说可考者达八九十种之多。[①] 六朝时期，道教思想盛行，同时大量佛经传入中国，六朝之际鬼神之说随之大炽，志怪小说在这种环境下应运而生。正如鲁迅先生所说："中国本信巫，秦汉以来，神仙之说盛行，汉末又大畅巫风，而鬼道愈炽，会小乘佛教亦入中土，渐见流传，凡此皆张皇鬼神，称道灵异，故自晋讫隋，特多鬼神志怪之书。"[②] 六朝志怪小说以干宝的《搜神记》为代表，此外还有陶潜的《搜神后记》、刘义庆的《幽明录》、王嘉的《拾遗记》、东阳无疑的《齐谐记》、刘敬叔的《异苑》、任昉的《述异记》、王琰的《冥祥记》等。

魏晋时期，清谈之风盛行，崇尚虚无的道家思想开始融入士流清议之中，并形成了魏晋时期独具特色的"玄学"思想。志人之书秉承了传统的史家传记笔法，以记录描写士人言行举止和道德品格为主要内容，为后世的小说创作提供了良好的范例。志人小说的代表作是刘义庆所编撰的《世说新语》，此外还有裴启的《语林》、郭澄的《郭子》、沈约的《俗说》、殷芸的《小说》、邯郸淳的《笑林》等。根据对中国古典小说的研究成果分析，学界往往将重点放置于明清小说的研究之中，对六朝小说研究的深度与广度均不及明清小说，这固然与明清小说成熟的文体形态密切相关，与之相比六朝小说呈现出"丛残小语"的文体特点，

---

① 李剑国：《唐前志怪小说史》，天津教育出版社2005年版，第218页。

② 鲁迅：《中国小说史略》，人民文学出版社2005年版，第45页。

在人物塑造、思想内涵、情节设置等方面都与明清小说有较大差距。此外，六朝小说的文献搜集工作困难重重，因魏晋南北朝时期复杂的历史环境等因素也使学者们望而却步，这就造成了魏晋南北朝小说研究的不足。然而，六朝小说作为中国古典小说的初始阶段，诞生了《搜神记》《世说新语》等流传于世的佳作，同时为后世的文学作品提供了大量的题材，在语言规范和审美观念上均对后世小说产生了深远影响。

尽管中国对六朝小说的研究历史已久，也取得了许多可喜的研究成果，但是英语世界的六朝小说研究却未引起国内学界的足够重视，造成了六朝小说研究的诸多缺憾。从笔者目前掌握的资料来看，六朝小说得到了英语世界诸多学者的重视，多位知名汉学家毕生致力于六朝小说的研究，尤其是《搜神记》和《世说新语》得到了英语世界学者们的广泛关注。基于国内外对六朝小说的研究材料，本书试图以跨文明研究理论为基础，对英语世界的六朝小说研究现状进行系统地梳理，分析六朝小说研究的国际视野和崭新方法，以期对六朝小说的研究成果加以补充。本书以英语世界丰富的研究资料为依据，立足于中华民族的文化本位，对六朝小说的域外传播进行深入研究，从而推动中国文化和文学的繁荣发展，这在跨文明研究的视域中显得更为重要。

此外，本研究以曹顺庆先生的变异学观点为理论依据，比较六朝小说在国内外的研究差异，分析异质文化间研究的共同性与差异性，并侧重于六朝小说的文体特点和艺术特色。曹先生认为："文学作品和文学理论在从一地'旅行'到另一地的过程中难免会发生信息的遗失和变形，如果不考虑变异的研究，那么这样的实证实际上是不科学的。"变异学理论指出话语、形象、文本、文化等要素会在传播的过程中发生变异，如何清晰地意识到中西文化的异质性，是当前学术交流亟须解决的关键问题，从变异学的视角出发研究六朝小说，也会对国内的研究产生积极的启发与借鉴意义。英语世界六朝小说的研究，不仅是对其译介和传播情况的系统梳理，更是从"他者"的研究视角中重新审视自身的过程，可以加深我们对于中国传统文学和文化的认识。

二、国内本课题的研究现状

欧美汉学界对中国六朝时期的文学关注颇多，无论是诗歌、散文、小说及文学理论在英语世界中均有深入研究。据程章灿在《欧美六朝文学研究管窥》一文中介绍，海外汉学界中的“Early Medieval China”专指六朝时期，中文多译为“中古”，而集中研究六朝文学的英文期刊“Early Medieval China”也是以此命名。“Early Medieval China”，中文标题为《中国中古研究》，是由美国的中国中古研究会（The Early Medieval China Group）编辑出版的，该机构成立于1986年，隶属于美国亚洲学会（the Association of Asian Studies），常设会址在佛罗里达大学（University of Florida）。《中国中古研究》以魏晋南北朝时期的文学与文化为研究对象，发表与之有关的论文、书评、报道以及研究信息，知名汉学家侯思孟、丁爱博、马瑞志、傅汉思、海涛玮、康达维等学者均在此刊物上发表过大量文章。[①] 该学会定期举行会议，聚集学者们进行广泛交流，并有较为成熟的网站系统，便于研究成果的及时发布，对于推动六朝文学的海外传播起到了重要的作用。

六朝时期，小说作为一种文体形式逐渐趋于成熟，志怪小说的写作数量和质量都达到了前所未有的高峰，志人小说也出现了《世说新语》这一集大成之作，欧美汉学界对此有颇为丰富的研究成果。国内学界对英语世界六朝小说的研究，大多停留于《搜神记》与《世说新语》的译本分析，且多以学位论文为主，下文主要对六朝小说的国内英译研究加以概述：

（一）《搜神记》与志怪小说的英译研究

六朝志怪小说的翻译工作在中国早期由杨宪益、戴乃迭夫妇进行，多刊登

① 程章灿：《欧美六朝文学研究管窥》，《南京理工大学学报》（社会科学版）2008年第1期。

于《中国文学》(*Chinese Literature*)中，这也是中华人民共和国成立初期重要的文学译介刊物。1949年中华人民共和国成立，由于西方对中国实行封锁政策，造成了中西方之间沟通与交流渠道的不畅。为了打破这种局面，或出于对外宣传的需要，1951年《中国文学》(英文版)创刊，主要译介解放区的文学，以满足国外一些读者想了解新中国文学创作情况的愿望。作为一本翻译期刊，《中国文学》刊登了大量中国传统与现代文学作品，杨、戴二人的《汉魏六朝小说选》(*Selected Tales of the Han, Wei and Six Dynasties Periods*)是较早的六朝小说的译本。此外，为了配合毛泽东"不怕鬼"的思想，《中国文学》还刊登了杨、戴夫妇翻译的《列异传》《幽明录》《搜神记》等志怪小说。1988年，香港商务印书馆出版了《中国神话与志怪小说一百篇》(*100 Chinese Myths and Fantasies*)，选取了中国流传较广的神话故事与志怪小说进行英译，整个翻译工作由著名的翻译家丁往道先生主持，参与者有刘英敏、李兵、赵根荣等五位。全书按照时间顺序分为古代、魏晋、唐宋、清代四个部分，时间的跨度较大，选取的篇目也基本能反映当时神话志怪小说的发展状况。志怪小说代表作《搜神记》的全译本由丁往道先生翻译，该版本是国内可见的《搜神记》英译的经典译本，大中华文库汉英对照中收录即是丁先生的译本。作为志怪小说的早期代表，《搜神记》的故事与结构虽较为简单，但却真实典型地反映出了中国早期先民们汪洋恣肆、自由无拘的想象力，以及他们对世界的理解和认识。丁往道先生的翻译精准得当，基本再现了中国古代神话传说与志怪故事的形象与内涵，丁译本也是国内关于《搜神记》的权威译本。就国内学界的研究现状来看，多是以丁往道先生的全译本为材料基础，以译介学为理论基础进行研究，从语词翻译、跨文化变异等多角度对《搜神记》英译进行深入地探讨。

据笔者目前所掌握的材料来看，关于志怪小说英译的学位论文和期刊论文数量均非常有限，仅有三篇关于六朝志怪小说英译的学位论文，且多集中在对《搜神记》的研究之中。

2004年西南交通大学吴山倩文的硕士论文《从模仿到重构——搜神记"realia"

翻译批评》提出，指代特定文化事物或观念的一类词或词组在翻译领域被称作“realia”。中国传统的志怪小说《搜神记》中包含了大量的“realia”。这些词或词组体现了魏晋时期的中原文化特质，由此形成了一个民族文化实体。《搜神记》的文学性被视为文化信息的一部分，文学性必然与“realia”的形式联系在一起。翻译过程是以重构的方式来模仿原文民族文化的行为，称其为重构是因为在这样一个翻译过程中，源语文本中“realia”的形式改变了，内容也被替换成目标语文化中大致相等的内容。该论文从体现民族特质的“realia”一词入手，通过比较两个英文全译本中的“realia”，概括出两者在翻译策略选择和运用上的不同之处，进而在目的论框架内评价译文，用一种动态的观点看待民族文化在目标语文本中的保持和传承。

2011 年，华中师范大学谢承凤的硕士论文《从〈汉魏六朝小说选〉杨、戴英译本看译者主体性的彰显》，以杨、戴夫妇翻译的《汉魏六朝小说选》为研究材料，综合各种翻译理论，彰显译者主体性在翻译过程中的重要作用。全书采取了定性研究的方法，对杨、戴翻译的《汉魏六朝小说选》英译特点进行梳理和总结，分析译者在翻译过程中起到的关键性作用。同时，作者对汉魏六朝小说的原文与杨、戴的《汉魏六朝小说选》逐一对照，探究翻译家在翻译中对原始文本、翻译策略、文体风格的选择，以及如何在异质文化间传递中国深厚的文化意蕴。通过对比分析，作者发现译者的主动性又同时体现为能动性、受动性和为我性。不仅证明了能动性、受动性和为我性共同构成了翻译主体的本质，也为研究中国典籍英译主体提供了新的思路。

2014 年，四川外国语大学王征欧的硕士论文《基于“翻译目的论”视角的〈搜神记〉副词英译探究》，选择《搜神记》中的副词作为古籍翻译的研究对象，将东晋干宝所撰《搜神记》中的副词和当代著名翻译家丁往道先生所译的《搜神记》英译本进行比较，总结其翻译规律及技术处理，并结合“翻译目的论”的原则，对其进行全面细致地考察和纠异。该论文选取《搜神记》中出现的 237 个副词，结合何乐士先生的翻译理论，将其分为时间副词、范围副词、状态副词、程度副词、频率副词五大类，参照丁氏译文对每个副词的英译情况进行逐个研究，从而探讨丁氏译本的功过得失，为现在中古副词的翻译提供了借鉴。

在期刊论文方面，未搜集到有关六朝志怪小说的研究论文，仅有少量关于六朝志怪小说译介的相关文章。1989年，李嫣嫣介绍了由丁往道教授主持翻译的《中国神话及志怪小说一百篇》（以下简称《百篇》），总结了《百篇》的三个特点：其一是选材广泛，有代表性；其二是英译准确，流畅自然；其三是排版雅致，印刷精美。李嫣嫣指出《百篇》的选材从远古的“盘古开天地”到清代的《聊斋志异》和《阅微草堂笔记》，故事题材多样，从赞美英雄、讴歌爱情，到狐妖助人、生活趣闻都有涉及，对中国各时代的志怪故事做出了较为得当地选取和翻译。此外，作者通过选取一些片段的中英文对照，指出了《百篇》在翻译中的精准与凝练，肯定了丁往道先生等人的贡献。① 另有一篇《中国古代神话及志怪小说英译问题》，作者对当前出版的志怪小说英译本的特点做出了简要分析，指出神话译介首先要面对的是不同文化间的差异问题，其次要求翻译者的双语修养，并强调了翻译过程中要具备整体意识，同时对中国神话故事和志怪小说的翻译工作提出了一些建议。②

（二）《世说新语》的英译研究

六朝时期诞生了中国志人小说的巅峰之作——《世说新语》，无论是其人物品藻的传统，还是其中反映出的魏晋士人生活，又或是“世说体”的形成及影响，均得到了国内外学界的广泛关注。尽管中国对《世说新语》的研究已近千年，从文献学、语言学、文艺学、美学等多种角度对《世说新语》进行了深入挖掘，但国内关于《世说新语》的译介却相对滞后。国内出版的《世说新语》英译本，主要有马照谦翻译的《绘画世说新语》（上海古籍出版社，2004），该书选取

① 李嫣嫣：《中国神话及志怪小说一百篇》，《外语教学与研究》1989年第4期。

② 杨文斌：《中国古代神话及志怪小说英译问题》，《黔东南民族师范专科高等专科学院学报》2004年第4期。

了《世说新语》中广为传诵的百篇典故、名人逸事，配以古朴飘逸的插图，精炼深入的点评和简洁流畅的英文对照。然而，马照谦的英译本中存在着诸多小到拼音错误、单词拼写、姓名字号混淆，大到漏译、误译、表述不当，甚至文化信息传递错误等问题，因此没有引起学界的广泛重视。

在学位论文方面，学界多是从语言学的研究视角出发，结合马瑞志先生的英译本，研究马氏在翻译中的策略以及存在的不足之处。据笔者所掌握的学位论文共有以下 5 篇。

2005 年重庆大学肖娴的硕士论文《〈世说新语〉及其英译本词汇衔接比较》以哈利迪与哈桑的衔接理论为基础，并参考国内外学者对词汇衔接的相关理论，将《世说新语》及其英译本中使用的各种词汇衔接手段进行系统性比较，探究原作与译作如何通过词汇衔接手段实现语篇主题的统一。肖娴的论文采取定量与定性相结合的研究方法，选取了《世说新语·言语篇》及其英译作为定量研究的语料，通过统计各种词汇衔接手段在汉英文本中的使用次数及所占比例，分析其在文本中的分布规律，总结了汉英语篇在词汇衔接手段上的异同。结合数据支持，在定性研究部分引用了《世说新语》及其英译本中典型的实例，揭示了汉英语篇在词汇衔接手段和语篇主题实现上的相同点，以及它们在使用频率、具体表现方式等方面的差异。文章还分析了造成这些差异的原因，并总结译者在翻译过程中如何重现词汇衔接关系，有效地处理衔接手段的策略。

2011 年复旦大学赵梦的硕士论文《〈世说新语·文学〉英译商榷》肯定了马瑞志先生《世说新语》英译本的重要影响，指出现今对《世说新语》英译本的研究主要集中于译文商兑与《世说》本文及刘注的疑难词句的考释方面。在该论文中，作者选取《世说新语·文学》作为个案研究，以两版《世说新语》的英译文本为底本，对两者之间的异同进行了比对。同时，在前辈学者译文商兑的基础之上，对研究过程中发现的问题加以说明，并进一步提出参考译文。此外，该文结合各家对《世说新语》的词义辨析，探讨了词义考释、短语解析、句读斟酌以及章句解读等多方面的问题。在结语部分，作者指出马瑞志《世说新语》英译以传译精准为特出之处，其显著特点主要有三。其一，马氏在汉文方面有着很好的造诣，尤其注重中文固有的结构，译文亦以畅达文义且忠实传递语言结构为任，相对于英文惯用法中对于中文的某些“破格”，译者更倾向于逐字逐句保留原文的意象、观念与字词结构；其二，马译具备精确移译的特点，又因某些文句处不可免于文义传递的偏差，这一偏差主要表现为对分译的惯用上。此外，汉语发展至中古时期的重要标识即是大量复合词的产生，英译《世说新语》一书中出现的复合词大多做分译处理；其三，马氏的英译本在注释上做得极为详尽，在介绍魏晋时期的氏族谱系、人物关系与历史背景上，均有详细缜密的考证与提点。

2013 年山西大学郝瑞玉的硕士论文《〈世说新语〉的英译问题与策略研究》通过解析马瑞志《世说新语》英译例证，运用翻译理论分别对文本中的文化术语、文化词以及典故成语的英译问题进行了研究。该论文以马瑞志的《世说新语》英译本为底本，作者指出了由于中西方文化间的巨大鸿沟，文化术语在翻译成英文后并不能完全体现其本义，造成目的语国家的读者不能准确理解文化词的内涵。因此这就需要在注释中加入文本之中的社会背景和语词的衍生意义，如果译文中没有注释和背景介绍就会给读者造成阅读上的障碍。同时论文中还列举分析了由于对词句理解不当、对上下文语境把握不当和对文本考释不足等原因造成的误译。对《世说新语》的翻译工作，除了对词语及意义的恰当处理外，还要对文化术语、人物背景、历史典故的翻译采用相应的翻译策略，有助于读者更好地理解原文本。除此之外，本书还探讨了《世说新语》的英译策略，阐释了音译策略、直译注释策略、意译策略、化境策略和语境语用策略的特点和在具体语境中的运用，并列举分析了马译本中由于文化差异造成的某些误译和漏译。

2013 年四川外国语大学谢明君的硕士论文《〈世说新语〉副词英译研究》，以马瑞志的英译本为研究对象，将《世说新语》的副词分为时间副词、语气副词、否定副词、程度副词、状态副词、范围副词六类，对每个副词的翻译方式进行详尽地描写。在此基础上，归纳副词在英汉对译中的一般规律，评价马译本《世说新语》得失。作者指出，马氏译文最大的特点就是忠实于原文结构，基本还原了刘义庆创作《世说新语》时的故事情节和时代背景，译文传译精准，结构紧密，系统科学，堪称古籍翻译的里程碑之作。对于马译本副词的错漏之处，作者也有进一步考证，即对语气副词“已”的漏译，对范围副词“直”与语气副词“盖”的错译。

2015年河南师范大学张玉的硕士论文《〈世说新语〉英汉译文冲突研究》对比了张万起、刘尚慈翻译的《世说新语》汉语译文和马瑞志翻译的英语译文，找出两者之间本该相同却存在的差异之处，通过逐条的对比分析，将其分为以下三类：词语类、语句类以及人名类。该论文通过查阅不同版本的笺疏和校笺中的特定词汇，结合前人学者对英译版本的译文商兑，将这些译文冲突之处加以比较分析。作者对汉英译文的主体部分进行总结，从一定程度上将汉英译文间的差异做出了相对合理的解释，从而对新版英译起到了一定的参考作用。张玉对汉译和英译的对比研究，符合中国文化传播的当前语境，可从比较的视野中反观自身，对国内的相关研究起到启发和借鉴的意义。

除上述研究成果外，许多知名学者也围绕《世说新语》的英译本，对马瑞志先生的学术成果进行了系统研究。1990年，著名翻译家梁实秋先生发表《读马译〈世说新语〉》一文，表达了自己翻译《世说新语》的夙愿与翻译工作的困难，因此对马译本的《世说新语》极为推崇。梁先生赞赏了马瑞志教授对《世说新语》英译的贡献，正如他所说：“‘世说’不是容易译的书，都三卷36篇，1134条，短者八九字，长者二百字左右。马译全文照译，绝无脱漏，是最值得钦佩处。不特译了正文，兼及刘孝标注，有时也添加若干自己的注解。”[①] 此外，梁实秋还指出了马译本中的误译、漏译等一些由于文化差异造成的翻译错误，但总体上对马译本《世说新语》持褒扬的态度。周一良、王伊同两位先生合撰的《马译〈世说新语〉商兑》，总共商榷了410条，随后周先生在《马译〈世说新语〉商兑之余》中又增补了37条，基本纠正了马译本中存在的诸多缺漏之处。此二文共

① 梁实秋：《读马译〈世说新语〉》，《世界文学》1990年第2期。

同收录于《魏晋南北朝史论集》一书中。四川大学的张永言先生结合前贤学者们的研究成果，发表了《马译〈世说新语〉商兑续貂》二文，进一步补订了马译本中的不足之处，诸位先生细致地考证对《世说新语》的英译与传播奠定了坚实的文本基础。范子烨先生的《马瑞志的英文译注本〈世说新语〉》于1998年发表在《文献》上，该文以逐条对照分析的方式，对马瑞志的英译本进行了分析与评论，肯定了马译本在词汇运用、注释解释、背景介绍等多方面的突出贡献，不仅对原文进行了精准的翻译，成功实现了六朝小说的“他国化”，也使英语世界的读者能够跨越语言和文化的障碍，领略中国传统语言的独特魅力。范子烨先生的另一文章《马瑞志博士的汉学研究》，则是以马瑞志先生的生活经历为线索，对马氏的汉学研究脉络进行了系统的梳理，肯定了马瑞志在汉学海外传播方面做出的卓越贡献。龚波的《马译〈世说新语〉考辨》于2014年发表于《汉语史学报》，该文结合了前贤学者们对马译本提出的诸多问题，提出了对“要之”“死生是同，愿少见待”“自宫以侍君”“祚尽昌明”等词汇翻译问题的见解，促进了马译本的修正与完善。2016年陈瑜敏、王璐瑶的《评价系统视角下〈世说新语〉及其英译比较研究》在语篇评价系统的框架内，对《世说新语》中的100个故事及其两部英译文中体现态度的语言资源进行比较。作者通过比较发现，在《世说新语》的源文本中，情感类态度资源出现频率最高，其次是评判类，而鉴赏类最少，其中积极、显性的态度意义占多数。两部译文一半以上的态度资源中英译与源文的态度意义和级差一致，部分态度意义被加强、减弱或缺失。马瑞志译文态度意义极差一致、无漏译态度意义，所以较为接近源文。

鉴于国内对六朝小说英译研究的不足，本书选取“英语世界的六朝小说研究”为题，以英语世界的研究材料为基础，系统地梳理六朝小说在英语世界的传播，整理并分析其在英语世界的研究情况，分析其对六朝小说的研究特点与规律，并援引曹顺庆先生变异学的相关理论，从跨文明变异的视角比较中西方的研究差异，从而填补现有成果的空白。

三、英语世界的六朝小说译介与研究综述

六朝小说在情节、语言、描写等方面均较为简单，虽然不是成熟的小说形式，但是在小说发展史中占据重要地位，此一时期产生的志怪、志人两种类型小说，肩负着承上启下的独特作用，直接影响了唐传奇的繁盛，直至宋话本、明清小说均或多或少受到六朝小说影响。六朝小说在英语世界的研究成果颇丰，多以志怪小说和志人小说为研究内容，这其中又以《搜神记》和《世说新语》为重点。下文梳理了六朝小说在英语世界的译介和研究情况，其中包括译著、专著、书评、学位论文和期刊论文等，概述六朝小说在英语世界中的译介和研究现状及特点，以期对本论题的材料基础有宏观上的把握。

（一）译著

六朝小说的英译可溯源至19世纪初叶，1812年出版的马礼逊（R. Morrison）《中国通俗文学选择》收录有《搜神记》的译文。后来，叔未士（J. L. Shuck）在《中国评论》中发表了《中国水手里的女神小传》（1841）、《中国慈悲女神观音小传》（1841）、《玄天上帝的神话描写及中国人的上帝崇拜》（1849），均是以干宝的《搜神记》为据。布里奇曼（J. G. Bridgman）和鲍尔（J. D. Ball）分别发表于《中国评论》的《关于若干中国神祇（主要为与五行相关者）》（1850）和《中国神话点滴：玉皇上帝的由来》（1882 ~ 1883），也是译自《搜神记》。继马礼逊之后，这部神话小说不断被重译：威廉的《中国优美故事》（1921）、倭纳（E. T. C. Werner）的《中国神话与传说》（1922）、翟林奈的《仙人群像》（1938）、《唐代散文作品》（1938）、贾尔斯的《中国列仙》（1948）均选译过该小说及其他志怪小说。关于其他志怪小说的译著主要有科恩（A. P. Cohen）的《〈冤魂志〉：中国6世纪故事集》、格雷特雷克斯（R. Greatrex）《〈博物志〉译注》。罗伯森（D. E. Gjertson）的《鬼神与因果报应：六朝与初唐佛教奇迹故事9种》，虽然篇目不多，但时间跨度更大，将六朝小说与初唐佛教故事之间的关系进行了连接。高辛

勇（Karl. S. Y. Kao）于 1985 年出版《中国古代超自然与幻想故事》，该书翻译了 60 余篇志怪小说，数量颇为可观。1988 年，旅英华裔学者张心沧编译的《中国神怪故事集》，全面介绍了中国这一最早的小说样式。故事集收录了魏晋六朝的《搜神记》《搜神后记》《幽明录》《列异传》《齐谐记》《续齐谐记》《西京杂记》等后世的神怪故事。

尽管《搜神记》的翻译起步较早，在 19 世纪初叶即有汉学家对其进行节译，但《搜神记》的全英译本在 1996 年才正式面世。《搜神记》（*In Search of the Supernatural: The Written Record*）由著名的汉学家杜志豪和柯润璞合作，对《搜神记》中的 464 个神异故事进行了完整地翻译，将志怪小说这一中国文学的独特创作类型介绍至英语世界中。杜志豪、柯润璞的《搜神记》英译基本做到了精准简洁，体现出了中国古代神话和志怪故事中的鬼神意象，同时在附录部分补充了相关的参考文献和查询列表，有助于读者的阅读便利。该译本作为《搜神记》的唯一全译本，尽管受到了国外汉学界的普遍关注，但也有诸多学者提出了一些问题，小到人名拼写和语词翻译，大到注释不清、背景知识缺失等。但作为《搜神记》的唯一英译本，杜志豪和柯润璞的卓越建树仍值得高度肯定。

与志怪小说的译介情况相比，志人小说《世说新语》（以下简称《世说》）的翻译起步相对较晚。尽管《世说新语》受到西方学者的广泛关注与重视，但因其中所涉及的复杂文化背景与难以把握的语言意义，使众多学者望而却步。1948 年，法国著名汉学家白乐日（Etienne Balazs）在《虚无的反叛与神秘的逃避之间》一文中预言：由于《世说新语》中某些描述的私人与隐秘特质，在未来较长时间内该书将无人译为西方语言。1974 年，由原比利时高级汉学研究所研究员埃蒂安·贝莱佩尔（Bruno BelPaire）所译的《世说新语》法语译本问世，这是《世说新语》的首部西文全译本。令人遗憾的是，整部译著不但在文句考释方面存在较多错漏，甚至关于《世说新语》这部著作的基本性质，译者在认识上也存在很大的错误，但贝莱佩尔的筚路蓝缕之功终不可诬。《世说新语》作为中国中古时期的百科全书式小说，其复杂的历史背景和深奥的玄学思想无不对贝莱佩尔文体特点和历史定位有着非同寻常的意义。该书第一部分主要介绍了中国中古时期志怪小说的文体形式和文本内容，阐述了将这些小说划归为志怪题材的原因，并从人物、情节、原因等方面对这些文本的构成进行了分析。第二部分从阐释学的视角解读了传统的志怪小说：1. 以神话诗学分析志怪小说的内容和叙事特点；2. 以神话逻辑分析志怪小说的叙述模式；3. 以神话学修辞分析志怪小说的宗教信念；4. 以神话伦理学分析志怪小说跨学科研究的界限。

2001 年，钱南秀的《中国中古精神与自我意识——〈世说新语〉与其遗产》（*Spirit and Self in Medieval China-The Shih-shuo hsin-yu and Its Legacy*）在夏威夷大学出版，成为英语世界中研究《世说新语》最为重要的材料之一。该专著是由钱南秀的博士论文整理而成，作者称《世说新语》是“性格之作”，重在人格的分类和人物形象的性格化。钱南秀认为，《世说新语》是中国第一部关于人物性格描写的著作，而这种文体的主要特点就是对人物性格的分类和描写。魏晋时期流行“人伦鉴识”（人物品鉴）的活动，这直接影响了《世说新语》这种叙述型小说的形成和发展。钱南秀专注于《世说新语》的本体研究，大致可以分为四个部分，第一，钱南秀从语言学和历史学的研究视角出发，对魏晋时期的“人伦鉴识”活动进行了研究，同时追溯了“世说体”的形成过程，以魏晋时期人物品藻的风尚为背景，论证了魏晋风度的发展，并提出“世说体”是一种新型的文体。第二，钱南秀从哲学和心理学的研究视角分析了魏晋时期人物品鉴和人性自觉这一重要的历史现象，并指出这种风气的形成直接影响了魏晋士人的性格特点。第三，《世说》中的故事情节大多轻松愉快，篇幅也较为短小，钱南秀以《世说》原文为基础，总结出《世说》的两大特点：一是 36 个条目中体现出的人性分类学倾向；二是《世说》能够在字里行间刻画出人物突出的性格特点。在此部分中，钱南秀详细地分析了《世说新语》的叙事艺术，从人性分类学的理论角度指出魏晋士人徘徊于“有序”和“无序”之间的生活状态，同时对反映人物品藻的魏晋风尚提出了自己的见解。第四，钱南秀针对中国文学的发展脉络指出唐宋以后各个时期对《世说新语》的模仿，提出“《世说新语》是自我和他者的镜子”

这一结论。此外，钱南秀将中西方有关人物性格描写的作品加以对比，指出《世说新语》在人物性格的描写上比西方作品更为明显。

2002 年，纽约大学出版社出版了胡司德（Roel Sterckx）的《古代中国的动物与精灵》（*The Animal and the Daemon in Early China*）。本书对战国两汉时期的文献做了细致解读，考察古代中国关于动物的文化观念，作者指出古代中国对世界存在的认识深受动物观的影响，并就这种影响展开了具体阐述。胡司德分析了动物观与人类自我认识之间的联系，探讨动物在圣贤概念和社会权力概念中所扮演的角色。胡司德认为，古代中国的世界观并未刻意为动物、人类和鬼神等生灵勾画清晰的类别界限或本体界限，而是把动物界安放在有机整体和诸多物种的相互关系中。世界整体中的生灵万类，彼此的关系在于互相影响、互相依赖，两者浑然一体。该书中对动物和精灵的介绍，也涉及了志怪小说中所描写的鬼神生物，对于志怪小说的研究具有辅助作用。

2007 年，耶鲁大学出版社出版了著名汉学家丁爱博教授的《六朝文明》（*Six Dynasties Civilization*）一书。丁爱博先生先后就读于华盛顿大学、芝加哥大学和加州大学伯克利分校，后任教于夏威夷大学、哥伦比亚大学和斯坦福大学，主要以魏晋南北朝时期的中国历史文化为研究方向，撰写过多篇中国中古政治与社会、军事、文物考古方面的论文。《六朝文明》一书是丁爱博教授集 30 年之功完成的一部六朝研究力作。《六朝文明》以考古出土的实物研究为基础，对照传世文献对六朝社会作了全面的考察，内容包括城市发展、建筑形式、丧葬礼俗、手工艺品、宗教以及衣食住行等各方面，既有对六朝政治与社会的宏观阐述，也有对六朝日常生活的微观观察，以新颖的视角为我们阐释了处于变迁中的六朝社会，展现了灿烂辉煌的六朝文明，是一部视野开阔又不乏深度的历史考古学专著。《六朝文明》一书以历史遗存为基础，再现了六朝时期辉煌的社会文化生活，反映了当时高度发达的士人生活，也是研究六朝文化的重要资料。

情节，在现代的歌剧、电影、电视中均有保留，在世界范围内也多有传播。该论文选取了志怪小说的分支——变形志怪，集中研究了志怪小说的变形现象，作者认为由于六朝时期的社会政治动荡不安，人们试图从各个方面掌握他们的身体，变形志怪直接反映了当时人们恐惧焦虑的内心世界。然而，作者并不将变形志怪视为对道德秩序的反叛，反而以警告的方式宣扬了“因果循环、善恶有报”的道德观念，推动了社会秩序的重建。此外，贝莉还提出了一种观点：“变形志怪是恐怖小说的早期样态，其中的变形情节唤起了读者内心的恐惧，但这种感受依赖于读者的文化背景，如对东亚文明缺乏了解的西方读者就很难引起恐惧的感受。”本书共分为五个部分：第一章介绍了变形志怪的形成和意义；第二章介绍了变形的两种主体形式，即动物变形与人物变形，以及它们的身体边界和跨越过程；第三章从具体特点出发，说明了为什么将变形志怪看作恐怖小说的一种类型；第四章以性别角色和行为为基础，分析了异性间的变形情况；第五章中，作者结合六朝时期的历史环境，指出变形志怪反映了六朝时期人们对秩序的渴望。

2007年，张振军（Zhenjun Zhang）的博士论文《中国早期社会中佛教与超自然因子：刘义庆的〈幽明录〉研究》（*Buddhism and the Supernatural Tale In Early Medieval China: A Study of Liu Yiqing's (403—444) You ming lu*）。作者结合魏晋时期佛教传入中国的社会背景，对《幽明录》与其中的佛教思想进行研究。张振军认为，刘义庆在中国中古文学领域具有重要的地位，但对他的关注多集中于《世说新语》，对其另一部作品《幽明录》的研究则相对较少。《幽明录》作为六朝志怪的代表作品，在主题、人物、创作动机上均受到了佛教思想的深刻影响。该书并不对《幽明录》做综合性的总体研究，而是集中于其中最重要的佛教因子部分，不仅力图探究《幽明录》中的印度佛教思想，还分析了印度佛教在传入中国后在中国文学中发生的变化情况，对《幽明录》与佛教思想的研究有积极的现实意义。该论文共分为五个部分，在第一章中，作者考证了刘义庆的生平经历、《幽明录》的作者与成书过程，随后结合《幽明录》的传播与再编辑的过程，总结《幽明录》在译介中存在的问题与影响。第二章中，作者从社会背景、宗教背景、文化背景三方面分析了《幽明录》中的佛教因素。第三章中，作者探讨了在佛教因素的影响下，《幽明录》内容主题发生的种种变化。第四章中，作者分析了佛教因素对于小说创作中人物形象塑造的影响作用。第五章中，作者以《幽明录》中的三则故事为例，分析了在佛教观念影响下，六朝志怪小说中对于幻想世界的建构，表现出了当时人们对于宗教观念的理解和认识。

2012 年，薛京玉（Jingyu Xue）的博士论文《魔镜：中国古典小说中的恶魔表现》（*The Magic Mirror: Representations of Monsters in Chinese Classical Tales*），研究了自魏晋至晚清时期中国文学中的恶魔形象。薛京玉以六朝时期至清代的小说为基础，研究了中国古典小说的妖怪形象。作者认为，中国古典小说中的妖怪包括异常的、精神化的动物、植物和器物，它们大多以人的形象出现，有的具备人的品质，甚至可以假扮人进行生活和交流。在该论文中，作者提出了鬼神与人存在着三种错综复杂的关系：其一是鬼神总是以扮演“他者”的形式存在，脱离于当时的社会结构和文化背景，表现了当时社会中人们内心世界的欲望和焦虑；其二是鬼神能够被驯化或“人化”，它们所具有的品质也是人性的缩影；其三是鬼神能够像人类一样从事社会活动和家庭生活。此外，薛京玉还通过不同时代的鬼怪形象比较，分析了中国奇幻小说的发展过程。该论文共分为三个部分：第一部分介绍了以“他者”形象出现的妖怪，表现出人类对于当时社会的欲望与焦虑，主要包括男性捕食者、蛇蝎美人、恶作剧的鬼三种形象；第二部分介绍了“拟人化的妖怪”，妖怪变化成为理想情人、贤惠妻子、救世主等完美形象，代表了作者对于理想人性的追求；第三部分作者结合特定的文化和历史背景，对中国“拟人化妖怪创作”这一问题的深层原因进行探究。

2014 年，方登（Fontaine Lien）的博士论文《跨文化研究下奇幻小说的入侵情节》（*The Intrusion Story and Lessons From the Fantastic: A Cross-Cultural Study*），以志怪小说的故事主题为切入点，对中西方的奇幻小说进行了研究。在该论文中，作者选取了中国的志怪小说《聊斋志异》，西方的《恶魔》《阴阳魔界》等作品，不对它们进行语言、起源、文化意义的考察，只从其相似的“入侵情节”入手并加以分析。作者认为中西方对“入侵情节”的运用，其目的都是通过使人感到恐惧、敬畏，从而达到传播道德思想的作用。该论文共分为四个章节：第一章介绍了中西方文学中的奇幻和陌生情节；第二章以《聊斋志异》为代表，介绍了中国清朝时期的短篇奇幻小说；第三章以《恶魔》为代表，介绍了19世纪法国的短篇奇幻小说；第四章以《阴阳魔界》为代表，介绍了大数据时代下的奇幻故事。

此外，2004年，福勒（John Brooks Fowler）的硕士论文《〈搜神记〉中的奇迹》（*Wonder in the SouShenJi*），对前人关于《搜神记》的研究有进一步的探究。在该论文中，作者运用了西方的陌生化等概念对《搜神记》加以解读，填补了前人研究方法和研究成果的空白，对于英语世界中《搜神记》的研究也起到了重要的推动作用。

（四）期刊论文

1. 志怪小说

20世纪早期的主要研究成果有叶慈（W. P. Yettsz）《道家故事》，见《新中国评论》（1919年第1期）；贾尔斯（L. Giles）《〈搜神记〉的唐代写本》，见《新中国评论》（1923年第3期）；冯惠云（H. Y. Feng）等《中国之蛊：黑魔》，见《美国东方学会会刊》（1935年第55号）；韦力（A. Waley）的《中国早期的天鹅仙女故事》，见《沃布格学院与库陶特学院联合学报》卷22（1959）。倪豪士（William H. Nienhauser, Jr）的《中国小说的起源》（*The Origins of Chinese Fiction*）。特别值得一提的是德克·卜德先后发表于《哈佛亚洲研究杂志》和《美国东方学会会刊》的《若干中国超自然故事：干宝及其搜神记》（*Some Chinese Tales of The Supernatural*）（1941）和《若干中国超自然故事（续）》（*Again Some Chinese Tales of the Supernatural: Further Remarks on Kan Pao and his Sou-shen chi*）（1942），德克·卜德既肯定了干宝对志怪小说的推动作用，又指出了《搜神记》并非纯小说，它混合了现实与幻想、实际性与轻信的特点。

其他的论文主要有高辛勇（Kao, Karl S. Y）的《报与报应：叙事的因果关系与外部动机》（*Bao and Baoying: Narrative Causality and External Motivations*）（1989）；艾克恩（Eichorn, W. T）的《王嘉的〈拾遗记〉》（*Wang Chia's Shih-i Chi*）（1952）；余英时（Yu, Ying-Shih）的《回来吧，灵魂！——佛教传入前中国灵魂概念的转变》（*O Soul, Come Back! a Study in the Changing Conceptions of the Soul and Afterlife in Pre-Buddhist China*）（1987）；杜志豪（DeWoskin, Kenneth J）的《六朝志怪与中国小说的诞生》（*The Six Dynasties Chih-kuai and the Birth of Fiction*）（1977）；Zou, John《中国鬼神故事：幽灵的忠告与无知的人》（*A Chinese Ghost Story: Ghostly Counsel and Innocent Man*）（2003）；菲勒（Jennifer Fyler）的《信仰的社会环境：六朝志怪小说中的女鬼》（1990）；菲勒（Jennifer Fyler）《安息吧！被扰乱的灵魂——中国小说中的的鬼怪》（*Rest, Rest, Perturbed Spirit! Ghosts in Traditional Chinese Prose Fiction*）（1987）；斯佩德（Beartrice Spade）的《中国南朝时期的女性教育》（*The Education of Women in China During the Southern Dynasies*）；蒲慕州（Mu Chou Poo）《理想世界的建构：中国原始社会中的鬼》（*The Completion of an Ideal World: The Human Ghost in Early-Medieval China*）（1997）；蒲慕州（Mu Chou Poo）《鬼神文学：驱邪仪式的文本还是日常生活的消遣？》（*Ghost Literature: Exorcistic Ritual Texts or Daily Entertainment?*）（2000）；威朗（Paula Varsano）的《消失的客体或晦涩的主体：中国早期社会中的镜子书写》（*Disappearing Objects/Elusive Subjects: Writing Mirrors in Early and Medieval China*）（2013）；倪豪士（Nienhauser, William H, Jr）的《从滥觞到对话：中国小说的神秘、历史与形成》（*From Deluge to Discourse: Myth, History, and the Generation of Chinese Fiction*）（1997）；康儒博（Robert F. Campany）的《鬼神故事：六朝志怪小说中的鬼文化》（*Ghosts Matter: The Culture of Ghosts in Six Dynasties Zhiguai*）（1991）；前野直彬（Maeno Naoaki）的《中国小说的起源》（*The Origin of Fiction in China*）（1969）；余国藩（Anthony C. Yu）的《历史、小说与中国叙事阅读》（*History, Fiction and the Reading of Chinese Narrative*）（1988）；

年第3期。詹森（Thomas Jansen）的《中国中古早期的绝交艺术》（*The Art of Severing Relationships (Juejiao) in Early Medieval China*），发表于《美国东方社会》（*Journal of the American Oriental Society*）2006年第3期。

由于《世说新语》一书集中反映了魏晋南北朝时期的士人生活，是研究魏晋历史文化的重要材料，因此英语世界对魏晋文化的研究中也多有涉及《世说新语》一书。何肯（Holcombe, Charles）在其专著《汉朝的阴暗面：六朝时期的文人思想与社会》（*In the Shadow of the Han: Literati Thought and Society at the Beginning of the Southern Dynasties*）从朝代更迭的角度出发，分析特定社会背景对士人精神状态的影响。何肯指出，魏晋风度的形成原因在于文人有感于政治黑暗，却又无力改变当前现状，只能借助酒与药等手段进行自我消解。侯思孟（Donald Holzman）作为法国三大汉学家之一，将毕生的研究重点放置于魏晋文学与文化的研究之中，在其著作中可窥探魏晋时期士人生活的真实面貌，例如《中国中古时期的寒食节》（*The Cold Food Festival in Early Medieval China*）、《中国哲学中的对话传统》（*The Conversational Tradition in Chinese Philosophy*）、《中国文学从古代到中古时期的转变》（*Chinese Literature in Transition from Antiquity to the Middle Ages*）、《中国中古时代的不朽、节庆与诗歌》（*Immortals,Festivals and Poetry in Medieval China*）、《诗歌与政治——阮籍的生活与作品》（*Poetry and Politics: The Life and Works of Juan Chi*）等都是英语世界对于魏晋文化研究的重要材料。除以上的知名学者外，其他论文主要有葛涤风（Dennis Grafflin）的《中国中古时期的世家大族》（*The Great Family in Medieval South China*），蔡九迪（Judith T. Zeitlin）的《僵化的内心：中国文学、艺术和医学中的压抑性》（*The Petrified Heart: Obsession in Chinese Literature,Art,and Me dicine*）、柯睿（Kroll, Paul W）的《中国中古时代早期的文学和文化历史——纪念马瑞志和侯思孟教授》（*Studies in Early Medieval Chinese Li terature and Cultural History: In Honor of Richard B.Mather and Donald Holz man*）等。

第一章　英语世界的六朝小说译介研究

第一节　六朝小说界说

六朝时期是小说发展的过渡期，此时的小说上承先秦时期的神话传说和诸子列传，下启唐代的传奇故事，是中国文言小说形成的重要阶段。六朝小说的故事大多来源于街谈巷闻，也有对真实历史的改编和杜撰，小说在此时被认为是一种自娱和消遣的工具。六朝时期的小说还没有摆脱史学的附庸地位，无论是志怪小说还是志人小说，都强调文学是对现实的真实书写。《搜神记》的作者干宝在序言中就提出《搜神记》的创作宗旨乃是出于“实录”，因为在当时看来鬼神之说是客观存在的。在此基础上，人们通过一种合理的想象来建构一个理想的世界，表达了当时人们对世界的理解和认知。《世说新语》则是通过性格分类的方法，对东汉末年至晋代二百多年间的社会历史、文化、士人生活等内容做出了详尽的描绘，直接影响了后世《晋书》的撰写。六朝小说是唐前最为活跃的一个阶段，我国小说史上开始了志怪和志人小说交相辉映的时代，代表了古典小说发展的阶段性高峰，取得了很高的艺术成就。志怪小说的内容较前代更为丰富，篇幅较前代也有所加长，在情节的安排上注重曲折性，部分作品还使用了细腻的文字来刻画人物、渲染环境，并且已开始显示出向唐传奇过渡的迹象。在志人小说的创作中，作者也开始注意到以典型细节来塑造人物，凸显人物的性格特征，同时大量运用比喻、对比等创作手法，语言表述凝练简洁，往往通过寥寥数笔便使历史人物跃然纸上。

“小说”一词最早出现于《庄子·外物篇》中：“饰小说以干县令，其于大达亦远矣。”[①] 这里的“小说”二字，指的是与高言宏论相对的琐屑之谈，与现在作为一种文学体裁的“小说”并非同一概念。

《荀子·正名篇》亦云：

道者，进则近尽，退则节求，天下莫之若也。凡人莫不从其索克，而去其所不可。知道之莫之若也，而不从道者，无之有也。……故知者，论道而已矣，小家珍说之所愿皆衰矣。[②]

荀子所说的“小家珍说”，实际上是指墨翟、宋钘等人所持的奇异而不合中道的言辞观点。“小说”与“小家珍说”都是指不经之谈，只是先秦时期的一个非固定名词，并没有具体的指代范围。

首次将“小说”作为一种文体进行介绍的，当属东汉初年的桓谭。《桓子新论》云：

小说家合丛残小语，近取譬论，以作短书，治身理家，有可观之辞。[③]

随后，班固在《汉书·艺文志》复云：

小说家合流，盖出于稗官，街谈巷语、道听途说者之造也。孔子曰：“虽小道，必有可观者焉，致远恐泥，是以君子弗为也。”然亦弗灭也。闾里小知者之所及，亦使缀而不忘，如或一言可采，此亦刍荛狂夫之议也。”[④]

---

① 郭庆藩撰，王孝鱼点校，《庄子集释》，中华书局2006年版，第925页。

② 王先谦撰，沈啸寰、王星贤点校，《荀子集解》，中华书局1988年版，第411页。

③〔汉〕桓谭撰，朱谦之校辑，《新辑本桓谭新论》卷一《本造篇》第1页，中华书局2009年。

④〔汉〕班固撰，〔唐〕颜师古注《汉书》，中华书局1962年版，第1745页。

班固所说的“小说”，也并非指独具特色的文体形式，他在《诸子略》中列十家，将小说家置于末位，称“可观者九家而已”，把小说视为传播街谈巷语的工具，认为其并没有很高的艺术价值。后世文人多承袭班固的小说观，把琐事、杂说、考订等一些无法分类的短篇笔记视为小说。后代史书中包括《隋书·经籍志》“小说者，街谈巷语之说也”①,《旧唐书·经籍志》“九曰小说家，以纪刍辞舆诵”②，在这些文献记述中对小说的认识并没有大的改变，都因袭了《汉书》的小说观。

唐代史家刘知几将小说作为“史之余”的补充材料，其中逸事、琐言、杂记三类实际上就是对小说的分类。《史通·杂述篇》云：

国史之任，记事记言，视听不该，必有遗逸。于是好奇之士，补其所亡，若和峤《汲冢纪年》、葛洪《西京杂记》、顾协《琐语》、谢绰《拾遗》，此之所谓轶事者也。街谈巷议，时有可观，小说卮言，尤贤于己。故好事君子，无所弃诸，若刘义庆《世说》、孔思尚《语录》、阳玠松《谈薮》，此之谓琐言者也。……阴阳为炭，造化为工，流形赋象，于何不育。求其怪物，有广异闻，若祖台《志怪》、干宝《搜神》、刘义庆《幽明》、刘敬叔《异苑》此之谓杂记者也。③

由于刘知几的史官身份，促使他从史学研究角度对小说进行划分，将小说与历史混为一谈，也并不能把这看作是对小说的明确划分。

第一个对古小说进行较为科学分类的当属明人胡应麟，《少室山房笔丛》丙部《九流绪论下》有云：

小说家一类，有自分数种，一曰志怪，《搜神》《述异》《宣室》《酉阳》之类是也；一曰传奇，《飞燕》《太真》《崔莺》《霍玉》之类是也；一曰杂录，《世说》

① 〔唐〕魏征、令狐德棻撰《隋书》，中华书局1973年版，第1001页。

② 〔后晋〕刘昫等撰《旧唐书》，中华书局1975年版，第1996页。

③ 〔唐〕刘知几:《史通·杂述》。

《语林》《琐言》《因话》之类是也；一曰辨订，《鼠璞》《鸡肋》《资暇》《辨疑》之类是也；一曰箴规，《家训》《世范》《劝善》《省心》之类是也。谈丛、杂录二类最易相紊，又往往兼有四家，而四家类多独行，不可搀入二类者。至于志怪、传奇，尤易出入。或一书之中二事并载，一事之内两端俱存，姑举其重而已。①

胡应麟对小说类型的划分，虽较前人有进步之处，但所举六种范围太大，且属于小说类的只有志怪、传奇、杂录三种，而传奇又是于唐代之后，故胡应麟所分的志怪和杂录两类，于唐前正是志怪和志人。

胡应麟前后，也有一些说部丛书对小说进行过分类，但较为严谨的当属《四库全书总目》的分类：

迹其流别，凡有三派：其一叙述杂事，其一记录异闻，其一缀辑琐语也。②

《四库总目》将《西京杂记》《燕丹子》《飞燕外传》等归为杂事类，大致相当于胡氏之"杂录"；将《山海经》《搜神记》《还冤志》等归为异闻类，大致相当于胡氏之"志怪"；将《博物志》《述异记》《酉阳杂俎》归为琐语类，此部分是一些小说特点不是非常鲜明的寓言故事、博物杂说类内容。《四库总目》对古小说的归类虽不完全精确，但大致划分出了其文体轮廓。所谓杂事，在唐前即为历史小说和志人小说；所谓异闻，即是志怪小说；所谓琐语，也大多叙述的是志怪故事，只不过内容较为零散而已。

至近现代时期，对中国小说发展进行完整概述的当属鲁迅先生。1920 年，为了配合北京大学中国小说史课程的开设，鲁迅编写了《中国小说史大略》作为课程讲义。此后，鲁迅对此书多次加以修改，并以《中国小说史略》为题出版，在当今学界也是研究中国小说发展史的重要材料之一。《中国小说史略》第一次详细地介绍了中国自神话传说至清末各个时期的小说作品、写作特点以及艺术成

① 〔明〕胡应麟撰，《少室山房笔丛》卷三十六，《二酉缀遗》（中），第 363 页。
② 《四库全书总目・小说家类序》卷一四〇，第 1834 页。

就，并结合历代小说产生的社会历史、思想背景分析其兴衰变化的深层原因，对中国小说的发展脉络进行整体勾勒。鲁迅先生的《中国小说史略》一书不仅打破了中国小说无史的研究局面，同时建构了中国古代小说的研究体系，以呈现写作特点的方式来建立理论框架，为后世学者对小说的研究提供了良好的范式。鲁迅对六朝小说的研究，集中体现于《中国小说史略》中的第五篇《六朝之鬼神志怪书》（上）、第六篇《六朝之鬼神志怪书》（下）、第七篇《世说新语与其前后》，以及《中国小说的历史的变迁》中第二讲《六朝之志怪与志人》。鲁迅先生的研究成果，涉及六朝小说的文献存佚、创作心理、产生原因等多方面内容，并第一次使用“志怪小说”与“志人小说”的概念对六朝小说加以分类，后世基本沿用鲁迅的这一定义，本课题也以此为研究范畴进行探讨。

魏晋南北朝时期是中国历史上较为复杂的阶段，统治政权更迭频繁，难以形成统一的思想体系，但正是由于这种相对自由的文化氛围，使得中国的哲学、文学、宗教等文化得到了高速发展，六朝小说正是在这种百家争鸣式的环境中应运而生。鲁迅对六朝小说的研究，既重视小说的文本内容和艺术评价，又注意从政治、历史、社会、宗教等方面探究其发展的动因。他认为，志人小说的出现不仅与当时的社会形势相关，还受到了佛老思想的影响，即其所说：“盖其时释教广被，颇扬脱俗之风，而老庄之说亦大盛。”“其因佛而崇老为反动，而厌离于世间则一致，相拒而实相扇，终乃汗漫而为清谈。”[①] 鲁迅的相关论述，是将作品放置于社会背景中进行分析，将志人小说的发展与当时的政治形式、文化氛围等因素联系在一起，这种研究方法在现在看来也是十分先进的。又如在论及志怪小说时，鲁迅提出其产生原因在于：

中国本信巫，秦汉以来，神仙之说盛行，汉末又大畅巫风，则鬼道愈炽；会小乘佛教亦入中土，渐见流传。凡此，皆张皇鬼神，称道灵异，故自晋讫隋，特

---

① 鲁迅：《中国小说史略》，人民文学出版社 2005 年版，第 62 页。

多鬼神志怪之书。其书有出于文人者，有出于教徒者。文人之作，虽非如释道二家，意在自神其教，然亦非有意为小说，盖当时以为幽明虽殊途，而人鬼乃皆实有，故其叙述异事，与记载人间常事，自视固无诚妄之别矣。①

六朝时期志怪小说的盛行，不仅反映了人们对于鬼神之说的深信不疑，同时也是神话、道教、佛教合力的结果，鲁迅先生对志怪小说滥觞的溯源，开启了志怪小说现代研究的先河。此外，鲁迅先生对六朝小说的研究贡献还体现在他对《古小说钩沉》的系统勾稽和整理上。由于六朝小说大多已经散佚，尽管历代以来不断有人试图整理，但总的来说仍不够系统全面。基于深厚的文献功底和非凡的学术勇气，鲁迅先生查阅了80余种大型古代文献材料，勾稽出36种共1400余则六朝小说，编纂成为《古小说钩沉》一书。郑振铎先生对此曾评价："乾嘉诸大师用以辑校录先秦古籍的方法，而用来辑校录古代小说的，却以鲁迅先生为开山祖师。而其校辑的周密精详，至今还没有人能追上他。""不仅前无古人，即后有来作，也难越过他的范围和方法的。"②《古小说钩沉》的完成，不仅使散佚于各处的六朝小说找到了历史的归宿，更为古小说的研究构建了完整的文献资料体系，直至现在该书仍被学术界视为圭臬。

六朝小说是唐前最为繁盛的一个小说创作阶段，此时的志怪、志人、杂录等多种小说形式均已出现，在写作体例、人物塑造、情节设置等各个方面呈现出鲜明的小说特点。据魏世民先生考证，六朝时期有据可考的小说作品有近一百部，全文尚存的仅有十余部，其中包括干宝的《搜神记》、葛洪的《神仙传》、葛洪的《汉武内传》、魏华存的《清虚真人王君内传》、范邈的《南岳魏夫人传》、陶渊明的《搜神后记》、刘义庆的《幽明录》、吴均的《续齐谐记》、萧绎的《金楼子·志怪篇》、见素子的《洞仙传》、陶弘景的《周氏冥通记》、陶弘景的《古今刀剑录》、张演的《续观世音应验记》、陆杲的《系观世音应验记》、刘义庆的

---

① 鲁迅:《中国小说史略》，人民文学出版社2005年版，第45页。

② 郑振铎:《中国小说史家的鲁迅》,《人民文学》1949年第1期。

《世说新语》、江淹的《铜剑赞》、王嘉的《拾遗记》等。[1]由于六朝小说的创作年代久远，且多散见于后世的各部文集之中，加之魏晋南北朝时期长期分裂的政治环境，要求研究者对魏晋南北朝的历史、文化、士人生活等多方面均有较为全面的把握，这就造成了六朝小说研究的诸多困难。

第二节　六朝小说的译介简史

中国古典小说成熟于明清之际，六朝小说无论从人物塑造、情节发展、写作手法、篇幅长短等各个方面均去之甚远，所以六朝小说仍是学界研究的薄弱环节。然而，从小说的文体上来看，六朝小说已经基本具备了小说的属性特点，六朝时期也可视为是中国小说的滥觞阶段。尤其是以志怪小说《搜神记》、志人小说《世说新语》为代表的优秀作品的出现，对唐传奇、宋话本以及明清的章回体小说均产生了深远的影响，中西方学界均将研究重点放置于这两部代表作品，兼及六朝时期的其他作品，来展现六朝小说的译介与研究情况。

由于六朝小说故事较为零散，往往是多个小故事的集本，并不像明清的长篇章回小说那般，所以早期英语世界对六朝小说（尤其是志怪小说）的译介多是选译和节译，这也是由西方学者根据六朝小说翻译和研究特点决定的。西方学者对志怪小说的关注，大多是从各自的研究领域出发，并不仅仅局限于文学学科，也多利用宗教学、民俗学、艺术学领域的研究方法进行探讨，旁及六朝小说中的个别故事，而并非是对六朝小说进行集中翻译。六朝小说向外传播的路径主要有以下几条：一是早期传教士基于传教需要而研究中国的文学发展情况，通过翻译和

①　有关六朝小说存佚的具体考证内容，参见魏世民著《魏晋南北朝小说史》。

研究六朝小说使其传入英语世界；二是汉学家们在学习和翻译中国文化典籍时对六朝小说有所涉猎，六朝小说中所体现的魏晋文化、士人生活，以及当时中国人对鬼神的信仰都引起了汉学家们的研究兴趣；三是国外学者在对中国文学、中国小说进行整体研究时，必然会涉及六朝小说的故事内容。

六朝志怪小说的翻译最早可追溯至19世纪早期，1812年罗伯特·莫里森（Robert Morrison）编译的《中国通俗文学翻译》中，收录有中国道教、佛教以及《搜神记》中的故事。叔未士（J. L. Shuck）在《中国评论》上相继发表了《中国水手里的女神小传》（1841）、《中国慈悲女神观音小传》（1841）、《玄天上帝的神话描写及中国人的上帝崇拜》（1849）、《中国神话里的最高神祇之一——玉皇大帝传》（1849），均是以干宝的《搜神记》为依据。布里奇曼（J. G. Bridgman）译著的《关于若干中国神祇的神话描写》（1850）、鲍尔（J. D. Ball）译著的《中国神话点滴：玉皇大帝的由来》（1882 ~ 1883），也是以《搜神记》为基础材料，发表于《中国评论》。

20世纪早期，有关《搜神记》的译介成果有叶慈（W. P. Yetts）翻译的《道家的故事：焦山隐士》，发表于《新中国评论》（1919），其中选译了《搜神记》中的第10、12则。翟理斯（Lionel Giles）翻译的《唐写本搜神记》，发表于《新中国评论》（1921），内容包括有《搜神记》的部分译文及部分论述介绍。卫礼贤（R. Wilhelm）编译的《中国神话故事选》（1921）中，收录了《搜神记》的第21、25、51则故事的英译文。1922年，倭纳（E. T. C. Werner）出版译著《中国神话与传说》，包括《搜神记》的选译和概括介绍。1935年，冯惠云（H. Y. Feng）与施赖奥克（J. K. Shryock）的合译著《中国之蛊——黑魔》，载于《美国东方学会会刊》，选译了《搜神记》中的12则故事。1938年，翟林奈编译的《中国不朽的长廊：传记选译》，介绍干宝的传记内容与《搜神记》的译文，还包括了东方朔、左慈、关辂、吴猛的传记资料。

20世纪中期，林语堂先生也翻译了《搜神记》中的许多故事，如1941年发表于《研究论丛》的《亚洲有关犬的祖先的神秘传说》一文，论及了《搜神记》中有关动物起源的神话故事。林先生翻译的《卖鬼的人》《惊人的豪饮》两则《搜神记》中的故事，也收录于1942年出版的《中国与印度之智慧》中。1941 ~ 1942年间，德克·卜德（Derk Bodde）相继发表了两篇论文，即《若干中国超自然故事：干宝及其〈搜神记〉》和《若干中国超自然故事：干宝及其〈搜神记〉（续）》，除翻译了《搜神记》中的9则故事外，还肯定了干宝对于志怪小说发展的推动作用。他指出由于干宝“实录”的写作原则，《搜神记》一书混合了现实与幻想、实际性与轻信的特点，这两篇文章也是研究志怪小说极具参考价值的材料。1966年，布莱克威尔（Roger Blackwell Bailey）的博士论文《〈搜神记〉研究》在下半部分集中翻译了《搜神记》。作者指出，国外学者对《搜神记》的译介大多集中于与鬼神相关的篇目中，这就给西方读者造成一种错误的印象，认为《搜神记》完全是虚构的超自然故事集。布莱克威尔选取了一些篇幅短小的、贴近于生活的篇目进行翻译，填补了《搜神记》译介中的一部分空白。曼托尔（N. Maeno）的《中国小说的起源》一文，刊于《东方学文献》第16号（1969）。1974年，付思德（Lawrence Chapin Foster）的博士论文《〈拾遗记〉及其与志怪小说的关系》在研究《拾遗记》的同时，也对其进行了完整的翻译。作者以台北新兴书局出版的《拾遗记》为底本，并添加了许多标记和阐释，使读者对《拾遗记》有更为全面的理解，是《拾遗记》英译的重要成果。唐纳德·罗伯森（D. E. Gjertson）的《鬼神与因果报应：六朝与初唐佛教奇迹故事9种》（1978），是翻译篇目不多但时间跨度更大的译本。高辛勇（Karl S. Y. Kao）的《中国古代超自然与幻想故事》（1985），翻译了60篇六朝志怪小说。1988年，旅英华裔学者张心沧编译的《中国神怪故事集》，向西方世界介绍了中国最早的小说样式。故事集收录了魏晋六朝时期的《搜神记》《搜神后记》《幽明录》《列异传》《齐谐记》《西京杂记》。

与志怪小说相比，志人小说的翻译则相对较晚。1976年，美国明尼苏达大学出版了马瑞志教授的《世说新语全译》，这也是英语世界中关于《世说新语》

唯一的全译本，马氏总毕生精力于《世说》的翻译工作中，此书一经面世即受到了极高的评价，体现了马瑞志教授极高的汉学研究水平。

尽管《搜神记》的节译出现较早，也相继有日文、法文、德文和俄文的选译出现，但英译全本直至1996年才得以问世。1964年，日本平凡社（东洋文库）出版由竹田晃翻译的《搜神记》。1992年，马蒂翻译的《搜神记》法译本也正式出版。1996年，斯坦福大学出版社出版了由著名汉学家杜志豪与柯润璞翻译的《搜神记》，这也是英语世界中《搜神记》的唯一全译本。《搜神记》英译工作的完成，不仅对于海外汉学界有重要的研究价值，也可以让普通读者了解中国的神话传说和鬼神书写，打开了西方读者认识中国文学的另一视角。

第三节　六朝小说英译本的介绍与研究

——以《搜神记》与《世说新语》为中心

一、《搜神记》英译本的介绍

1997年，在《搜神记》的英译本问世不久，著名汉学家康儒博（Robert Ford Campany）发表书评对这一成果加以述评。康儒博介绍，《搜神记》是唐前篇幅最长的志怪小说，由于其诞生的年代久远且缺乏相关整理，现存的《搜神记》经过了大量的删减、增加、重写和重构，与东晋时期的《搜神记》内容已有所区别。且他认为志怪小说在以前的文学研究中并不够突出，传统文学研究者对鬼神题材多秉持蔑视的态度，而现代的研究者则认为志怪小说缺乏学术价值。时至20世纪，中国兴起了“中国小说起源”的研究热潮，志怪小说才逐步被学界重视，伴随着国内的研究趋势，这种思潮也逐步蔓延至英美汉学界。1974年，杜志豪的博士论文《搜神记与志怪传统——一种书目学与文类学研究》及其随后的相关论述，是英语世界中关于志怪小说研究较早的代表成果。此后，关于《搜神记》的文体特点也引起了学界的广泛探讨。康儒博肯定了杜志豪与柯润璞在《搜神记》英译工作中的贡献，将《搜神记》首次完整地呈现在国外读者的面前，翻译基本上精准可信。结合杜、柯的译本，康儒博也指出了其中的一些问题所在，第一，在序言中，杜、柯说《搜神记》的创作是一种“新的个人书写模式，摆脱了汉代对文人思想与创作的束缚”。康儒博却以汉诗的创作为例，说明两汉时代对文人的思想与创作并未有严苛的禁锢，许多创作者往往有官方背景，受到统治者的指派进行文学写作，而并非是杜、柯所说的为了精神自由、脱离统治阶层而进行的个人创作。此外，《搜神记》与其他志怪小说中包含的佛道因果循环、善恶有报的道德观，对于约束人心也有积极的导向作用，统治者也有意从民间搜集奇闻怪谈编纂成书，从而更好地实现阶级统治。第二，《搜神记》经过多次的删减整理，文中往往存在条目并列、长文缩减等情况，译者应在文中对此情况加以概述，使读者在阅读时更为清晰。第三，康儒博认为该译本没有明确读者的定位。若针对一般读者，那么帮助读者理解的注释部分就非常重要；若针对汉学研究者，那么又需要分类注释，总结《搜神记》与当时社会宗教、文学之间的关系。然而，杜、柯的译本在注释方面并没有一个既定的标准。第四，就翻译而言，康儒博也觉得在语言行文中存在松散不当的问题，尤其是涉及宗教色彩的词语时更是如此。如对“Saint”的翻译，不仅仅有“仙人”的含义，还有“圣人”的含义，这种语词的不当翻译也会使人产生误读。①

1997 年，安妮・比勒尔（Anne M. Birrell）在《皇家亚洲学会学报》上发表《搜神记》英译的书评。比勒尔强调《搜神记》中收录的 464 个故事，从根本上区别于同时期的其他文学选集。在《搜神记》出现的 100 年后，诞生了中国志人

---

① Robert Ford Campany, *In Search of the Supernatural: The Written Record by Kenneth DeWoskin, J. I. Crump*. China Review International, Vol. 4, No. 1 (Spring 1997), pp. 118—121.

小说的巅峰之作——《世说新语》，两者在性质上却截然不同。《世说新语》反映的是统治阶层的生活世界，《搜神记》则是魏晋以前中国普通百姓生活的真实写照，《世说新语》与《搜神记》两者呈现出了明显的信仰分歧。就《搜神记》的内容真实性来说，比勒尔指出西方读者的阅读多是出于消遣娱乐的目的，但干宝却认为书中的鬼神叙事是真实存在的，他谨慎使用“记”这个词语，体现了他“纪实”的创作原则。比勒尔认为《搜神记》中的资料涉及了人类学、宗教学、民俗学、神话学、社会学、文学、语言学等诸多学科的研究领域，是中国中古文学最为重要的作品之一。在以往的研究中，学者们往往从无宗教的视角分析《搜神记》，尤其是荷兰的汉学家高延（J. J. M. de Groot），他是最典型代表，他认为《搜神记》中的鬼神主角并不属于佛教系统，仅仅是自然神明、动物变形、奇异人物以及亡魂。在《搜神记》的世界中，死亡是一个循环的动因，魏晋时期佛教开始逐步取代中国本土的宗教，《搜神记》中的内容揭示了中国古老神明与本土信仰的衰落，阐述了佛教在中国被逐步接受的过程，为宗教领域提供了丰富的研究素材。

比勒尔认为，与1992年马蒂翻译的法译本《搜神记》相比，杜志豪与柯润璞的英译本的优点是其完整性，马蒂虽然只翻译了《搜神记》中一半的故事内容，但法译本在注释、参考书目、文献版本等方面则做得比英译本更好。比勒尔指出，前人学者对《搜神记》的研究已经触及信仰体系、民间习俗、神话记录等多个方面，然而有关它的叙事体系却被学者们忽略。杜志豪于1974年完成了其博士论文，便开始探究志怪小说与中国小说文体进化之间的关系。在20世纪后的文学研究中，如接受理论、读者身份、阅读技巧、空间角度等西方的文学理论与批评方法已经广泛运用于西方中世纪文学的研究之中，可以为《搜神记》以及其他汉学研究提供更为广阔的视野。正如杜、柯在序言中所说，神话动机论等相关研究方法，也会使《搜神记》的译介与研究显得更为有趣。总而言之，杜志豪与柯润璞的英译《搜神记》是西方汉学界的一项重要成果，不仅能够促进《搜神记》研究的深入进行，还能以中西比较的方法对《搜神记》与西方神话做以平行对照。[①]

1997 年，著名的翻译家凯伦·杰南特（Karen Gernant）从翻译的角度评价了杜、柯的英译本《搜神记》。第一，杰南特赞赏了《搜神记》的英译有助于西方研究中国文化，使读者了解中国的儒家礼教、道教思想、阴阳关系、超自然信仰等方面的内容。作为专业的翻译家，杰南特的评述也多从翻译的层面入手，她认为杜志豪和柯润璞在翻译的过程中尽力模仿英语的文体风格，这种习惯可以说是译者在翻译中的第二天性。杰南特指出，《搜神记》的英译如果选择逐字逐句的翻译，那么在古代汉语和英语之间的转换中会陷入两难。而杜、柯的译本在体现翻译者主体意识的方面是成功的，但是在内容与文风的和谐方面，杜、柯的翻译工作并不尽如人意，尽管表现出了故事中的奇迹、巫术、悲伤、绝望等内容，但有些翻译却显得非常呆板陈旧，读者会有一种内容与文风相对抗的感觉。第二，杰南特指出，杜、柯在序言中认为“《搜神记》的叙事故事存在于社会和政治的环境之中”，但译者并未说明《搜神记》到底是如何建立在六朝文化的基础上的，这就遗留给读者大量的理解空白。第三，杰南特认为杜、柯二人出于谨慎的目的，总是小心翼翼地处理小说中不确定的部分，甚至对一些篇目提供了两种翻译，却经常把更好的翻译归置到了脚注之中。第四，杰南特指出文中更严重的是关于“市民”的翻译出现了至少 19 次错误，还有 40 处以上的拼写和语法错误，这些疏漏在正式出版前都是应该被纠正的。尽管杰南特提出了许多批评性的意见，但她还是肯定了杜志豪与柯润璞对《搜神记》英译的贡献，以及他所总结的术语表和图书目录均有益于学术研究，提倡广大读者进行广泛阅读。[②]

1998 年，司马德琳（Madeline K. Spring）撰写书评介绍杜志豪和柯润璞翻

---

① Anne M. Birrell. *In Search of the Supernatural: The Written Record by Kenneth DeWoskin, J. I. Crump*. Journal of the Royal Asiatic Society, Third Series, Vol. 7, No. 2 (Jul. , 1997), pp. 338—339.

② Karen Gernant. Spring. *In Search of the Supernatural: The Written Record by Kenneth DeWoskin, J. I. Crum*p. Journal of Asian History, Vol. 31, No. 1 (1997), pp. 67—68.

译的《搜神记》。司马德琳指出，干宝《搜神记》中的464个条目涉及了志怪小说的大部分主题，包括有自然界的灵异现象、人与超自然生物的交往、动物的变形、死而复生等诸多主题，是研究中国中古文学的宝贵财富。不仅如此，司马德琳认为《搜神记》中的许多内容都提到了当时的社会风俗、神话传说、灵魂世界，对于研究魏晋时期人们的世界观有很重要的参考价值。此外,《搜神记》的价值也体现在史学研究中，其中的部分材料反映了魏晋南北朝时期的史实。就司马德琳所说,《搜神记》在过去几十年间被多次翻译，1964年日本出版了由竹田晃翻译的《搜神记》，该译本引起了日本学者的广泛关注。《搜神记》的主要校注本，包括有1979年汪绍楹的注释本、1991年黄涤明的注释本和1996年黄钧的注释本。1992年,《搜神记》的法译本问世，而杜志豪和柯润璞的英译本是《搜神记》较早的全译本，对于《搜神记》的传播有很大的促进作用。司马德琳肯定了杜、柯译本中所展现出的六朝文化概貌，这些背景评论中包括了干宝本人的介绍、创作动机与《搜神记》的前言部分，有助于使读者了解《搜神记》中历史性或半历史性的叙事，为走进《搜神记》的世界做了良好的铺垫。然而，司马德琳也指出了此译本的缺陷和不足，第一，读者的定位不明确。如果是针对研究者的话，那么该译本缺少研究所必需的注释、参考文献、索引，可能并不受学者欢迎。如果是针对普通读者，那么又缺乏中国的历史年表、朝代更迭图示以及中国的历史地图，不利于辨别和确认中国神话和历史中的人物、官衔等文化概念，使得全文在叙事过程中并不流畅。第二，材料与翻译不恰当。司马德琳指出，杜、柯的译本多使用学术研究的口吻，但又没有注释、参考文献的辅助，这就使行文中产生了一种脱节现象，读者往往会觉得晦涩而导致误读，如对“妪”“觋”“牛祸”的翻译，多有词不达意的情况出现，使《搜神记》沦为了西方神话的附本。就《搜神记》译本的成就而言，司马德琳认为杜、柯的译本是令人失望的，没有表现出《搜神记》本身的艺术价值。对于有兴趣阅读《搜神记》的读者来说，该译本在翻译、注释、参考文献等部分均存在很大问题，并不建议将其推荐给普通的读者。[①]

2000年，傅飞岚（Franciscus Verellen）发表英译《搜神记》的书评。傅飞岚首先确定了《搜神记》一书的性质，它收录了近4个世纪间中国的叙事故事材料，是中国创作者探索鬼神创作的主要资源，此后六朝志怪、唐传奇、佛道传记，直至南宋洪迈的《夷坚志》，再到清代蒲松龄的《聊斋志异》，中国鬼神主题的小说创作都是一脉相承的。《搜神记》的重要意义得到了许多学者的注意，在以前的研究中也有许多翻译的版本，而杜志豪、柯润璞的英译本则是英语世界中《搜神记》的第一部全译本。傅飞岚指出，《搜神记》中的内容涉及了复杂的文本历史，是研究中国中古时期的基础材料，也影响了中国的编史传统和文学体裁。《搜神记》是根据史料重新编撰的，在17世纪的明代整理出现存的20卷本，同时补充了一些零散的引文。傅飞岚提出，《搜神记》中的分卷受到了变形、预言等阴阳五行因素的影响，书中塑造的主人公包括有神仙、方士、药师、驱魔师、占卜者等，他们往往拥有物与人、人与人、异性间的变化力量，并善于利用这些超自然的能力来惩恶赏善。《搜神记》的作者干宝是明确的有神论者，认为《搜神记》中记录的奇闻逸事都是真实存在的，但从哲学领域来思考的话，傅飞岚认为无论是《搜神记》还是其他志怪小说，都没有明确提出什么是宇宙的中心。傅飞岚则指出世界是由相对独立的部件所构成的，各个部分之间相互渗透影响，鬼神等奇异现象的产生往往源于各个部分的不正常交叉。傅飞岚肯定了杜、柯译本在材料收集方面的贡献，提供了《搜神记》故事条目的相关表格，方便读者查询阅读。在序言中，杜、柯介绍了六朝时期政治分裂的历史情况，考证了《搜神记》中的许多内容取材自《晋书》，使学者注意到“志怪小说与中国编史传统间的关系”这一问题，但遗憾的是杜、柯并未展开深入论述。最为重要的是，志怪小说中展现出的文化特质镌刻着当时士人们的精神世界，《搜神记》中所传递出

① Madeline K. Spring. *In Search of the Supernatural: The Written Record by Kenneth DeWoskin, J. I. Crump*. The Journal of Asian Studies, Vol. 57, No. 2 (May, 1998), pp. 487—489.

的思想内容时至今日仍有重要的研究价值，其中囊括的中国中古时期预言、圣徒传记、民俗志、神话地理等内容，大致与西方的民俗学研究内容类似。此外，傅飞岚也认识到了杜、柯译本中的一些翻译问题，第一，该译本的翻译标准不统一，只有小部分选择了直译的方法，其余条目多采用文献翻译“以小言大”的译法，使普通读者在阅读上产生了一定困难。第二，杜、柯的译文采用了不同的中文版本，呈现出了前后文不一致的问题。总体而言，傅飞岚对于杜、柯的《搜神记》英译文持赞赏的态度，提倡学界和普通读者据此来研究中国中古时期的文化、文学、生活等多方面知识，也肯定了杜、柯二人对于《搜神记》英译传播的贡献。①

二、《世说新语》英译本的介绍

1976 年，马瑞志的《世说新语》英译本（*A New Account of Tales of the world*）一经问世即受到了学界的广泛关注，国外学者们纷纷撰写书评对这一重要的翻译著作进行介绍。

1977 年，著名汉学家丁爱博（Albert E. Dien）在《哈佛亚洲研究》上发表书评，评述了马译本《世说新语》的贡献及缺点。丁爱博概述了《世说新语》一书的性质，即汉末至东晋间对于 430 余位人物的 1134 条记叙，全书按照人物品鉴分为 36 个条目，是研究中国中古文学与文化的重要材料。由于《世说》所涉及的复杂历史和庞大体系，英语世界的读者们往往很难理解，所以在马译本出现前，《世说》的全译本只有日译和法译两个版本。直至 1976 年，马瑞志以近二十年的时间致力于翻译《世说新语》，终于使《世说》的英译工作得以完成。丁爱博首先指出，马瑞志的突出贡献在于他不仅翻译了原文，还翻译了刘孝标的引注，使读者对于当时的历史背景有更为清晰的认识。丁爱博认为，《世说新语》

---

① Franciscus Verellen. *In Search of the Supernatural: The Written Record by Kenneth J. De Woskin and J. I. Crump.* Chinese Literature: Essays, Articles, Reviews (CLEAR), Vol. 22 (Dec., 2000), pp. 171—173.

中大量的人名、朝代、官职等复杂内容，在出现时往往会使读者感到理解上的困难，马瑞志为了解决这一问题，在结尾附录中列出了四个部分的内容，包括《世说》的文本、《世说》的翻译、《世说》研究及背景研究。国内外均有学者认为，《世说》并不仅仅是一部小说，更是对于魏晋时期社会风尚、历史人文的真实记录，但丁爱博指出，马译本《世说》并不将其当作严肃的历史，因其创作目的是以娱乐消遣为主，《世说》尽管具有历史的真实性，但这与其小说化的写作倾向并不发生矛盾。中国的历史书写往往是将逸事作为点缀，以起到“补史”的作用，正因如此马译本《世说》便成为了解中国中古文学的重要资料。同时，作为六朝研究的卓越学者，丁爱博先生也指出了马译本《世说》中的一些错误，如标题在排版的错位、尺寸的换算、人名的翻译等。①

1977 年，美国知名汉学家欧大年（Daniel L. Overmyer）在《宗教历史》上撰文介绍马译本《世说新语》。欧大年指出，西晋末年洛阳和长安陷落，受长期的战乱所扰，世家大族纷纷向南或向东迁移，由此产生了政治权力的分散。欧大年指出，东晋至南北朝时期，是中国历史上最为混乱的一个阶段，《世说新语》一书揭示出了当时复杂的历史环境，真实反映出了当时贵族的生活状况和兴趣爱好。从历史研究的角度看，最具价值的正是士人们的生活方式和生活态度，而《世说》正是研究魏晋南北朝时期哲学与宗教文化的基础。欧大年指出，东汉末年的统一政权开始瓦解，随之而来的是儒家思想的逐渐陷落，这时以老庄思想为核心的道教思想开始在士人阶层盛行，同时受印度佛教的影响，魏晋南北朝时期形成了多个思想流派并行的文化格局，“越名教而任自然”成为士人所追求的精神目标。由于《世说》的篇幅巨大、内容庞杂，欧大年的评论多是从哲学和文化的方面进行分析，他认为《世说》一书集中体现了四个部分的哲学主题：第一是清谈文化的兴起，“清谈”的目的从政治辩论转向了思想交流，士人们按照不

---

① (rev.)Albert E. Dien. *A New Account of Tales of the World by Liu I-ch'ing with Commentary by Liu Chün, translated with Introduction and Notes by Richard B. Mather.* Harvard Journal of Asiatic Studies, Vol. 37, No. 2 (Dec. , 1977), pp. 423—427.

同的主题设置辩题，比试相互间的知识和表达能力，这也是魏晋时期一项标志性的文化活动；第二是儒家思想的延续，儒家的伦理道德和社会导向在《世说》中仍有明显的体现；第三是提倡自然的“无为”精神，以阮籍、嵇康、山涛、刘伶等人为代表的“竹林七贤”，主张抛除世俗礼教的束缚，追求一种绝对自由的生活方式；第四是佛教文化的体现，欧大年认为佛教的传入是“以新方法解决老问题”。此外，欧大年还提及《世说》体现了婚恋、复活、宗教、早慧等其他的一些文化内容，马译本的《世说》语词简洁、翻译精准，为国外读者了解这一复杂时期的历史提供了良好的条件，为推动中国中古文化研究做出了突出贡献。①

1978年，康达维（David. R. Knechtges）在《亚洲研究》发表书评介绍马译本《世说新语》。康达维称英译《世说》是汉学界名副其实的宝藏，在多个方面反映了中国中古时期的社会现实。马瑞志以近20年的艰苦研究，对《世说》进行了完整的翻译，除了正文外，还包括有刘孝标的注释部分，并在附录部分总结了《世说》的研究资料。康达维认为，《世说新语》从知识、文学、政治环境等方面反映了3 ~ 4世纪的哲学冲突，其突出代表是以儒家礼教为代表的“名教”与以道家无为为代表的“自然”之间的对立。康达维最为赞赏的是《世说》对话中呈现出的智慧，知识分子以思辨谐谑的方式表达了对礼教的反叛，这种“清谈”文化也是魏晋士人生活的重要部分。康达维认为，马瑞志《世说》英译最值得推崇的部分，在于他善于捕捉书中的趣味，在忠实于原文的基础上，表现《世说》中生动形象的人物，这在异质文明间的翻译中是很难做到的。例如《世说新语·容止》篇中对嵇康的描写，原文为“身长九尺八寸，风姿特秀，见者叹曰：‘萧萧肃肃，爽朗清举’，或云‘肃肃如松下风，高而徐引。’”马瑞志译为：“Some who saw him sighed, saying, ‘Serene and sedate (sieu-sieu siuk-siuk), fresh and transparent (siang-lang), pure and exalted!’ Others would say, ‘Soughing (siuk-

① (rev.)Daniel L. Overmyer. *A New Account of Tales of the World by Liu I-ch'ing with Commentary by Liu Chün, translated with Introduction and Notes by Richard B. Mather*. History of Religions, Vol. 17, No. 2 (Nov. , 1977), pp. 194—200.

siuk) like the wind beneath the pines high and gently blowing.'" 这样的翻译不仅能够完整地传递出原文的意思，嵇康卓尔不群的人物形象也通过精准的翻译跃然纸上。然而，康达维也指出了马瑞志译本中存在的一些细节问题，如英文表述、人名翻译、词语选择上均有存疑之处。尽管如此，康达维仍高度评价了马译本的《世说》，认为它是过去 25 年间最伟大的汉学研究成果之一。[①]

1978 年，贝克（B. J. Mansvelt Beck）在《通报》上撰长文介绍马瑞志翻译的《世说新语》，除了介绍《世说新语》一书的背景、性质外，主要探讨了马译本中的诸多不足之处。首先，贝克认为马译本的《世说》中存在一些不恰当的省略，如"伤逝篇"中提到的"灵床"一词，没有展开详细地介绍，不利于西方读者的理解。其次，贝克指出了马瑞志译本中的知识性错误，如洛阳陷落的时间是 311 年而非 309 年，又如王弼去世的时间也有存疑。最后，贝克指出了马译本中存在的拼写和印刷错误。最为重要的是，贝克提出了马译本《世说》最为明显的两大缺陷：其一，由于魏晋南北朝时期复杂的社会环境和频繁的权力更迭，使西方读者对这一段历史的了解较为困难，贝克认为若在书中配以地图进行说明，那么阅读和理解的效果将会更为理想；其二，在马译本中缺乏详细的历史介绍，导致读者在阅读时缺乏整体的史学观念，如对曹魏的第三位皇帝曹爽基本没有介绍。由此，贝克在问题的基础上提出了一些有效的建议，第一是建立魏晋南北朝时期的帝系表；第二是在附录中补充译本中出现的书名及其缩写和内容介绍，如《语林》《八王故事》《庐綝》《旧说》等均要收录其中；第三是翻译策略的转变，中国故事多使用"言约旨远"的叙事方式，而西方读者却习惯于平顺的叙述，对中国文学的跳跃性并不适应，译者应注意从读者的阅读习惯调整翻译策略。除了罗列问题与建议外，贝克也选择了《世说》中的诸多条目进行重新翻译，并与马

---

① David R. Knechtges. *A New Account of Tales of the World by Liu I-ch'ing with Commentary by Liu Chün, translated with Introduction and Notes by Richard B. Mather*. The Journal of Asian Studies, Vol. 37, No. 2 (Feb. , 1978), pp. 344—346.

瑞志的译本相比较，在具体的翻译中也提出了许多宝贵意见。[①]

1980年，美国马萨诸塞州大学教授唐纳德·杰特森（Donald E. Gjertson）在《美国东亚社会》上发表了关于马译本《世说新语》的书评。杰特森首先指出了关于《世说》作者的商榷问题，认为刘义庆只是《世说新语》的假定作者，而《世说》一书也可能是成于众手，最可能的作者是刘义庆的门客。从文本内容上，杰特森介绍了《世说》是由许多简短的故事构成，少则二、三句，多则一段，篇幅大多较小，全书36个品目的篇数也并不统一，如“自新篇”只有2则，而“赏誉篇”则有156则。马瑞志的译文选取了刘孝标的部分注释，将刘注内容进行删减和重组，对东汉至六朝间的文学和历史背景进行了解释，并在此基础上加入自己对《世说》的评论，使普通的读者更易于理解，其部分注释的详细程度更优于1969年杨勇版的《世说新语校笺》。杰特森指出，《世说新语》的文学价值在长时期内被忽略，其内容往往被当作历史的点缀与补充。然而，《世说新语》的原文与注释表现了魏晋士人生动的人格特性，为进一步了解与研究魏晋世界提供了一个独特的视角。《世说新语》的日译本于“二战”时期在日本出版，1974年出版了《世说》的法译本，马译本则是第一本《世说》的英译本。马译本《世说》的附录部分同样受到了杰特森的赞赏，他认为马瑞志的总结有利于了解中国魏晋时期的历史和知识背景，这一百余页的材料总结本身就是国外汉学研究的重要成果。尤其是对于《世说》中人物的中英文对照，更可以看作是研究汉末至六朝历史的词典，其所涉及的人名、官职、方言等内容，对后来的研究者均具有很高的参考价值。杰特森指出，马译本《世说》的缺点在于缺少现代《世说》的版本，对当下的研究成果借鉴较少。最后，杰特森认为专业学者和普通读者在阅读时的心态是截然不同的，马瑞志在忠于原文的前提下保持了《世说》中故事的趣味性，并为此倾注了大量的心力。杰特森主张《世说》的阅读不能操之过急，应

---

① (rev.)B. J. Mansvelt Beck. *A New Account of Tales of the World by Liu I-ch'ing with Commentary by Liu Chün, translated with Introduction and Notes by Richard B. Mather.* T'oung Pao, Second Series, Vol. 64, Livr. 4/5 (1978), pp. 282—298.

将学习与娱乐合二为一，在了解知识的同时感受书中的乐趣，尤其是对六朝文学有兴趣的读者更应如此。[①]

1980年，韩禄伯（Robert G. Henricks）发表《世说新语》英译本的书评，相较于其他学者对马瑞志的赞赏，韩禄伯则更多的从翻译角度对马译本提出了许多意见。韩禄伯认为，《世说新语》是研究中国魏晋文化的重要材料，其价值不仅是正文所体现的文化、思想、生活等，南朝学者刘孝标的注释展示了更为广阔的魏晋生活，所以需要学界对此加以重视。韩禄伯指出，马瑞志参考了《世说新语》的十八个版本，同时翻译了刘孝标注释的部分，为国外读者的阅读过程提供了很大的便利。在承认马译本价值的基础上，韩禄伯提出了《世说》英译的几点不足，第一，不当的省略。韩禄伯发现，马译本《世说》的注释部分有的是直译，有的是意译，这就使读者在阅读时发生了混淆。例如马瑞志所附的"译者案"与"取自刘孝标校注"两部分内容分属不同页码的同一括号之中。又如，刘孝标的注释会出现与前文相类似的内容，马瑞志在遇到此情况时往往将其省略，造成读者的误解。另如，马瑞志将一些专有名词省略，类似将"Tien-lüeh"（典略）缩写为"TL"、将"Hsiang-ma ching"（《相马经》）缩写为"HMC"，都会让首次阅读的读者一头雾水。第二，前后文不符。韩禄伯认为马译本在内容上存在前后不一致的问题。由于中国古人有名、字、号，《世说》中又多以官职进行人物叙事，马瑞志直接翻译虽与原文相符，但却不利于西方读者理解，不如在第一次出现的时候加以介绍，在后文中保持主语一致即可。第三，细节的处理。《世说》中经常会出现一些文言助词，例如"……耳""……而已"，韩禄伯认为这种情况不必翻译，而不是像马瑞志译为"and that's all"等。另如，中国词语中多有两字同义的现象，如"寒冻""逃散"这种词语只需译一个意思即可。第四，史实的真实性。马瑞志在序言部分提到了《世说》所反映的真实历史，而韩禄伯

---

① (rev.)Donald E. Gjertson. *A New Account of Tales of the World by Liu I-ch'ing with Commentary by Liu Chün, translated with Introduction and Notes by Richard B. Mather.* Journal of the American Oriental Society, Vol. 100, No. 3 (Jul. - Oct. , 1980), pp. 380—381.

则对其真实性产生了质疑。此外，韩禄伯肯定了马瑞志在结尾处对附录、参考文献、索引的材料总结，为《世说》的研究者提供了便利，但他认为马译本关于官职的中英文对照做得并不十分清晰，并对此进行了更为细致地翻译整理。最后，韩禄伯高度评价了《世说新语》所具有的历史价值和审美价值，呼吁读者以更为轻松的心态来了解中国这段复杂而精彩的历史阶段。[①]

第四节　变异学视角下的六朝小说译介研究

在异质文化的传播中，由于传播主体的选择、语言体系的差异、接受主体的过滤等因素影响，文学作品在流传至他国后势必会经历作用与反作用的过程，与之所形成的文本变异现象成为变异学理论的前提与基础。比较文学变异学是将跨越性和文学性作为研究支点，通过研究不同国家间文学交流的变异状态及研究没有事实关系的文学现象，在同一个范畴上存在的文学表达的异质性和变异性，探究文学现象差异与变异的内在规律性的一门学科。[②] 从研究范围来看，变异学理论主要涉及五个方面。第一是跨国变异研究，典型代表是关于形象的变异学研究。20 世纪中叶，基亚在《比较文学》中专列一章“人们看到的外国”以对形象学进行论述，形象学也在不断地发展中成为比较文学研究的一个分支。形象学的研究对象是在一国文学作品中表现出的他国形象，而这种形象是一种“社会集体想象物”。[③] 第二是跨语际变异研究，典型代表是译介学。文学作品在流传至

---

① (rev.)Robert G. Henricks. A *New Account of Tales of the World by Liu I-ch'ing with Commentary by Liu Chün, translated with Introduction and Notes by Richard B. Mather.* Chinese Literature: Essays, Articles, Reviews (CLEAR), Vol. 2, No. 2 (Jul. , 1980), pp. 274—281.

② 曹顺庆主编《比较文学概论》，中国人民大学出版社 2011 年版，第 150 页。

③ 〔法〕基亚:《比较文学》，颜保译，北京大学出版社 1983 年版，第 170 页。

他国时将穿过语言的界限，通过翻译在目的语环境中被接受，在此过程中形成的语词变异是变异学所关注的焦点。在当下的研究视野中，译介学已不再满足对“信、雅、达”的强调，转而突出在翻译过程中的“创造性叛逆”，这也促使译介学成为一种文学变异研究。第三是文学文本变异，典型代表是文学接受学研究。从变异学的角度出发，接受方受主体的审美与心理等因素的影响，这种无法实证的变异现象是变异学研究的重要内容。第四是文化变异学研究，典型代表是文化过滤。比较文学变异学的基础在于异质文化与文学的比较分析，而文学作品与现象在不同国家的穿梭中必然会受本土文化限制，接受方在本土文化传统的影响下对外来信息进行选择、改造、移植，从而产生文化层面的变异现象。第五是跨文明研究，典型理论是文明对话与话语变异问题。赛义德认为当一种文学理论从一个国家旅行到另一个国家后，这种理论话语必然会产生变异。[①]

虽然六朝小说在海外传播的历史较早，但与《西游记》《金瓶梅》《水浒传》《红楼梦》等其他中国长篇小说相比，六朝小说的英译不仅起步较晚，全译本的数量也极为有限。六朝小说大多篇幅短小、情节简单，在各个方面的成就均不能与明清时期的长篇小说媲美。但六朝小说的发展承担着承上启下的关键作用，在文体、主题、人物等方面深入影响了后世的小说创作，尤其是此时诞生的志怪小说代表《搜神记》与志人小说代表《世说新语》，其艺术成就更是达到了唐前的巅峰水平。因此，系统地总结英语世界中关于六朝小说的译介和研究情况，对于国内外六朝小说的研究推进均具有积极的意义。

就六朝小说的全译本数量来说，目前完整的国外英译本只有两种，均产生于 20 世纪 70 年代后，即 1976 年马瑞志的《世说新语》英译本，1996 年杜志豪、柯润璞的《搜神记》英译本，其他散见于中国文学的选译本或学位论文之中。此外，如《拾遗记》《幽明录》《搜神后记》等其他六朝志怪小说的章节翻译

---

① 曹顺庆、芦思宏：《变异学与东西方诗话的比较研究》，《安徽师范大学学报》（人文社会科学版）2016 年第 1 期。

也都分布得较为零散，缺少全译本间相互比较的条件。值得庆幸的是，国内对六朝小说的英译工作起步颇早，1949 年后为配合中国文化的推广，杨宪益、戴乃迭夫妇翻译的《汉魏六朝小说选》(*Selected Tales of the Han, Wei and Six Dynasties Periods*)、《不怕鬼的故事》(*Stories about Not Being Afraid of Ghosts*)等相继刊登于《中国文学》(*Chinese Literature*)上，选取了六朝小说中的一些重要篇目进行了翻译。2004 年，上海古籍出版社出版了马照谦的《绘画世说新语评点 · 英译珍藏本》，著名的翻译家丁往道也有《搜神记》的全译本著作。国内学者们对六朝小说的译介工作，为中西译本比较提供了良好的前提，这样不仅能从英译本中分析六朝小说的译介特点，也能从跨文明的视角探讨中西方对六朝小说的译介差异。据此，笔者主要从三个方面展开：一是从译者的文化背景出发，分析主体性对英译本翻译的影响；二是通过中西译本间的对比研究，分析异质文化所造成的译介差异；三是分析省略、扩写、注释等翻译策略的运用。

一、译者主体性对英译本翻译的影响

两种异质文明的语言翻译并非易事，尤其是对中国古代典籍的翻译更是如此。译者除了要面对翻译中的常规问题外，还要面对中国典籍中的文化话语、专有名词以及复杂的历史环境，如何在保持中国典籍原有意蕴的前提下，清晰明了地向西方读者介绍中国古代文学，对译者也是一项艰巨的考验。正如加拿大翻译家芭芭拉 · 格达德（Babara Godard）提出：

> 面对新的读者群，译者不仅要把一种语言用另一种语言传达出来，而且要对一个完全崭新的文化及美学体系进行诠释。因此翻译绝不是一维性的创作，而是两种体系的相互渗透。译者是传情达意的积极参与者，是作者的合作者。[①]

---

① Babara Godard. *Language and Sexual Difference: the Case of Translation.* Atkinson Review of Canadian Studies, Vol. 2, No. 1, Fall-Winter, 1984, p. 13.

区别于日常翻译与科技翻译，文学翻译的最大特点是它所使用的不是一般的语言，不是一般意义上的仅仅为了达到交际和沟通目的而使用的语言。正如著名文学家茅盾所说：文学的翻译是用另一种语言，把原作的艺术境界传达出来，使读者在读译文的时候能够像读原作时一样得到启发、感动和美的感受。[①] 可见，文学翻译是译者使用一种具有美学功能的艺术语言，对原文本的重构与再现，翻译作品要能够表现出作家在创作时所创造的艺术世界，因此译者必须殚精竭虑寻求最为恰当的语言来进行翻译。在此过程中，作品也势必会受到译者的主体性影响，呈现出与原文本所不同的艺术特点。译者主体在翻译的过程中，为了适应目的语读者的阅读与审美习惯，必须运用各种手段和策略来表现原著中的艺术特色，在此过程中翻译不再是简单的语言转换，而是一种创造性的转换。自 20 世纪 90 年代以来，译介学开始在国内蓬勃兴起，1999 年谢天振教授总结了埃斯皮卡（Robert Escarpit）提出的“创造性叛逆”，并做出了进一步阐述。

创造性叛逆并不为文学翻译所特有，它实际上是文学传播与接受的一个基本规律。我们甚至可以说，没有创造性叛逆，也就没有文学的传播与接受。……一旦一部作品进入了跨越时代、跨越地理、跨越民族、跨越语言的传播时，其中的创造性叛逆就更是不言而喻的了，不同的文化背景、不同的审美标准、不同的生活习俗，无不在这部作品上打上各自的印记。这时的创造性叛逆已经超出了单纯的文学接受的范畴，它反映的是文学翻译中的不同文化的交流与碰撞，不同文化的误解与误释。创造性叛逆的这一性质，使得文学翻译的创造性叛逆在比较文学研究中具有了特别的意义。[②]

作为变异学理论的重要分支，译介学强调的“创造性叛逆”也为跨文明比

① 茅盾：《为发展文学翻译事业和提高翻译质量而奋斗》，载于《翻译研究论文集》（1949 ~ 1983），第 10 页。

② 谢天振：《译介学》，外语教育出版社 1999 年版，第 141 页。

较文学的研究提供了坚实的理论依据。正如曹顺庆教授所说:“译介学是比较文学变异学中研究语言层面变异的分支学科,它关注的是跨语际变异(Interlingual translation)过程中发生的种种语言变异现象,并探讨产生这些变异的社会、历史以及文化根源。”[①] 下文借助译介学的相关理论分析译者主体性对于六朝小说翻译的影响。

(一)杜志豪、柯润璞与《搜神记》英译

《搜神记》英译本的译者杜志豪(DeWoskin, Kenneth J),师从声名卓著的汉学家夏志清先生,致力于《搜神记》与中国志怪小说的研究中。作为美国最杰出的汉学家之一,杜志豪长期担任密歇根大学亚洲研究系主任,在就职于迪洛伊特 - 图什会计师事务所的十多年来,他几乎有一半的时间在中国度过,其家人也多与中国文学结下了不解之缘。柯润璞(James Irving Crump. Jr.),又译为柯迂儒,是美国汉学界杰出的翻译家和西方元杂剧研究的开创者。柯润璞 1950 年毕业于耶鲁大学,其导师是著名的汉学家金守拙,在执教于密歇根大学安娜堡分校的期间,一直专注于中国白话小说的相关研究。柯润璞最为学界熟知的是他在元杂剧领域所做出的杰出贡献,代表专著《忽必烈汗时期的中国剧场》是英语世界元杂剧研究的奠基性著作,同时发表了一系列的译著和期刊论文。1996 年,柯润璞与杜志豪合作,翻译了全本《搜神记》(*In Search of the Supernatural: The Written Record*),译著的扉页上写道:“此书献给我们各自的导师金守拙和夏志清先生。”

《搜神记》与其他志怪小说的英译起步较早,最早可追溯至 19 世纪初叶,但杜、柯的英译本却是英语世界中第一本《搜神记》的全译本。在中国文学的早期研究历史中,志怪小说一直处于边缘地位,不受主流的研究学者重视,直到“中国小说起源”问题的提出后,志怪小说的研究才得以广泛开展,英语世界中对志

---

① 曹顺庆主编《比较文学教程》,高等教育出版社 2006 年版,第 111 页。

怪小说的研究时间也相对较为短暂。1974年，杜志豪的博士论文《〈搜神记〉与志怪传统——一种书目学与文类学研究》，将志怪小说作为一种文体类型进行分析，并探究其对后世鬼神小说创作的影响，这是关于《搜神记》与志怪小说较早的研究成果。此后，杜志豪以《搜神记》为研究基础，展开了自己的汉学研究，并有相关成果问世。杜、柯二人合作的英译全本《搜神记》，填补了英语世界中《搜神记》译介的一大空白，该译本在问世后受到了诸多汉学研究者的广泛关注，诸如康儒博、傅飞岚、司马德琳等均就此译本发表过书评。杜、柯的英译《搜神记》除完成了全部464则故事的翻译外，还在附录部分补充了《搜神记》的成书性质、历史版本、词语对照等内容，有助于西方读者对《搜神记》一书的阅读和理解。尽管该译本中存在着较多的理解偏差、误译漏译、注释不足的问题，但杜志豪与柯润璞二位的开山之功不可小觑，为今后《搜神记》的再译提供宝贵的经验与借鉴。

虽然杜志豪与柯润璞二位都是当代著名的汉学家，但由于二位并没有成长于汉语的语言环境之中，又均非专门研究中国中古文化与《搜神记》的学者，缺乏对中古时期文化背景的深刻理解，因此杜、柯的《搜神记》英译本也有很多不尽如人意的地方。第一，《搜神记》的英译本没有注释，这就给西方读者造成了极大的阅读障碍。《搜神记》的故事大多较为简单，翻译的难点不在于人物塑造、环境渲染、情节起伏的部分，而在于原文字中渗透出的受佛教、道教影响下的魏晋文化内涵，其中一些文化术语涉及了作者们对于世界的认知和感受，如何能够完整地呈现出《搜神记》的文化意蕴是译者所要面对的首要问题。在此前提下，《搜神记》的英译必须要配以详尽的注释内容，解释文中所出现的文化负载词及其背后的深层文化意义，才能更好地被西方读者接受。相较而言，《世说新语》的译者马瑞志教授得益于自幼的汉学功底和语言环境，不仅完整翻译了刘孝标的注释，还结合自己的理解加以补充。第二，文化术语的误译。受制于译者本身对中国语言、文化、宗教等方面的认识不足，杜、柯译本在涉及文化负载词的翻译时多有误译，影响了《搜神记》英译的整体艺术效果。兹举几例加以证明，如《卷三·第四十九》中，钟离意说："夫子，圣人。所以遗瓮，欲以悬示后贤。"杜、柯译本将"圣人"译为"Saint"，但在英语中"Saint"除了"圣人"的意思外，更多是"神仙"的意思，此处应用"Sage"较为恰当，而在翻译《卷一·第十三》的时候，又将"神仙"译为"Sage"，而没有选择更为合适的"Saint"或"Immortal"。尽管两词在译为中文后没有太大的差别，但在英文中却有细微差异。杜、柯译本在文化负载词的选择上出现过多次失误，如《卷六·第一百二十四》中记："景帝十六年，梁惠王田北山。有献牛，足上出背上者。刘向以为近牛祸。""牛祸"意为灾难的征兆，即丁往道先生所译的"According to Liu Xiang, the bull was an omen of disaster"，而非杜、柯所译的"这是属于牛类的坏征兆"（Liu Hsiang was of the opinion that this belonged to the bovine class of bad portent）。此外，译者在遇到自己难以理解的部分，通常以"*"或"？"加以标注，虽是在注释中承认自己在阅读时所遇到的困惑，但这种错误是不该在专业译著中出现的。如此种种，不一而足，反映了译者对于文言文和文化背景的认识不足。

（二）马瑞志与《世说新语》

1914年，马瑞志教授出生于中国河北保定，父亲是清朝末年来华的著名传教士马德牧师。马瑞志童年就学于北京附近的通县，自幼热爱汉语，尤其是对中国的史籍嗜爱极深。马瑞志于13岁时返回美国求学，1935年以优异的成绩获得普林斯顿大学艺术与考古学学士学位，后于1939年获得普林斯顿神学院神学学士学位，并于弗吉尼亚州担任牧师一职。马氏在回中国传教的行程被阻后，开始在伯克利加州大学东方语言学专业学习，并于1949年获得了语言学博士学位。在加州大学的学习期间，马瑞志师从于白俄著名学者卜弼德（Peter Alexis Boodberg）与我国著名的语言学家赵元任教授，此后一直致力中国中古文学与文化的研究。在追溯自己研究《世说新语》的缘起时，马瑞志教授提道：

我对汉学研究兴趣的产生在很大程度上要归因于这样一个事实：即我的父母是传教士，我在保定度过了我一生中的头十三年。……在京都的两个度假年，我结识了日本京都大学人文科学研究所的一批学者，他们正聚在一起按部就班地搞日译本《世说新语》。他们也邀请我参加他们的工作，搞一个英语译本《世说新语》以与其日文译本相匹配。①

马瑞志的英译《世说新语》，是其汉学研究的代表成就之一，为海外汉学的发展做出了难以估量的贡献。首先，马译本在结构框架上十分严密，既有西方理性系统的科学精神，又体现了中国传统的校勘方式，这种融汇中西的研究方法得益于马瑞志多年积淀的中学和西学素养。《世说新语》英译本共由前言、正文、附录三部分构成，在前言有《自序》《导论》《附志》三部分；正文中详尽地翻译了《世说新语》中的36门、1134则故事；附录则有《传略》《释名》《缩写》《书目》《索引》五部分。马译本《世说新语》全书共计741页，作为英语世界中《世说》的唯一全译本，其研究价值的重要性不言而喻。其次，马瑞志对中国中古文化的再现，使其在英译后最大限度地呈现出本来面貌，没有因为语言的传递而失去内在的文化意蕴。《世说新语》中的故事情节都较为简单，人物刻画也并不复杂，但在语词中暗藏的悠远韵味却是《世说》的翻译难点。正如马瑞志所说：

《世说新语》中并没有什么神秘到外国人难以理解的东西。这部书记载的遗闻轶事、绘画言谈乃至人物性格大部分都是只要稍加替换就可能在任何社会上发生的。因此，我在复述它们的时候，尽可能做到接近原来的形式，尽管这种做法将导致对英文用法的某种“破格”，但我觉得这样逐字逐句地保留原文的意象和观念较之从英文中寻找虽然接近作者“用意”，却改变了原貌的相应词句要好得多。②

① 范子烨:《马瑞志的英文译注本〈世说新语〉》附录部分,《文献》1988年第3期。

② Richard B Mather. Shih-shuo Hsin-yu: *A New Account of Tales of the World (Second Edition)*, The University of Michigan, 2002, p. xxxvii.

马瑞志的翻译不拘泥于中文的字面含义，而是寻求英文中最为恰当的、最能传递深层含义的词语来表现原文，而成就马译本价值的关键也正在于此。以《世说》36门的名称翻译为例，说明《世说新语》在门类翻译中的精到之处（见表1-1）。

表1–1 《世说新语》门类翻译中英对照

1	德行	Virtuous Conduct
2	言语	Speech and Conversation
3	政事	Affairs of State
4	文学	Letters and Scholarship
5	方正	The Square and Proper
6	雅量	Cultivated Tolerance
7	识鉴	Insight and Judgment
8	赏誉	Appreciation and Praise
9	品藻	Grading Excellence
10	规箴	Admonitions and Warnings
11	捷悟	Quick Perception
12	夙惠	Precocious Intelligence
13	豪爽	Virility and Boldness
14	容止	Appearance and Manner
15	自新	Self-renewal
16	企羡	Admiration and Emulation
17	伤逝	Grieving for the Departed
18	棲逸	Reclusion and Disengagement
19	贤媛	Worthy Beauties
20	术解	Technical Understanding
21	巧艺	Skill and Art
22	宠礼	Favors and Veneration
23	任诞	The free and Unrestrained
24	简傲	Rudeness and Arrogance
25	排调	Taunting and Teasing
26	轻诋	Contempt and Insults

续表

27	假谲	Guile and Chicanery
28	黜免	Dismissal from Office
29	俭啬	Stinginess and Meanness
30	汰侈	Extravagance and Ostentation
31	忿狷	Anger and Irascibility
32	谗险	Slander and Treachery
33	尤悔	Blameworthiness and Remorse
34	纰漏	Crudities and Slips of the Tongue
35	惑溺	Delusion and Infatuation
36	仇隙	Hostility and Alienation

对照这些译文，可以清楚地看到马瑞志对中国文化术语的翻译处理，体现了中文词汇中的文化意蕴，使其能够更好地被国外读者所接受。例如“文学篇”普通人可能会不加思索地译为“Literature”，但马瑞志却译为“Letters and Scholorship”，即“文章与学术”。“文学”一词虽在先秦时期业已出现，即孔子在《论语》所说的“文学，子游子夏”，但其意义并非是现在所说的以语言来表达客观世界和主观情感的表现形式，而应解读为“文章博学”之意。参照“文学篇”中的内容而言，多是形容魏晋士人的博闻强志、知识渊博，马氏的翻译如实的传递了“文学”的真正含义。另如将“雅量”译为“Cultivated Torlerance”、将“品藻”译为“Grading Excellence”、将“自新”译为“Self-renewal”等，都可见马瑞志深谙中西语言的深层含义，才能如此完美地实现两者间的自然转换。

此外，马瑞志的贡献还在于对《世说》材料的整理与补充，并于书后附以近两百页的补充。《传略》部分概述了《世说》一书中所出现的626则小传，具体内容包括人物的姓名、字号、异名、尊名、乳名，生卒年月，活动时间，出现条目，以及对刘孝标注释的补充介绍，这样琐碎细致的工作，便于读者随时查询相关条目，避免了国外读者对《世说》人物的混淆。另外，马瑞志对书中出现过的文化术语与官职进行了总结和注释，先列出中文词汇的拼音标注，再用英文加以解释，便于西方读者的阅读和理解。最为重要的是，马瑞志总结的书目索引，总结了《世说新语》研究所涉及的绝大多数参考材料，马氏将其分为《世说》文本、《世说》译本、专门研究（中外学者研究《世说》的专著和论文）、背景研究（六朝社会、历史、文化等方面的国内外成果）。马氏这一书目的编撰，为研究《世说新语》的学者提供了极大的便利，研究者只要随手查阅即可找到所需材料，而不必将精力过多的放在资料的收集整理上。

二、异质文化间的翻译比较

在跨文明的研究视域下，翻译并不仅仅是两种文本之间的语言转换，更是一种跨文化的交流活动，如何能够跨越文化的藩篱传达文本的真实意义，是异质文学译介中所要关注的首要问题。文学与语言两者之间相互渗透、相互影响，文化根植于语言之中，语言是文化的载体，如不能了解语言背后的文化底蕴，就无法在异质文化间传递出原文本的精髓。由于中西文化在知识背景、思维方式等方面存在的迥异特点，造成了中国古代文学在翻译的过程中，必然会产生一系列的文化过滤现象。所谓文化过滤，“是跨文化文学交流、对话中，由于接受主体不同的文化传统、社会历史背景、审美习惯等原因而造成接受者有意无意地对交流信息选择、变形、伪装、渗透、创新等作用，从而造成源交流信息在内容、形式发生变异，文化过滤具有明确的方向性与功利性特征”。[①] 中西文化的异质性，存在于国家、民族、文化等各方面之中，是翻译所要面对的首要前提，也是跨文明背景下对翻译工作提出的挑战。在西方翻译领域中，较早关注异质文化影响的是尤金·奈达，他认为作为文化的重要载体，语言的异质性反映了文化的内在差异，决定了不同语言背景的人们持有不同的观点和判断标准，所以两种语言之间并没有完全对等的词语。尤金·奈达提出，“译者应该着眼于原文的意义精神，不拘泥于语言形式的对应，以期达到译文在译入语文化环境中产生在源语文化环境

---

① 曹顺庆主编《比较文学学》，四川大学出版社 2005 年版，第 273 页。

中相应的效果”[①]。作为真实反映魏晋文化、哲学、生活等内容的文学文本，六朝小说背后隐藏的文化意蕴给英语世界的译者造成了种种障碍，这主要取决于异质文化间不同的语言习惯和思维方式，下文选取中西方译者的译文选段加以比较分析。

《搜神记·卷十八》中有一则“斑狐”的故事，大意为张华在晋惠帝时担任司空一职，以聪明博学而闻名天下。当时燕昭王墓前有一只花纹斑驳的狐狸，这只狐狸修炼千年能够任意变化形态，于是变成书生的样子去拜谒张华。张华与斑狐展开了热烈的讨论，原文为：

华见其总角风度，洁白如玉，举动容止，顾盼生姿，雅重之。于是论及文章，辨校声实，华未尝闻。比复商略三史，探赜百家，谈老、庄之奥区，披风、雅之绝旨，包十圣，贯三才，箴八儒，适五礼，华无不应声屈滞。

杜志豪、柯润璞的译文：

Chang in turn was impressed by this fashionable scholar with his youthful hairdo, his jade-white complexion, and his elegant manners. He treated him with great respect, and they discussed literature-arguing. The differences between name and substance-and they discussed the Three Historical Works and investigated the philosophers' theories including the hidden meanings of Lao-tzu and Chuang-tzu. They criticized the ultimate significance of Kuo-feng and the Ta-ya, covered the Three Realms-Heaven, Earth and Man-summed up the wisdom of the ten sages, the Confucian disciples, and the five Ceremonies: in all of these arguments Chang Hua was stopped, stultified, and could not answer the fox.[②]

① Nida Eugene A. *Language and Culture: Contexts in Translation,* Shanghai: Shanghai Foreign Language Education Press, 2001, p. 79.

② Dewoskin, Kenneth J. & Crump, J. I. Jr. *In Search of the Supernatural: The Written Record.* Stanford: Stanford University Press, 1996, p. 217.

丁往道译文：

On seeing his guest, young, handsome and gracious, with expressive eyes and skin as white as jade, Zhang Hua was impressed. When the two of them discussed some literature masterpieces and questions of “name” and “substance” , Zhang Hua found his guest’s views novel. They went on to comment on the three famous historical works, the theories of the ancient hundred schools of thoughts, the profundity of the Laozi and Zhuangzi, the motifs of the ballads and hymns in the *Books of songs*, the doctrines of the ten great sages, the relations between Heaven, Earth and man, the weakness of the eights Confucian schools, and the five categories of rites. On all these Zhang Hua had to agree with and had difficulty in arguing with his guest. ①

杨宪益、戴乃迭的译文：

When Zhang hua saw this debonair young scholar with his jade-white complexion and graceful, charming manner, he showed him great respect. They talked of literature, arguing about form and substance, and Zhang hua learned much hitherto unknown to him. Then they discussed history and philosophy, the hidden meaning of Lao Zi and Zhuang Zi，the finer points of *The books of songs*, the ten sages, the three virtues, the eight schools of Confucianism, the five types of ceremony——and Zhang Huawas worsted in every argument.②

① Ding Wangdao, *Anecdotes about Spirits and Immortals,* Beijing: Foreign Language Press, 2004, p. 990.

② 杨宪益、戴乃迭英译，汪龙麟今译：《汉魏六朝小说选》，外文出版社2006年版，第122页。

表 1–2 《搜神记》各译本的文化负载词对照

总角风度，洁白如玉，举动容止，顾盼生姿	his youthful hairdo, his jade-white complexion, and his elegant manners	young, handsome and gracious, with expressive eyes and skin as white as jade	his jade-white complexion and graceful, harming manner
商略三史	discussed the Three Historical Works	comment on the three famous historical works	discussed history
探赜百家	investigated the philosophers' theories	(comment on) the theories of the ancient hundred schools of thoughts	(discussed) philosophy
老、庄之奥区	the hidden meanings of Lao-tzu and Chuang-tzu	the profundity of the Laozi and Zhuangzi	the hidden meaning of Lao Zi and Zhuang Zi
风、雅之绝旨	the ultimate significance of Kuo-feng and the Ta-ya	the ballads and hymns in the *Books of songs*	the finer points of *The books of songs*
包十圣，贯三才，箴八儒，适五礼	covered the Three Realms-Heaven, Earth and Man-summed up the wisdom of the ten sages, the Confucian disciples, and the five Ceremonies	the doctrines of the ten great sages, the relationsbetween Heaven, Earth and man, the weakness of the eights Confucian schools, and the five categories of rites	the ten sages, the three virtues, the eight schools of Confucianism, the five types of ceremony

“斑狐”这则故事中出现了如“三史”“百家”“老庄”“风雅”等多个中国的文化负载词，通过这三种引文的对比，可以体现出异质文化的译者对于这些词语的理解角度。首先，杜志豪和柯润璞的译文选择了逐字逐句的直译方法，较为直接地将原文译为通俗易懂的英语语言。但正如前文所言，杜、柯的译本中没有对文化负载词的注释说明，对西方读者造成了极大地阅读障碍，这也是杜、柯译本被学界所质疑的重要原因。尽管杜、柯二位都是知名的汉学家，但在某些关键词的翻译上仍显得有些力不从心，例如“总角”一词，出自《诗经・齐风・甫田》中的“婉兮娈兮，总角丱兮”，意指未成年的少年，“总角风度”是用来形容少年人聪慧敏捷的样子。杜、柯将“总角风度”译为“youthful hairdo”，过于拘泥于字句之间，反而偏离了原文的意义，不若丁往道直接译为“Young”。又如在翻

译“风、雅”时，杜、柯将其译为拼音的“Kuo-feng and Ta-ya”，但此处的“风雅”就是指《诗经》一书，因此丁往道与杨、戴均译为“the Books of songs”，杜、柯的译文既不能令读者理解，又失去了原文的文化意蕴。另如“百家”“奥区”“五礼”的翻译，也都有不尽如人意之处。其次，丁往道先生常年从事英语教学与中国文化典籍的译介工作，对于文化负载词的翻译功底优于其他的译者，能够较为恰当的选择对应的译文传递原意。如在翻译“总角风度”一句时，丁往道并未选择直译的方法，而是选取了几个能够表现斑狐外貌气质的词语，以言简意赅的方式塑造出了一位优雅迷人、风度卓绝的书生形象，其中将“顾盼生姿”译为“with expressive eyes”更是传神。另如“奥区”一词，杜、柯与杨、戴均译为“hidden meaning”，虽然表现出了原文的意思，但却使人感到有些单薄，丁往道选取的一词“profundity”则更为恰当地凸显了老庄思想中的深度。最后，杨宪益、戴乃迭的译文出自《汉魏六朝小说选》，由于选文涉及的文本较多，且译介目的是传播中国文化，所以杨、戴的译文相对简洁通俗，虽然在文化负载词的翻译上优于杜、柯的译本，但整体的艺术效果不如丁往道先生，如“五礼”在汉学界多被译为“five rites”，而不是杨、戴使用的“five types of ceremony”。

《世说新语·德行》中有一则“荀巨伯却贼”的故事，原文为：

荀巨伯远看友人疾。值胡贼攻郡，友人语巨伯曰：“吾今死矣，子可去。”巨伯曰：“远来相视，子令吾去，败义以求生，岂荀巨伯所行耶！”贼既至，谓巨伯曰：“大军至，一郡尽空，汝何男子，而敢独止？”巨伯曰：“友人有疾，不忍委之，宁以我身代友人名命。”贼相谓曰：“我辈无义之人，而入有义之国。”遂班军而还，一郡并获全。

马瑞志译文为：

Hsün Chü-po had come from a distance to visit a sick friend. It happened just then Hu bandits attacked the commandery. The friend said to Chü-po, “I’m going to die now, anyhow. You may as well leave.”

Chü-po replied, “I came a long distance to see you, and now you are telling me to leave. Is destroying morality to save his own life something Hsün Chü-po would do?”

After the bandits arrived they said to Chü-po. “A large army has arrived and the entire commandery is deserted. What sort of man are you that you dare to remain here alone?”

Chü-po replied, “My friend is sick and I can’t bear to abandon him. I would rather give myself up for my friend’s life.”

The bandits talked it over among themselves and said, “We are people without morality who have entered a state where morality prevails.” And forthwith they withdraw their army and returned to home, and the entire commandery was preserved intact. ①

杨宪益、戴乃迭译文：

Xun jubo travelled a great distance to see a friend who was ill. The place was being attacked by the Huns when he went.

“I shall die here, ” said his friend. “You had better go.”

“I came all this way to see you, ” retorted Xun. “And now you tell me to leave!How can I act against my conscience simply to save my skin?”

The invaders came and said to him: “At our greay army’s approach the whole district has fled. Who are you that dare to stay here?”

Xun replied: “My friend is ill and I cannot leave him. Let me beg you to take my life instead of his.”

Then the Huns said: “We are wicked men coming to de land of the just.”

---

① Richard B Mather. Shih-shuo Hsin-yu: *A New Account of Tales of the World(Second Edition)*. The University of Michigan, 2002, p. 4.

They withdraw their troops and the whole district was spared. ①

马照谦译文：

Xun jubo went to a long way to see a ailing friend in a city, which was being assaulted by enemy. His friend said to him, "I can't live over today. You should leave as quickly as possible." But Xun refused him. After the city was taken the enemy asked Xun. "Every time when we arrive, all the dwellers will flee from sight. How dare you stay behind alone? What are you?" Xun replied, "I cannot bear deserting my friend. I would rather give up my life for his." They said to each other after hearing his words, "We , the immoral people, arrived in the country of morality." So they withdrew from the city, and it was kept from total destruction. ②

在这一段中出现了几个专词或专句，那么对这些有特定含义的句段进行翻译，是传递原文意义的关键所在，具体比较参照表 1-3。

表 1–3

原专词	马瑞志译文	杨、戴译文	马照谦译文
胡贼	Hu bandits	Huns	enemy
郡	commandery	The place	city
败义以求生	destroying morality to save his own life	act against my conscience simply to save my skin	refused
委	abandon	leave	desert
我辈无义之人	We are people without morality	We are wicked men	We, the immoral people
一郡并获全	the entire commandery was preserved intact	the whole district was spared	it was kept from total destruction

通过"荀巨伯却敌"这一故事的译文比较，可以看到在翻译这些带有文化

① 杨宪益、戴乃迭英译，汪龙麟今译：《汉魏六朝小说选》，外文出版社 2006 年版，第 442 页。

② 〔南朝宋〕刘义庆原著，陈力农绘画，张潋助读，马照谦英译：《绘画世说新语·英译珍藏本》，上海古籍出版社 2004 年版，第 5 页。

内质的句段时，三位译者有不同的理解角度，当然也直接影响了英译文的表现效果。首先，马瑞志虽并非中国人，但自幼生长于中国的语言环境之中，又醉心于中国的文化典籍，回国后致力于中国中古文学的研究，深谙中英文间的语词表现力，能够选择最为恰当的词语对《世说》的原文进行翻译。如马瑞志将"胡贼"译为"Hu bandits"，除了最贴近原文意义外，还在注释中补充了"胡"的定义，即"以匈奴、鲜卑和土尔吉斯坦后裔为代表的中国北方或西北方的非中国部族，据记载于155 ~ 166年常在边境发动侵略。"[①] 这种译法不仅最大限度地忠于原文，在注释中的补充内容也能够使读者对故事的发生背景有更清晰的了解。另如马瑞志将"一郡并获全"译为"the entire commandery was preserved intact"，其中"intact"一词的使用，完整的表现了荀巨伯因其舍生取义的人格感动了敌人，最终保全了本郡的所有人民。其次，杨宪益、戴乃迭夫妇为中国的典籍翻译做出了巨大贡献，他们是最早把中国古典文学名著译成英文的作家之一，作品从先秦散文、《诗经》《楚辞》到《水浒》《红楼梦》《鲁迅全集》，以至现当代文学作品等百余种。由于杨、戴夫妇涉猎的文学作品较广，《汉魏六朝小说选》的选译也是为了中国传统文学的对外传播，因此，该译本的翻译虽然较为简略，但仍然渗透着译者背后的中华文化精神。例如，"败义以求生"体现了对古代伦理观念"义"的重视，士人们往往将其视为比生命更为重要的节操，中国神话、故事中多有"舍生取义"的人物形象。杨、戴夫妇将此句译为"act against my conscience simply to save my skin"，做出了一种非常合理的扩写，将"conscience"与"skin"进行对比，孰轻孰重一目了然，表现出了荀巨伯不惧死亡的大义凛然，突出了英译文的艺术感染力，也使得后文以人格"却敌"的情节更为生动。

最后，相较于马瑞志和杨、戴的英译本，马照谦的译文显得较为简单，在许多词语的翻译中没有体现出与中国文化对等的英文含义，因此马氏译文在语言的表现力上不如其他两个译本。如将"胡贼"简单译为"enemy"，将"郡"译为

---

① Richard B Mather. *Shih-shuo Hsin-yu: A New Account of Tales of the World (Second Edition)*. The University of Michigan, 2002, p. 5.

“city”，都损害了原文本中的文化内涵。荀巨伯所说的“远来相视，子令吾去，败义以求生，岂荀巨伯所行耶”一句，凸显了其英雄人物的性格特点，但马照谦的译文却直接忽略此句的翻译，而以“refuse”一带而过，没能使读者感受到荀巨伯的人物魅力。而“We, the immoral people”这种中式英语的运用，更使英译文显得不伦不类。

三、扩写、简写、注释等翻译策略的运用

在异质文化的环境中，译者在翻译中西文学作品时常会陷入两难的境地：一方面，译者若是保留全部的原文风格和文化韵味，就必须要对文中出现的异质性内容做出充分的解释，但过多的阐释性内容会对小说叙事的流畅度造成影响；另一方面，译者如果大量忽略文化负载词的翻译，采用简单意译的处理方式，又会过滤掉中国古典小说中的独特底蕴。由于中西方读者在阅读习惯上存在着巨大差异，所以要求译者根据具体情况采用扩写、简写、注释等多种翻译策略，在原文与译文间寻求一种平衡关系，既能保证叙事的流畅进行，又不过多的损害中国小说的文化本质，力图译出一种能够全面展示中古世界又能够让读者产生审美感受的译本。

在杜志豪和柯润璞的《搜神记》译本中，经常出现对人物语言对话的扩写，将平实的文言语句改写为简短的诗句，有时甚至带有韵律，丰富了原文中的词语和语调韵味。尽管受语言背景等因素的限制，杜柯的扩写有时并不十分恰当，但他们对扩写策略的使用，贴合了西方读者的阅读兴趣，是跨文化译介的重要尝试。如《搜神记》中有一则“干将莫邪”的著名故事，故事的开头讲道：

> 楚干将、莫邪为楚王作剑，三年乃成。王怒，欲杀之。剑有雌雄。其妻重身当产。夫语妻曰：“吾为王作剑，三年乃成。王怒，往必杀我。汝若生子是男，大，告之曰：‘出户望南山，松生石上，剑在其背。’”于是即将雌剑往见楚王。

王大怒，使相之：“剑有二，一雄一雌，雌来雄不来。”王怒，即杀之。

在“剑有二，一雄一雌，雌来雄不来”一句的翻译上，杨戴夫妇与丁往道都是进行直接翻译，并未做太多特殊处理。而杜志豪和柯润璞的译文却将其翻译为短诗，即“Male and Female, Swords there are two;Female will come, Male he won't give to you.”[①] 杜柯译本的翻译，为平实的语言赋予了节奏，使读者更能感受到当时环境的紧张，对于凸显主题起到了很好的艺术功用。杜柯译本善于将语言扩写为诗句，这种翻译策略在“韩凭夫妇”“天上玉女”等故事条目中均有运用。

基于深厚的汉学功底和文学素养，马瑞志先生对《世说新语》的翻译，在很多条目中运用了简写的策略，在不损害故事文化内涵的基础上，使西方读者更便于阅读和理解。如《品藻》中有一则：

郗嘉宾道谢公：“造膝虽不神彻，而缠绵纶至。”又曰：“右军诣嘉宾。”

对此，徐震堮先生曾注释指出，根据全文的语境来看，“嘉宾”二字可能为衍文。马瑞志对“造膝”句的翻译为“In an inmate knee-to-knee discussion，even though he's not profoundly penetrating”。“又曰”一句译为“Some one remarked, But Wang Shi-chih goes directly to the point.”[②] 马氏在译文中省略了“嘉宾”二字，显然是与徐震堮先生一样，将“嘉宾”视为衍文，这就避免了西方读者在阅读中可能会产生的误解。

《世说新语》一书是魏晋时代文化的真实缩影，深刻反映了当时动荡不安的历史环境、朝代更迭、士族关系，这些复杂的背景因素为《世说》的阅读带来了很大的障碍。基于此，南朝梁代的刘孝标为《世说新语》作注，详细阐释了《世说》条目中的词语和背景，国内学界往往认为刘孝标的注释内容与《世说》原文

---

① Dewoskin, Kenneth J. & Crump, J. I. Jr. *In Search of the Supernatural: The Written Record*. Stanford: Stanford University Press, 1996, p. 125.

② Richard B Mather. *Shih-shuo Hsin-yu: A New Account of Tales of the World(Second Edition)*. The University of Michigan, 2002, p. 285.

具有同样的学术价值。马瑞志的译本价值，不仅在于对《世说》全文做出了精妙的翻译，还在于他完整翻译了刘孝标的注释内容，同时结合现代材料进行补充证明，显示出了马氏在翻译过程中的主体性和洞见性。马瑞志对《世说新语》一则故事的注释，得到了中西方汉学界的高度赞誉，该则故事的原文为：

初，荧惑入太微，寻废海西，简文登阼，复入太微，帝恶之。

马瑞志的注释可谓是全书的神来一笔，他在注释部分中指出：

《晋书》卷十一记载，太微垣是天际的围栏，与地球上的天子相互对应，因此行星的入侵被视为是不祥之兆。太微垣是由室女座、狮子座和后发座所构成的一组星云，现在大约位于东经190℃的中央位置。如果考虑到岁差等因素，在公元四世纪时，太微垣应该位于东经165℃和170℃之间，根据现有资料表明，太微垣更接近于160℃。在刘孝标注释的《世说新语》中，他引用了《晋阳秋》中的记载证实了这一天文现象，同时在《晋书》卷十三中也有同样的记录。在布莱恩特·塔克曼的《在五天和十天的间隔内行星、月亮和太阳的位置》一书中，他精确地测算并指出了这些火星出现的准确时间和位置。在塔克曼文献的基础上产生的测绘图表，证明了该则故事所描绘的火星运动过程，明确其发生时间在公元371年11月15日和公元372年5月29日之间。①

马瑞志引用了大量现代西方的天文学研究成果，证明了“荧惑入太微”的真实发生，说明在公元371 ~ 372年，确实发生过文中所记载的行星运动。马瑞志先生在回国后接受了良好的科学训练，建立了严密细致的逻辑思维和理性分析能力，他以现代科学为依据对《世说新语》进行考证注释，验证了《世说》故事的可信性，这种方法的运用可谓前无古人。

---

① Richard B Mather. *Shih-shuo Hsin-yu: A New Account of Tales of the World (Second Edition)*, The University of Michigan, 2002, p. 62.

第二章　英语世界的六朝志怪小说个案研究

六朝时期的政治局面和历史环境极为复杂，伴随着道教思想的兴盛，以及东汉末年印度佛教思想的传入，对当时文人的创作产生了深远的影响。公元220年汉献帝的退位代表了两汉王朝的覆灭，中国开始进入长达400余年的分裂时期，在此期间许多家族以战争的方式争夺政权，但除西晋短暂统一外，魏晋南北朝基本处于分崩离析的状态中。由于经济环境的动荡不安，直接导致了激进的社会和文化变革，佛教的传入和北方文化的南下致使文化领域发生了一系列变动。然而，这却导致六朝时期的文化得到了前所未有的发展，文人阶层的自觉意识开始急速兴起，哲学、文学、绘画、书法、音乐、科学等各个艺术领域均呈现多元的态势，为文人们提供了自由驰骋的领域。六朝早期的诗歌、散文发展迅速，产生了一些新的文体形式，文学创作更多地成为一种个人行为，甚至能够影响人们的价值判断。六朝时期，文学逐步成为文人展示哲学思想的工具和手段，并以此标榜自己独特的人格魅力，志怪小说的诞生与六朝时期这种特殊的文化氛围密切相关。

六朝时期的志怪小说，是我国文学史上的一朵奇葩，象征了中国小说的基本成型，其中蕴含的丰富幻想、深刻内涵，都体现了当时叙事文学的发展水平。这些看似荒诞不经的故事，却蕴含着中国古代人朴素的世界观和价值观。通过对六朝志怪小说的深入研究，可见其反映六朝时特有的政治、经济、文化、宗教等社会背景。不仅如此，伴随着佛教的传入，六朝志怪小说中表现出了文人士大夫们喜好谈“玄”的社会风气，以及当时昌炽的各种宗教活动。限于六朝时期科学精神的落后，当时的人们往往将一些自然现象与鬼神因果相联系，促使六朝志怪小说形成了超然性和现实性相融合的特点。

李剑国先生曾经指出：“我国唐以前的小说，通常称为古小说，以区别于唐宋传奇小说、宋元话本小说和明清章回小说。”[①]《四库全书总目》中将小说分为三类：其一为叙述杂事；其一记录异闻；其一缀辑琐语也。[②] 对此，李剑国先生评价道：

> 《四库总目》对古小说的品类划分和命名虽不精确，但大体轮廓倒也划了出来。所谓杂事，在唐前即为历史小说和志人小说，还包括唐以来笔记小说在内；所谓异闻，就是志怪小说；所谓琐语，其实一部分也还是志怪，不过过于琐杂而已。[③]

从艺术价值和文学影响上来看，古小说最具价值的当属志怪小说。六朝志怪小说虽仍处于“丛残小语”的雏形阶段，但较同时期的志人小说而言，却更具有现代小说所认定的要素。最为突出的是，志怪小说有鲜明的人物和鬼神形象、丰富的幻想和想象，以及相对完整的故事情节，这就与“志人小说”的文体特征有着明显的区分。志怪小说的这些特点，在当时文化氛围的作用下不断完善，逐步形成了更为先进的小说形态，六朝时期也达到了唐前志怪小说的发展高峰，并影响了唐传奇、宋话本、明清神魔小说的发展。据粗略统计，由唐至清，志怪小说集多达一百五六十种，而《聊斋志异》的诞生则代表着志怪小说发展的最高水平。

志怪小说起源于先秦时期的史书、地理博物书、卜筮书等文体，在两汉时期逐步发展，此时的作品在数量和质量上有所提高，但仍带有杂史、杂传、博物类

---

① 李剑国:《唐前志怪小说史》，南开大学出版社 1984 年版，第 1 页。

② 《四库全书总目》卷一四〇子部小说家类序

③ 李剑国:《唐前志怪小说史》，南开大学出版社 1984 年版，第 7 页。

的文体特征，没有形成志怪小说特有的体裁和内容特点。时至六朝时期，志怪小说的发展达到了历史性的阶段高峰，成为一种独立的小说文体，无论是创作数量还是题材内容上，都取得了前所未有的艺术成就。李剑国先生指出，六朝志怪的发达，可以从以下几种新情况和新特点来观察：首先，数量巨大，四百年间所出志怪，现存和可考者达八九十种之多，大大超过往昔；其次，作者队伍宏大，阵容壮观；最后，志怪小说的质量提高，六朝志怪小说的篇幅普遍较长，题材广泛，呈现出多样化的特点，艺术想象力和表现力也得到了提高，并在离奇曲折的故事中反映出当时的时代背景和社会环境。

英语世界中对六朝志怪小说的研究成果颇多，如杜志豪、付思德、薛京玉等知名汉学家均对志怪小说进行过深入探讨。相较于志人小说研究集中于《世说新语》的情况，英语世界对志怪小说的研究范围更大，除了《搜神记》这一代表作品外，学者们也多将目光投向于《拾遗记》《幽明录》《神仙传》等作品之中。除了对单一作品的个案研究外，英语世界也呈现出对六朝志怪小说这种特殊的文体类型进行整体溯源与研究。下文以英语世界的研究材料为基础，系统整理了西方学者对六朝志怪小说个案的研究情况，主要包括五个部分：第一，六朝志怪与中国小说的起源问题；第二，以三位学者对《搜神记》的研究为主，分析《搜神记》的成书时间、主题内容、文体特点等问题；第三，《拾遗记》及其与传统志怪小说的关系；第四，《幽明录》与六朝时期的佛教思想，以及佛教传入后对志怪小说创作的影响；第五，以六朝志怪小说和德国说话故事为考察对象，进行跨文明视域中超自然小说的对比研究。

地辩论，如刘谭等学者秉承着高尚的先验无神论观点，与干宝、葛洪所持有的有神论观点形成了鲜明对照。然而，正是因为干宝等人对鬼神之说的坚信不疑，才促使志怪小说在六朝时期得以快速发展。值得注意的是，六朝时“博学”是衡量知识分子的首要标准，这也被后人认为是一种重要的美德，可以从葛洪、张华等人的作品中看见他们“博学”的学养特点。志怪小说是人们探索未知的一个有力证明，人们开始用传统的知识和视角来解释那些难以理解的自然现象。同时，由于印度佛教的传入，其中的因果报应思想为志怪小说的主题和内容注入了新鲜的血液，这也使得六朝时期的志怪小说呈现出了跨文化的特点。此外，杜志豪还指出，许多民族志学者构成了志怪小说的创作主体，读者可以从前代的故事中发现志怪小说的很多主题。从人类学的研究角度看，文学是民族文化的深刻印记，志怪小说与《诗经》、楚辞一样，都是中国文化的历史缩影。

结合相关的背景介绍，杜志豪认为志怪小说作为一种文体形式，主要具有四个突出的特点。第一，志怪小说的作者们使用的大多方法仍是历史学所惯用的，即在大量的材料资源上进行系统搜集和安排，阐明事件的来源、时间、地点，这并非是现代意义上的小说创作模式，而是中国史传等叙事文学的一个分支。除了干宝、吴均、侯白等人外，刘向以后的志怪小说作家们在创作中均呈现出哲学思想的倾向。第二，尽管志怪小说秉承了史传文学的创作方法，但志怪小说与真实历史却存在着本质上的不同，当时的学者也将其视作一种独特的文体，许多志怪小说集的前言中都明确指出了文中故事与真实历史的差异。第三，以现有的材料为基础，可以看出志怪小说并不侧重于对话和论证，而是以平实的方式进行叙述，这与汉代时期的超自然故事有明显不同。第四，在中国的正史作品中，有一些关于鬼神现象的简短记录，伟大的史学家司马迁和司马谈是中国较早的占星家，肩负着观察超自然现象的重要责任，并通过“神谕”等现象阐释来统治人民。六朝志怪小说的创作者们讲述的文本及内容，大多是取材于这些历史小说中的二手材料。中国早期叙事类型的形成，包括志怪小说与其他相似的创作，都可以从官修正史中找到故事的原型，尤其是《隋书·经籍志》《旧唐书·经籍志》

《艺文类聚》《初学记》等史籍之中。从志怪小说的历史性故事中，可以揭示出历史的真实面貌，并分析出中国叙事小说与历史写作间的关系。①

在后世的史书创作中，志怪小说往往被收录于“志”“传”“记”的部分之中，如在《隋书》和《旧唐书》中都被收于《经籍志》的分类中，只有在欧阳修编撰的《新唐书》中，志怪小说才被归于小说的部分。杜志豪通过详细的考证，指出除史书中收录的条目以外，志怪小说以选集形式出现的时间不会晚于梁代殷芸所编的《小说》。殷芸根据前代分散的故事，对志怪小说的内容进行收集整理，但并不偏信前人所写的评论和附录内容，而是融入了自己的观点。相比之下，官方历史学家和目录学家对志怪小说的理解则相对滞后，他们更为关注六朝时期的诗歌创作，较少研究此时的小说及文学理论。

六朝时期，官方目录学家的分类方式发生了一些改变，但仍未将志怪视为一种独特的文体。六朝末期，志怪小说已不再是历史学家的关注重点，直至唐代类书的出现，才促使许多编撰者对即将亡佚的志怪小说材料进行整理，如《琱玉集》中就包含了《搜神记》《幽明录》《世说新语》中的许多条目。唐代的主要类书《北堂书钞》《艺文类聚》《初学记》《法苑珠林》等，引用了大量的志怪内容，这其中保存了《搜神记》中的大部分内容。此后宋《太平广记》《太平御览》等类书的相继出现，不仅保存了志怪小说的故事篇目，还逐步使志怪小说从历史中脱离出来。从现有的材料来看，志怪小说的兴盛时期处于六朝和唐代，历史学家往往认为其具有“补史”的作用。但也有历史学家对志怪小说持否定的态度，例如唐代的史学家刘知几就曾经对志怪小说提出过批评态度，认为《搜神记》和《艺苑》等作品是不合史学规范的。刘知几认为，无论是志怪还是小说，都不是一种正统的文体类型，而是一种“写坏的历史”，作者的创作目的是为了迎合无知的读者，并指出这些故事不应被收录于六朝的史书之中。值得庆幸的是，类书

① Kenneth J. Dewoskin, *The six dynasties Chih-Kuai and the birth of fiction*, *Chinese Narrative: Critical and Theoretical Essays*, Princeton: Princeton University Press, 1977, pp. 39—40.

中收集的志怪故事承认了这些非真实叙事的合理性，并极大地鼓励当时文人进行小说创作，去探索文学性叙事的可能。杜志豪指出，志怪、野史、别传与正史的分离，为文人提供了更为自由的创作环境，促使他们从历史传说、口头故事、民间逸事等内容中汲取营养，并展开合理的想象进行文学写作。中国的史书创作有着高标准的写作传统，尽管正统史官受各种因素的限制，在正史中抛弃了使人难以置信的部分，但遗留下的志怪材料对小说的发展也产生了很大影响。六朝时期，志怪作者们从历史传记的书写中借鉴经验，因此杜志豪认为《搜神记》中长篇和成组的故事，均取材于历史传记之中，在此方面六朝志怪可视为是明清小说的祖先。①

据此，杜志豪指出从广义的角度看，这一连串的系统发展正是中国小说的发展脉络，从汉代的《史记》《汉书》到六朝时的《搜神记》，再到唐代的传奇故事，中国早期的叙事文学呈现出了一脉相承的发展趋势。志怪小说借鉴了传记的写作结构，发扬了史传文学的形式特点，这种带有圣徒传记式的创作模式也便于其传播佛教故事。六朝时期，从传统志怪中形成了佛教志怪的分支，包括有《异苑》《感应传》《金楼子》等，代表了佛教叙事的进一步形成。杜志豪指出，小说化传记的创作实践，引起了后世对志怪小说哲学思想、宗教观念等方面的研究。在传记创作的方面中，杜志豪也指出，可以明显看出人物主角从“模范”到“迷幻”的转变，从《孝子传》《列女传》再到《太平广记》，道德和说教的色彩逐渐褪色，取而代之的是更具趣味性的小说作品。②

对于六朝志怪对后世的影响，杜志豪则表明了其为唐传奇提供了情节、主题、人物等各个方面的素材，这也符合中国文学渐进式的发展模式。在现存大量的材料内容中，包括官修史书和民间野史，都可以看出志怪情节在历史进程中的延续性，后世取材于前代的材料进行增补和修改，也是中国传统小说保存至今的

---

① Kenneth J. Dewoskin, *The six dynasties Chih-Kuai and the birth of fiction*, *Chinese Narrative: Critical and Theoretical Essays*, Princeton: Princeton University Press, 1977, pp. 48—49.

② Ibid, p. 50.

重要原因。杜志豪指出，中国小说的特点与历史书写的特点密切相关，在进行中西小说的对比时，尤其要关注其形成时期的比较，这也有助于了解中西的编史传统。以六朝时期的文化背景为基础，研究志怪小说以及其他叙事作品出现的原因和特点，是杜志豪研究六朝志怪所要关注的重点问题。

杜志豪的研究，试图描绘出六朝时期历史与志怪小说分离的真实情况，以及六朝末期志怪故事的发展情况，得到了读者的广泛阅读和承认，逐渐成为一种特殊的创作形式。总的看来，相较于史书“写史”的宗旨，小说并不承担着这方面的责任和负担，作为个人行为的小说体裁有更为自由的创作空间。然而杜志豪也指出，六朝志怪小说的创作并未完全摆脱史书创作的观念，如干宝、葛洪等人在内的许多作者都认为他们所记录的是真实的历史，并非是完全虚构的故事。在中国小说创作的前期，仍然强调其对于社会、文化的导向作用，基于这种因素的考量，许多作家从历史中寻求材料，用于小说和戏剧的创作之中，小说继续披着历史的外衣存在。《搜神记》和其他的志怪小说，以及六朝时期的非历史性叙事作品，并未因历史学家的批评而销声匿迹，与此相反，逐步形成了以一种以嘲弄历史为主题的创作形式而不断延续发展。

第二节 英语世界的《搜神记》研究

《搜神记》在中国文学史的研究中有十分重要的位置。袁珂先生曾说：“如果说《山海经》是保存中国神话材料最丰富的一部书，那么晋代干宝的《搜神记》，其保存神话材料的丰富，就要算第二了。”[①] 袁珂先生的评判，是从神话学研究

① 袁珂：《中国神话史》，上海文艺出版社 1988 年版，第 180 页。

的角度出发的，如果就中国叙事文学的研究而言，《搜神记》的材料之丰也当属前列。

提及六朝小说，多数学者将目光集中于“志怪”与“志人”两类，以《世说新语》为代表的志人小说以人物品鉴为题材，形成了独具特色的“世说体”，并深刻反映出了从汉末至刘宋时期士人阶层的生活。然而从小说的定义上来看，以《搜神记》为代表的志怪小说无疑更具价值，因其故事中有丰富的想象、完整的情节、生动的人物，这些都是构成现代小说的基本元素。同时，《搜神记》不仅继承了前代的神话传说故事，并直接影响了唐传奇等后世叙事文学的发展。《搜神记》中共有464则故事，其中主要包括的题材有神仙故事、精灵鬼怪、善恶报应、动物报恩、人神（鬼）相恋等，它们或“承于前载”，或“采记近世”，详细记录了当时出现的奇闻逸事。由于古代科学知识的落后，人们将一些无法解释的自然现象归因于鬼神之说，六朝志怪小说的创作者们认为自己的故事是真实的记录，而不是虚构的想象和幻想，正如干宝在《搜神记序》中所说：

虽考先志于载籍，收遗逸于当时，盖非一耳一目之所亲闻睹也，又安敢谓无失实者哉。卫朔失国，二传互其所闻，吕望事周，子长存其两说。若此比类，往往有焉。从此观之，闻见之难，由来尚矣。夫书赴告之定辞，据国史之方册，犹尚若此；况仰述千载之前，记殊俗之表，缀片言于残阙，访行事于故老，将使事不二迹，言无异途，然后为信者，固亦前史之所病；然而国家不废注记之官，学士不绝诵览之业，岂不以其所失者小，所存者大乎。今之所集，设有承于前载者，则非余之罪也。若使采访近世之事，苟有虚错，愿与先贤前儒，分其讥谤。及其著述，亦足以发明神道之不诬也。群言百家，不可胜览；耳目所受，不可胜载。亦粗取足以演八略之旨，成其微说而已。幸将来好事之士，录其根体，有以游心寓目，而无尤焉。

英语世界对《搜神记》的研究，呈现出了时间早、跨度长、成果多等方面的特点，这也与欧美学者的研究兴趣相关。《搜神记》中的故事蕴含着中华文明的神秘文化，渗透着中国古代朴素的世界观，其中的幻想变形等情节，更是迥异于西方的叙事文学，因此西方对《搜神记》的研究呈现出了异彩纷呈的繁荣景象。

一、德克·卜德对《搜神记》的作者与成书时间考证

德克·卜德（Derk Bodde）是美国汉学摆脱欧洲汉学影响，谋求独立发展时期的著名汉学家。德克·卜德 1909 年出生于上海，1931 年获哈佛大学中国研究硕士。1931 ~ 1937 年，他以哈佛—燕京学社研究生的身份来中国留学，主攻中国古代思想制度史。1938 年，获荷兰莱顿大学中国哲学博士学位，导师是荷兰著名汉学家戴闻达，同年任教于宾夕法尼亚大学。1948 ~ 1950 年，德克·卜德以富布赖特基金会研究员身份来中国访学。1975 年德克·卜德升任宾夕法尼亚大学中文教席荣誉教授，是该校东亚研究系的奠基人。1978 年参加美中学术交流会汉代研究考察团再度来华。1974 ~ 1977 年应李约瑟邀请，到英国剑桥大学从事与《中国科学技术史》有关的汉学研究。1981 年在乔治敦大学任孙中山中国研究客座教授。1985 年被授予亚洲研究协会杰出学者奖。2003 年在美国逝世。[1]

德克·卜德于 1942 年发表的《若干中国超自然故事：干宝及其〈搜神记〉》和《若干中国超自然故事：干宝及其〈搜神记〉（续）》两篇文章，是关于《搜神记》个案研究的早期成果，为英语世界的《搜神记》研究做出了奠基性的贡献。

德克·卜德认为，中国的超自然故事联结了现实与想象，代表着中国古人的思想观念，这些充满奇思妙想的超自然故事占据着中国文学的重要位置。尽管创作者们运用了大量的虚构想象，但其创作目的是对现实的真实记录，他们从日常生活的琐事中进行提炼，从而产生了这些充满艺术魅力的超自然故事。德克·卜德指出，中国早在先秦时期的《左传》《国语》中就有超自然故事的记载，王充的《论衡》收集了许多鬼神故事，后来“鬼”成为文学创作的普遍题材，文人们

① 蔡慧清：《德克·卜德与中国文化》，《湖南社会科学》2006 年第 2 期。

通过编纂超自然故事自娱或娱人。①

对于超自然故事的开创者，德克·卜德认为非东晋的干宝莫属，他在4世纪中叶编纂的《搜神记》是中国超自然故事的典型代表。如干宝在《搜神记序》中所说，其内容“考先志于载籍，收遗逸于当时”，根据真实事件所录，后世也并不将《搜神记》当作纯粹的小说加以研究。然而，《搜神记》保留了小说的原型和标准，可以看作是中国对超自然故事的第一次系统收集。对于干宝的生平，德克·卜德也进行了相关的考证，他认为《搜神记》的“记史”性质与干宝的史官身份相关。干宝在晋元帝时曾被任命为关内侯，负责史书的编撰工作，由其编写的《晋纪》在当时受到了广泛的赞誉，现在仍有部分引文留存。在《晋书》的记载中，简要介绍了干宝的生平和事迹，这其中包括了他对《左传》等史籍的整理工作，《搜神记》材料丰富的特点也取决于干宝多年古籍内容的积累。

《晋书》中记载了干宝亲身经历的两则鬼神故事，德克·卜德对此加以转述：

宝父先有所宠侍婢，母甚妒忌，及父亡，母乃生推婢于墓中。宝兄弟年小，不之审也。后十余年，母丧，开墓，而婢伏棺如生，载还，经日乃苏。言其父常取饮食与之，恩情如生。在家中吉凶辄语之，考校悉验，地中亦不觉为恶。既而嫁之，生子。又宝兄尝病气绝，积日不冷，后遂悟，云见天地间鬼神事，如梦觉，不自知死。

德克·卜德认为干宝是受到了这些故事的刺激，才致力收集由古至今的奇异现象、变形情节等超自然故事，并将其编辑成《搜神记》，据此可以证明干宝对鬼神存在抱持着确信无疑的态度。尽管对于干宝的生平和背景仍有存疑之处，但从其序言中可以明确看出，他是以一种严肃的态度来论证鬼神世界的真实存在。因此，德克·卜德指出了《搜神记》并非是类似《聊斋志异》的志怪小说，《搜

① Derk Bodde, *Some Chinese Tales of The Supernatural,* Harvard Journal of Asiatic Studies, Vol. 6, No. 3/4 (Feb. , 1942), p. 338.

神记》也不完全具备叙事文学的文体特征。从对《搜神记》内容的分析中，可以看出其中的许多故事来自《左传》《国语》《汉书》《后汉书》以及其他历史典籍，与之前的故事相比并无太大改变，只是同一故事的不同版本而已。[①]

对于《搜神记》的文体形式、题材特点等内容，德克·卜德也做出了简要地分析。他指出，《搜神记》的故事篇幅大多较为短小，最长的不过500余字，最短的甚至只有40字。《搜神记》中的鬼神人物各不相同，有的是狠毒的恶魔，有的却是善良的化身，此外还有一些天赋异禀的超自然生物，能够以人的形象在世间生活，或拥有死而复生的能力。除此之外，德克·卜德还指出，《搜神记》中的故事体现了当时所普遍存在的思想观念，所以对于考察魏晋以前的中国思想有重要的意义。由于许多史料的亡佚，《搜神记》的完整保存显得极为可贵，德克·卜德认为它作为最早的叙事故事集，对于后世的文学发展起到了极为关键的作用，如“干将莫邪”“蚕马”等故事条目时至今日仍有重要的影响。[②]

德克·卜德结合《晋书》中的记载，以“谢尚”这一故事条目为例，探讨了《搜神记》的成书时间和故事考证。据《晋书·干宝传》所述，干宝在完成《搜神记》后，曾示之于刘惔，得到其“卿可谓鬼之董狐”的评价。而根据德克·卜德的考察，刘惔死于347—350年间，继而推测干宝编撰《搜神记》的年代约是公元345年左右。在此基础上，德克·卜德又以《搜神记》中关于“谢尚”的条目为例，证明了现存的二十卷本《搜神记》，有部分内容并非是干宝所撰，而是东晋之后补充入《搜神记》之中。[③]

在《若干中国超自然故事：干宝及其〈搜神记〉（续）》中，德克·卜德对付路德、翟理斯、叶慈等人关于《搜神记》的研究进行了述评，并主要探讨了翟理斯对于干宝与《搜神记》理解的两个错误。第一，对干宝的姓氏研究。翟理斯

---

① Derk Bodde, *Some Chinese Tales of The Supernatural,* Harvard Journal of Asiatic Studies, Vol. 6, No. 3/4 (Feb. , 1942), p. 341.

② Ibid, p. 342.

③ Ibid, pp. 343—344.

认为，“干宝”应为“于宝”，在干宝所编的《晋纪》中有“于宝晋纪总论”的字眼，而且“于”在中国的姓氏中更为常见。德克·卜德认为，翟理斯的观点有可能正确，但是在《晋书》《旧唐书》《新唐书》的记载中，都是以“干宝”出现，所以，仍以传统的“干宝”来称呼更为恰当。第二，翟理斯认为《搜神记》的内容并非是干宝的原始作品，现存的二十卷本《搜神记》仅仅是原始版本的二手校订本。对此，德克·卜德结合了《搜神记》中的具体篇目，指出了翟理斯对中国王朝更迭的误解，由此造成了时代上的理解偏差。德克·卜德进一步指出，也许现存的《搜神记》并不完整，但也没有直接证据证明《搜神记》的成书年代不是东晋，所以仍应当认定干宝是《搜神记》的原始作者。[①]

二、布莱克威尔对《搜神记》的主题研究

1966 年，美国印第安纳大学的贝利·布莱克威尔（Bailey Roger Blackwell）以《〈搜神记〉研究》为题，完成了博士学位论文，这也是英语世界中关于《搜神记》研究的第一部博士论文。该论文共分为上、下两部分，第一部分主要是《搜神记》的本体研究，布莱克威尔探讨了《搜神记》出现以前中国文学中的超自然故事，对《搜神记》在六朝时期出现的原因进行了深入分析，并结合作者干宝的生平事迹，推断《搜神记》的成书时间。而更为重要的则是布莱克威尔对《搜神记》故事的主题研究，这是关于《搜神记》主题研究较早的成果。第二部分，布莱克威尔选取了《搜神记》中的部分篇目进行翻译，这些篇目大多是前人未曾重视的。《搜神记》的唯一英译本出版于 1996 年，而布莱克威尔在 1966 年便对《搜神记》进行了节译，无疑对英语世界中《搜神记》的翻译有重要的借鉴意义。

---

① Derk Bodde. *Again Some Chinese Tales of the Supernatural: Further Remarks on Kan Pao and His Sou-shen chi.* Journal of the American Oriental Society, Vol. 62, No. 4 (Dec. , 1942), pp. 305—308.

在《搜神记》的背景研究中，布莱克威尔提出了一个重要的问题，即志怪小说为何在六朝时期盛行？在当时的学术语境中，为何形成了志怪小说这一特殊的文体形式？

布莱克威尔指出，在两汉王朝倾塌后，统治中国的儒家思想失去了赖以生存的土壤，人们开始怀疑礼教的合法性，伴随着自觉意识的逐步兴起，文人们开始慢慢挣脱儒家思想的束缚。六朝时期，士人阶层见证了混乱的政权分立现状，频繁的王朝更迭更使他们认识到政治的黑暗与不堪，正统文人在这样的环境中无容身之地，只能在政治斗争的旋涡中苦苦挣扎。曹魏时期，曹操与曹丕父子以才能为本位，并不注重考查官员的道德品行，促使当时的文人勇于标榜自己的才能与个性，并形成了独树一帜的“建安七子”“竹林七贤”等文学集团。在《世说新语》的记录中，魏晋时期有许多正统文人因遵守儒家礼教获罪，甚至会引来杀身之祸，因此许多学者纷纷投入道家的怀抱之中，从自然和孤寂中寻求灵魂的寄托与安稳。布莱克威尔认为，两汉后经学的衰落，直接导致了儒教地位的下降，文人不再是当权阶层的附庸，“凡言不合先王，不顺礼义者，谓之奸言”的观念在六朝时期也不再盛行。六朝时期的文学，不再承袭汉代的“注经”传统，而开始注重个人意识和思想的抒发，文人间的相聚主要是探讨学术和哲学问题，“清谈”文化在当时成为一种风行的时尚。出于对政治迫害的逃避，文人们还纷纷选择隐逸的生活，并嗜好饮酒、服散，这些特立独行的行为造就了中国思想史上的“魏晋风度”现象。六朝时期，文人阶层这些非常态的行为模式为这个时代赋予了特殊的印记，诗人们以一系列的努力改变了以往的文学创作传统，以一种更为抒情和个人化的方式进行书写。六朝时期的士人阶层，不再强调他们作为正统文人的社会责任，他们的创作仅仅是缘于自娱或娱人，六朝时期的文学都呈现出了相对自由的特征。[①]

① Bailey. Roger Blackwell. *A study of the Sou Shen Chi*. Ph. D. dissertation. Indiana University, 1966, pp. 22—24.

对于志怪小说的兴起，布莱克威尔则认为有三方面的原因。第一，中华文化的历史源远流长，在千年的岁月积淀中形成了许多神秘莫测的神话传说，这些奇异的故事散见于《左传》《国语》《战国策》《史记》《汉书》等典籍之中，为志怪小说提供了大量的材料基础。第二，六朝时期由于自觉意识的兴起，人们开始注意到奇异的地点、人物、事件，伴随着佛教的传入，因果循环等思想为解释这些奇异现象提供了理论指导。第三，六朝以前，对于神异故事的记录和整理大多混杂不清，缺乏系统的梳理工作，此时的文人出于娱乐的心态，对以往的鬼神故事进行搜集和整理，志怪小说的盛行与当时的文学风气有密不可分的关系。在重重因素的合力下，造成了志怪小说在六朝时期得以大炽的发展盛况。

布莱克威尔指出，20卷本的《搜神记》共收录了464则或长或短的故事，是至今为止故事数量最多的志怪小说集。《搜神记》在布局上并没有一致的模式，《搜神记》的分卷是根据主人公来安排的，并结合各卷的故事进行了总结，认为《搜神记》的各卷主题如下：（1）神仙；（2）能人与巫师；（3）占卜者；（4）神明；（5）人神相遇；（6）、（7）异常表现；（8）历史遗迹中的奇异记录；（9）预示与征兆；（10）梦境；（11）死亡与忠诚；（12）奇异的人和生物；（13）自然世界的奇观；（14）奇异的出生和交配；（15）坟墓；（16）灵魂与鬼；（17）怪物与妖怪；（18）植物与动物的魂魄；（19）爬行类动物的魂魄；（20）动物的报恩与复仇。[①]

布莱克威尔认为，干宝《搜神记》较前人的进步之处，在于其对于人性因素的凸显。在前人的志怪故事集中，也记载了很多真人恐怖故事，但是大部分只是对这些故事的简单叙述，而《搜神记》中记录的奇异地点、人物、生物，以及其他奇幻故事，无不使全书充满着奇思妙想的趣味性。在《搜神记》中，干宝大量运用了中国典籍中的原始材料，并在作品中凸显出这些故事与人之间的关系，《搜神记》的成功关键也正在于此，《搜神记》的诞生与传播标志着志怪小说成为

---

① Bailey. Roger Blackwell. *A study of the Sou Shen Chi*. Ph. D. dissertation. Indiana University, 1966, pp. 44—45.

传统小说的一个重要分支。

布莱克威尔将《搜神记》的成功归因于干宝所秉持的“有神论”思想，并引用《晋书·干宝传》和《搜神记·序》中的文字对他的思想加以验证。布莱克威尔认为，不同于前代志怪小说的作者，干宝对鬼神抱持着更为严肃认真的态度，维护自然现象和奇异生物的合法性存在，这是对墨子世界观的继承和延续。正如前文所述，干宝的童年时期亲眼目睹了两件奇异事件，即父妾与兄长的死而复生，这样的经历势必会导致干宝心理上的某些缺陷，布莱克威尔由此认为《搜神记》的种种主题都与他的童年记忆相关。除此之外，干宝还沉溺于占卜学和阴阳学的研究中，加之他对于超自然想象的绝对相信，会赋予干宝非凡的热情来撰写鬼神逸事。除了上述的外在证据外，布莱克威尔还认为《搜神记》中的故事条目可以视为内部证据，来考察干宝编撰《搜神记》的缘由和目的。布莱克威尔通过比较，指出张华的作品在描述奇异现象时，往往会加以注释说明，并在行文中表现出了对鬼神是否存在的矛盾立场。然而在干宝的《搜神记》中，表现了他诙谐风趣的性格特点，以及对鬼神的绝对相信，《搜神记》中记载了很多人类与鬼神交往生活的情节，这些内容在前代的小说编撰中都是没有先例的。

为了证明鬼神的真实存在，干宝常用真人的经历来加以验证，布莱克威尔也肯定了这种叙事手法的说服力。在《搜神记》中，干宝往往会对故事的发生地点、时间、人物等方面内容进行确切说明，这种暗示能够使人产生一种心理上的共鸣，认定这些鬼神故事和奇异现象是客观存在的。《搜神记》中的主体形象极为复杂，包含着人类生活的多方面存在，甚至有各种各样的动物、植物等，这也是干宝对于志怪小说发展所做出的重要贡献，后世的变形情节由此进行演变，直接影响了中国文学史中的神魔小说体裁。此外，布莱克威尔同样认为干宝的叙事方法并没有完全脱离中国传统的史传文学模式，无论是在选材还是创作手法上，都明显带有史书创作的印记。[1]

---

① Bailey. Roger Blackwell. *A study of the Sou Shen Chi*. Ph. D. dissertation. Indiana University, 1966, pp. 47—48.

布莱克威尔对于《搜神记》的研究重点，集中体现在他对《搜神记》的主题研究，通过分卷的方式论述了该书的创作形式和特点。布莱克威尔指出，《搜神记》前五卷的材料事实上是传记性质的内容，干宝在该部分中大量使用了前代历史故事和奇闻异事，包括汉代刘向的《列仙传》、东晋葛洪的《神仙传》和《抱朴子》。在前五卷中，干宝使用了传记式的梗概结构，介绍故事主人公的姓名、家庭、出生地，并简要说明人物的性格、爱好、才能，选取一两件能够体现人物性格的故事，以此来彰显人物的各方面特点。布莱克威尔认为这种写作方式的好处，是通过一系列的小故事来塑造人物形象，这种以小见大的叙事方式影响了如《三国演义》等传统长篇小说。此外，布莱克威尔指出这种叙事方法，有利于塑造出栩栩如生的人物形象，使整个故事更具有趣味性和戏剧性，让读者从字里行间的描述中了解人物的性格特点。如《搜神记》中对于三国时期君王形象的描写，就启发了后世的话本、戏剧、小说等叙事文学的创作。

在第六、七卷中，干宝选取了《汉书》《后汉书》，以及东晋前史籍中的大量材料，以此来证明自己"有神论"观点的合理性，而该部分的写作中也渗透着史书创作对干宝的影响。布莱克威尔认为，干宝选择的史籍材料大多是关于火灾、洪水、日食、月食，以及当时无法解释的自然现象，主人公往往有形态变化、身体缺陷、性别混乱等奇异特征，并将故事的发生时间精确到年、月，甚至是具体的某天，并配以详细的注释内容。干宝运用了史书的写作形式，全面地介绍故事的发生情况，通过人物与自然界的沟通，说明鬼神是真实存在于世界的。①

第九、十卷中的故事，大多是各种预兆和梦境，以及这种先知现象对于历史发展的影响，借以连接了历史祖先与奇异神灵。布莱克威尔提出，干宝《搜神记》编撰的独特性，在于他秉持着明确的超自然观念，敢于为鬼神所辩护的魄力。更为重要的是，《搜神记》中表现出了对于人性的尊重，挖掘出了普通人的优秀品质，并教会读者尊重灵魂的存在。《搜神记》中所蕴含"善恶到头终有报"

① Bailey. Roger Blackwell. *A study of the Sou Shen Chi*. Ph. D. dissertation. Indiana University, 1966, pp. 52—53.

的价值观念，也体现了古时候人们朴素的伦理思想，在生活中能够起到导人向善的现实作用。如《搜神记》中记载了一段感人至深的友谊：

汉，范式，字巨卿，山阳金乡人也，一名泛，与汝南张劭为友，劭字符伯。二人并游太学，后告归乡里，式谓元伯曰："后二年，当还。将过拜尊亲，见孺子焉。"乃共克期日。后期方至，元伯具以白母，请设馔以候之。母曰："二年之别，千里结言，尔何相信之审耶！"曰："巨卿信士，必不乖违。"母曰："若然，当为尔酝酒。"至期，果到。升堂，拜饮，尽欢而别。后元伯寝疾，甚笃，同郡到君章殷子征晨夜省视之。元伯临终，叹曰："恨不见我死友。"子征曰："吾与君章尽心于子，是非死友，复欲谁求？"元伯曰："若二子者，吾生友耳。山阳范巨卿，所谓死友也。"寻而卒。式忽梦见元伯，玄冕，垂缨，屣履，而呼曰："巨卿！吾以某日死，当以尔时葬。永归黄泉。子未忘我，岂能相及！"式恍然觉悟，悲叹泣下。便服朋友之服，投其葬日，驰往赴之。未及到而丧已发引。既至圹，将窆，而柩不肯进。其母抚之曰："元伯！岂有望耶？"遂停柩移时，乃见素车，白马，号哭而来。其母望之，曰："是必范巨卿也。"既至，叩丧，言曰："行矣元伯！死生异路，永从此辞。"会葬者千人，咸为挥涕。式因执绋而引柩。于是乃前。式遂留止冢次，为修坟树，然后乃去。

在这个广泛流传的故事中，范式与张劭的友情是通过梦境这种超自然力量联结的，干宝歌颂了二人之间坚定的信念和友情，以梦为纽带沟通两人之间的感情，使虚构的故事情节更加可信。然而，明代的冯梦龙在《喻世明言》中对该则故事进行了改编，范式自杀身亡，而张劭为遵守承诺也随之自杀，冯梦龙对《搜神记》的歪曲，使一个歌颂友情的故事变得矫揉造作，梦境的出现也变得滑稽可笑。布莱克威尔认为对这种超自然叙事技巧的运用，必须要在合理的范围之内，否则会影响整个故事的流畅度。[①]

① Bailey. Roger Blackwell. *A study of the Sou Shen Chi*. Ph. D. dissertation. Indiana University, 1966, pp. 53—56.

在第十二、十三卷中，大多是关于奇异的人物、事件、地点的记载，与前人相比呈现出了一些进步。布莱克威尔特别提出，值得注意的是如“落头民”和“玃猿”等故事，对于唐传奇产生了极为重要的影响，为后世的小说创作提供了大量素材。

在第十五卷中，布莱克威尔认为最有价值的是两则爱情故事，叙述的主题都是鬼魂受到爱情的刺激得以重生，这种情节被后世所惯用，唐传奇、元杂剧、明清小说中都有类似的内容出现。然而，布莱克威尔指出，由于《搜神记》的篇幅大多较为短小，不能完整地展现多位主人公的经历，感受他们在各个阶段的真实感情，使叙事显得有些苍白空洞。如“紫玉韩重”的故事中，男主人公对于情节的推进没有起到任何作用，只是在紫玉的不断要求中行动，使这个重要的人物显得呆板乏味。该则故事在唐代改编后，具备了完整的人物形象、情节内容，成为中国爱情故事中的一颗璀璨明珠。①

第十七、十八卷中记录了许多可以幻化成为人形的生物，这种情节促使后世产生了一系列的狐仙故事、精怪故事，是神魔小说赖以发展的重要传统。在《搜神记》中，这种动物的变形第一次成为小说的重要主题，如狐、蛇、龟等具有神秘色彩的生物大多有变幻为人的能力，布莱克威尔认为这种主题的最高艺术成就无疑是吴承恩的《西游记》一书。

通过对《搜神记》的主题研究，布莱克威尔总结了干宝的成就，主要应当归因于他的官方身份，能够大量掌握历史典籍和奇闻逸事，并在编撰的过程中得到了上层的支持，这些优越的创作条件都是后世文人所缺乏的。布莱克威尔也指出，由于东晋时期小说发展仍处于雏形阶段，《搜神记》中的故事大多情节简单、人物单一，整体显得平面粗浅，但其对于中国叙事小说承前启后的重要意义，仍然不可小觑。

---

① Bailey. Roger Blackwell, *A study of the Sou Shen Chi*, Ph. D. dissertation. Indiana University, 1966, pp. 57—61.

三、杜志豪对《搜神记》的书目与文类研究

汉学家杜志豪（DeWoskin, Kenneth J）是研究六朝小说的重要学者，他的博士论文《〈搜神记〉与志怪传统—— 一种书目学与文类学研究》是关于六朝志怪小说极为重要的材料成果。杜志豪继承了前代学者关于《搜神记》与志怪小说的研究成果，并结《搜神记》在日本的传播和影响情况，以文献学和文类学为研究视角，对《搜神记》进行了系统地梳理，确立了《搜神记》在中国叙事小说中的突出地位。杜志豪认为，六朝时期中国的叙事文学得到了极大发展，以《搜神记》与《世说新语》为代表，此时诞生的志怪与志人两种小说类型，基本奠定了中国叙事小说的发展模型，六朝小说的艺术成就也达到了中国古小说发展的巅峰阶段。作为小说文体的定型作品，杜志豪指出《搜神记》与《世说新语》的突出贡献并非其中的人物形象、故事情节等部分，最为重要的是两者确立的两种叙事类型，两者分别以奇异故事和人物为叙事中心，并形成了“神魔体”与“世说体”的文体形式，这对于中国叙事文学的文体发展产生了难以估量的影响和作用。

杜志豪的博士论文以《搜神记》为中心，对志怪小说的历史源流、发展情况做出了深入的研究和分析，以历史文献为基础考察了《搜神记》的传播和改编过程。杜志豪提出，《搜神记》的重要性在于反映了六朝时期人们的世界观，以东晋干宝为代表的学者们坚信鬼神的真实存在，用写史的方式真实记录了东晋以前发生的奇异故事，其中蕴含着的大量幻想和想象，证明了志怪小说在六朝时期已得到了充分的发展。杜志豪大量阅读了中西方对于《搜神记》的研究成果，包括中国的余嘉锡、汪绍楹、刘叶秋、李剑国，西方的贾尔斯、德克·卜德、布莱克威尔等，指出《搜神记》研究虽已延伸至各个视角，却缺乏系统的理论方法。因此，杜志豪以《搜神记》与其他志怪小说为材料依据，结合六朝时期的社会环境、文化氛围，以及文学的发展概况，以书目学和文类学为研究视角，分析了《搜神记》的文献流传与文体特点，及其与中国小说志怪传统的关系，填补了

《搜神记》研究在此方面的空白部分。[①]

杜志豪指出，中国早期的志怪故事集并未以“小说”定义，现在我们所说的中国古代小说大多是以传记、史书、地方志的形式存在，而并非是出于刻意创作，志怪小说就是在这种环境中应运而生。虽然《搜神记》不是中国最早的超自然故事集，但《搜神记》却以其突出的文学性享誉后世，不仅因其题材内容的特殊性，更是缘于《搜神记》创立了志怪小说的文体形式。《搜神记》的叙事传统基本上遵循着史书创作的方法，如布莱克威尔指出，《搜神记》中的故事描写与司马迁的《史记》叙事极为相似，此外干宝还受到了汉代的地方志、逸事集，以及其他超自然故事集的影响，其中最为重要的是《山海经》《吴越春秋》《越绝书》等著作的借鉴作用。除了文体特点、题材内容等方面的特点，杜志豪还肯定了《搜神记》中所呈现出的人类学研究范畴，其中的奇幻故事、宗教思想、神明崇拜，无不成为研究中国古代文化的重要基础，特别是《搜神记》中渗透的历史观念和哲学思想，充分反映出了六朝时期人们的世界观和价值观，这些故事中体现的因果循环观念，也在客观上起到了导人向善的作用。[②]

值得注意的是，前辈学者多认为干宝编撰《搜神记》是出于对鬼神故事的真实记录，虽然杜志豪也基本承认这种观点，但他却认为干宝的贡献不仅仅局限于对前代传说故事的搜集与整理。《搜神记》中记载的奇异故事，镌刻着作者的史学思想和哲学倾向，同时吸收了如印度佛教等外来的文化材料，并在创作中融入了自己的奇思妙想，才得以造就了《搜神记》的艺术成就。六朝时期，这种幻想叙事的作品还包括阮籍的《大人先生传》、刘伶的《酒德颂》、陶潜的《搜神后记》等，推动了志怪传统的逐步形成，直接促使唐传奇的诞生与发展，尤其是六朝志怪中的幻想情节，多在唐传奇的改造中得以丰富完善，证实了中国小说发展的渐进性趋势。

---

① DeWoskin, Kenneth J. *The Sou-shen chi and the chih-kuai Tradition: A Bibliographic and Generic Study*. Unpublished Ph. D. dissertation, Columbia University, 1974, pp. 1—3.

② Ibid, pp. 4—8.

杜志豪的研究是基于志怪小说发展的持续性特点，从历时性和共时性两种角度出发，对《搜神记》进行版本和文体的理论分析，包括《搜神记》的历史传播和演变过程，并探讨了志怪文学与中国小说的内部关系。更为重要的是，杜志豪对中国的历史文献进行了深入的剖析，研究了中国文学关于小说、历史、传记三者间的联系与区分，结合唐代以后叙事文学的形式和题材，说明了《搜神记》与六朝志怪对后世的重要影响。

杜志豪的论文，除了对干宝生平、《搜神记》各个版本流传和演变的考察外，最具价值的是他对《搜神记》与志怪文体的研究。在论文的主体部分中，杜志豪详细论述了中国小说的起源问题，从先秦《庄子》中“小说”一词的出现，到桓谭的《新论》，直至班固的《汉书·艺文志》，刘知几的《史通》，直至明代胡应麟对“小说”的分类，清代的《四库全书总目》，鲁迅对中国小说的钩沉和整理，杜志豪以历时性为线索对小说文体的流变进行了详细的介绍，使读者对中国小说的发展有清晰的整体认识。杜志豪指出，《搜神记》最早的完整版本出现在《隋书》和《旧唐书》中，此外六朝时期还有大量的同类题材作品，包括陶潜的《搜神后记》、王嘉的《拾遗记》等。杜志豪认为，尽管六朝志怪小说的数量巨大，但在宋代以前缺少系统的文体分类，时至《新唐书》才将志怪小说与历史分离，独立成为小说的体裁类型。杜志豪分析了后世裴松之的《三国志注》、郦道元的《水经注》等作品，择取了其中从《搜神记》中引用的部分，证明了《搜神记》已逐步独立于传统的小说体裁之外。杜志豪认为，《新唐书》与宋代四大类书的分类已经呈现出中国古代的文体意识，这种意识同样影响了《搜神记》和志怪小说的独立与评价。通过对比《太平广记》与明代编撰的20卷本《搜神记》，杜志豪指出两者已经基本趋于一致，明代的版本应当是以《太平广记》为依据，宋代体大而周的类书编撰，为《搜神记》与志怪小说的材料保存提供了坚实的文献基础。①

① DeWoskin, Kenneth J., *The Sou-shen chi and the chih-kuai Tradition: A Bibliographic and Generic Study*, Unpublished Ph. D. dissertation, Columbia University, 1974, pp. 193—258.

除了书目研究和文献考证外，杜志豪对于《搜神记》的题材和哲学思想也进行了深入探讨。对于《搜神记》的真实性问题，杜志豪的理解与其他学者略有不同。他认为，尽管干宝在《搜神记序》中说明了自己的创作是基于前代文献和近代轶事，进而证明超自然现象的真实存在，但《搜神记》的故事中却掺杂了干宝的大量想象，正如《晋书·干宝传》所说："宝既博采异同，遂混虚实，因作序以陈其志。"结合《搜神记》的故事题材，杜志豪指出其叙事范围之广、故事条目之多，都是其他志怪小说难以企及的。同时，干宝的叙事故事并不肩负着儒家道德的重担，《搜神记》中的许多故事并不耻于讲述不道德的情节，这就与前代的《孝子传》《列女传》等截然不同，《搜神记》的成功也正是缘于这种自由的创作氛围和理念指导。[1]

对于干宝其人的思想倾向，杜志豪也有相关论述。第一，他认为干宝的史官身份，使得《搜神记》的写作呈现出史学的艺术传统，《搜神记》因此在长时期内被当作正统史学的一个分支。《晋书》中记载，《搜神记》成书后，干宝曾示之于刘惔，刘惔评价他"卿可谓鬼之董狐"，不仅缘于干宝对鬼神存在的真实相信，更是因为他运用史书的创作模式。《搜神记》的故事主要选取了东汉、三国和晋初的历史事件进行加工，吸收了前代的超自然故事集，对故事的文体形式、内容题材、宗教思想等方面加以改造，将《搜神记》的艺术成就推向了新的高峰。第二，杜志豪使用了内部和外部双重证据，证明了干宝其人的道教观念。除《晋书》"性好阴阳术数"的记载外，干宝还为《易经》作注，并在《搜神记》的许多条目中体现出了阴阳五行思想。杜志豪提出，虽然干宝并未对道家思想进行理论叙述，但在《搜神记》的故事或引用老庄语句，或暗含五行观念，以隐性的方式表达了自己的道教思想。然而，杜志豪同时强调，尽管干宝其人的身份较为复杂，但《搜神记》独特的文学地位却毋庸置疑，无论在形式和内容上都有别于

---

① DeWoskin, Kenneth J. *The Sou-shen chi and the chih-kuai Tradition: A Bibliographic and Generic Study*. Unpublished Ph. D. dissertation, Columbia University, 1974, pp. 259—273.

其他的官修史书和哲学著作，它的诞生代表了六朝志怪小说的最高水平，为中国的小说发展奠定了坚实的理论和材料基础。

第三节 《拾遗记》及其与志怪小说的关系

1974 年，付思德（Lawrence Chapin Foster）以《〈拾遗记〉及其与志怪小说的关系》为博士论文题目，毕业于华盛顿大学语言文学系。该论文共分为上下两部分，上半部分集中探讨了志怪小说及其与《拾遗记》的关系；下半部分对《拾遗记》进行了完整的翻译。在上半部分中，付思德首先追溯了志怪小说的起源，认为其产生受到了社会环境和文学发展两方面的影响。根据六朝志怪的存佚情况，付思德提取了具有代表性的几种志怪小说作品，介绍了它们的作者、内容、风格特点。通过对志怪小说的主题分析，付思德总结了志怪小说的创作主题，以及志怪小说作为一种特殊文体的突出特点。最后，付思德以《拾遗记》的个案研究入手，指出了《拾遗记》与志怪小说创作传统的异同之处，得出"《拾遗记》并非传统的志怪小说"这一结论。

一、志怪小说的代表作品

付思德在论文的附录部分列出了 64 种六朝小说的作品篇目，并指出其中的 19 种现已完全亡佚，35 种有部分条目存世，只有 10 种作品得到了完整的保存，为现世留下了 3000 余则故事材料。根据故事的具体内容，付思德将志怪小说分为三种类型：道教作品、佛教作品、杂糅作品。道教作品包括《神仙传》《洞仙传》，在这些作品中记录了很多道士和神仙，以及道家的宗教秘术，在创作上继承了汉代刘向《列仙传》等神仙传记的方法。佛教作品主要有 7 种，最具代表性的是王琰的《冥祥记》。付思德介绍，《冥祥记》共有十卷，现存 131 则故事，作者王琰是一名虔诚的佛教信徒，在前言中记载了他亲见观音显灵的奇异经历，通过佛陀显灵帮助世人等情节的刻画，使人相信佛教传递的宗教思想。在作品的风格上，付思德指出《冥祥记》基本沿用了汉代以来传记的写作方法，语言上古朴简洁，与古小说的文体特点基本相近。《冥祥记》的故事中，主要是叙述普通人在日常生活里，经历了与佛教相关的奇异事件，一种是佛陀显灵帮助世人；另一种是亵渎神明遭到报应，两种题材的故事，其根本目的都在于传播佛教观念，使人投身于佛教信仰之中。付思德提出，志怪小说中佛道观念杂糅的作品比重最大，在现存的 45 种作品中，有 37 种是佛道融合题材。除了佛、道两种题材外，主要还涉及 6 个方面的内容，包括神仙、鬼、魂、佛、奇异的人物（地点）、传说。[①]

付思德指出，志怪小说的早期代表作主要包括曹丕的《列异传》和张华的《博物志》。《列异传》成书于 3 世纪中叶，曹丕以前代的作品为材料基础，选取具有奇异情节的故事编撰成集，如今仅存 51 条。在内容上，《列异传》继承了汉代的传记创作传统，基本上是讲人鬼相遇的故事，语言简单古朴，是志怪小说的雏形之作。西晋张华的《博物志》分 10 卷，共有 322 则故事，是地理博物类作品的典型代表。付思德认为，《博物志》在体例的编排上表现出新的特点，作者根据国别、地域、异兽、物性、药食等进行分类，内容涉及神仙、鬼怪、传说等，仍明显带有汉代传记的创作印记。特别是《博物志》中记载的奇异的人物、地域、事物，可以看出《博物志》受到早期地理志创作的影响，而关于鬼、魂、神话的部分，则与前代的逸事传统紧密相关。

付思德介绍，志怪小说最著名的代表仍属《搜神记》，全书共 20 卷，464 则故事，是篇幅最大的志怪小说，也是研究最广的志怪作品。《搜神记》的创作受

① Lawrence Chapin Foster. *The Shih-I Chi and its Relationship to The Genre Known as Chih-kuai Hsiao-shuo*. Ph. D. dissertation. University of Washington, 1974, pp. 25—27.

汉代以前文献的影响，第5、6两卷中的许多故事，都源于《汉书·五行志》的记载。但《搜神记》仍为读者展现了志怪小说的原创性特点，如“干将莫邪”等条目，篇幅相对较长，情节也趋于复杂，已经基本接近现代的小说体裁。在《搜神记》的序中，干宝记载了自己亲身经历的两件奇异事件，可以明确看出《搜神记》的创作宗旨，在于证明鬼神的真实存在。《搜神记》的突出特点，还体现在对人性美德的赞扬，具有忠诚、孝顺、善良等品质的人们，往往会得到神仙或命运的眷顾，付思德认为这种观念与先秦以来的儒家文化有直接关系。

另外两种代表作是刘敬叔的《异苑》和刘义庆的《幽明录》。刘敬叔的《异苑》共10卷，不仅包括佛教观念的条目，还有其他题材的内容。《异苑》在创作过程中着重凸显人物的因素，虽然有关于佛教观念的内容，但并非完全是为了传播佛教思想。刘义庆的《幽明录》共22卷，鲁迅从前代古籍中钩沉出226则条目，涉及的题材除了佛教外，还包括神仙、鬼魂，以及普通人经历的奇异事件。

二、志怪小说的创作主题

根据对现存3000余则条目的分析，付思德将志怪小说的创作动机分为六种，包括性爱、重生、地狱、狐妖、梦境、鬼魂，这六种是志怪小说最为常见的主题，也是志怪小说题材上的主要特点。

第一，性爱主题。付思德认为性爱是志怪小说最为重要的主题之一，尤其是在后世的影响关系上，志怪小说中关于人鬼相恋情节为唐传奇提供了借鉴作用。性爱主题的特殊之处在于，其本身并不具有奇幻色彩，因此在叙事中常常与狐妖、鬼魂、复生等主题相联系。付思德指出，中国叙事文学中的爱情主题源远流长，最早可以追溯到《诗经》中的记载，但志怪小说中的性爱显得更加通俗化，以直观的形式展现在读者面前。付思德提出，性爱题材故事在志怪小说中占有重要地位，集中体现在对男女性关系的叙述，通常表现为人类与鬼怪相遇，并受到这些动物、器物、鬼魂的引诱。在此类题材的志怪故事中，狐、螺、龟、鹤、狗、蛇、猴等动物，都能够幻化为人形与人类发生关系。六朝志怪中的性爱主题故事，情节大多比较简单，语言上质朴平实，呈现出小说发展的多种要素。①

第二，重生与地狱主题。付思德认为六朝志怪中的重生主题，反映了当时的宗教环境。荷兰汉学家高延认为，这种重生情节的出现，源自中国上古时期的“招魂”传统，借助于某种法术使死去的人复生。在志怪小说中，很少介绍关于重生的具体过程，而是集中表现复生后的行为。付思德指出，这种复生的情节在中国早已出现，《庄子》《左传》《汉书》《后汉书》中均有对复生的相关记载。在六朝时期，复生题材在志怪小说中开始被广泛使用，作者将其作为一种重要的创作主题发扬光大。以复生为题材的故事，在数量和范围上均有提升扩大，在描写和叙事上仍以简洁为主，重点在于凸显鬼魂的真实存在。六朝时期，人们往往认为人死后灵魂会归于地狱，重生之人必须逃离地狱，所以地狱主题多与重生主题并列出现。付思德认为，六朝志怪小说中“地狱”概念的出现，与佛教自印度的传入有直接关系，此前中国认为人死后会进入“黄泉”“冥府”，这一观念的转变也可以看出佛教对志怪小说的创作影响。②

第三，梦境与鬼魂主题。付思德指出，中国古时将“梦境”视为神谕的一种，特别是皇帝的梦境，往往被认为是来自上天的警示。关于梦境主题，付思德将其分为四种类型：第一是预示现实发生的事件；第二是预测未来将要发生的事件；第三是灵魂在梦境中漫游；第四是通过梦境连接现实与虚幻两界。付思德认为，“梦境”是中国本土的创作主题，尽管受到了佛教的影响，但在本质上仍保持着中国“神谕”的认知。与“梦境”主题相类似，“鬼魂”主题最早也与神谕相关，付思德认为这也证明了人们相信鬼神的存在。“鬼魂”的概念虽也早有出现，但在六朝时期才逐步成为重要的叙事题材，后来又与性爱题材相联系，成为

---

① Lawrence Chapin Foster. *The Shih-I Chi and its Relationship to The Genre Known as Chih-kuai Hsiao-shuo.* Ph. D. dissertation. University of Washington, 1974, pp. 43—49.

② Ibid, pp. 49—57.

六朝志怪小说的代表性主题。

三、作为一种文体形态的志怪小说

在探讨志怪小说的文体特点前，付思德首先追溯了“志怪”一词的历史渊源，他指出“志怪”一词最早出现于《庄子》中，却并非指代具体的文体类型。直至六朝时期，“志怪”出现在超自然小说的标题之中，如《志怪记》《杂鬼神志怪》《志怪》等，此时共有6种以“志怪”命名的作品，但此时的“志怪”也尚未具有文体意义。付思德提出，宋代孟元老的《东京梦华录》是第一部研究小说的著作，作者在书中将中国的小说分为三种类型，即“烟粉”“灵怪”“传奇”，其中“灵怪”部分的内容就是现在所认为的志怪小说条目。明代的胡应麟在《少室山房笔丛·九流绪论下》中，将小说分为6种类型，即“志怪”“传奇”“杂录”“丛谈”“辨订”“箴规”，在志怪部分大量引用了《搜神记》和《述异记》的故事条目，胡应麟对小说的分类，是关于小说体裁较早的系统研究。时至清代，《四库全书总目提要》对古小说的文体轮廓进行了勾勒，将其分为“杂史”“异闻”“琐语”三种类型。对于中国小说的发展研究，付思德认为最具贡献的仍当属鲁迅先生。《中国小说史略》首次对中国小说的发展脉络进行了梳理，打破了中国小说无史的研究缺憾，为中国古代小说的研究建立了完整的体系框架。特别是《古小说钩沉》的问世，为六朝小说提供了坚实的文献基础。

根据史籍传记的记载，付思德指出中国关于“小说”体裁的记载早有出现，在《汉书》《隋书》《旧唐书》《新唐书》中均有记载，引用的条目也呈现出多样化的特点。但结合现代的小说定义，付思德认为《四库全书总目提要》对“志怪”的特点介绍，更接近于现代小说的文体形式。根据详细的总结探讨，付思德对志怪小说做出了简要的定义：“志怪小说是六朝时期的小说集，以记述六朝之前的超自然故事为主题，通过变形、重生等奇异身体反应的叙述，反映六朝时期中国人的鬼神观念和宗教信仰。”结合具体的故事篇目，付思德总结了志怪小说的文体特点，从外在形式和内在特点两个方面，对六朝志怪小说做出了总结。[①]

（一）外部形式

从体制上来讲，付思德将六朝志怪小说分为三种类型，即记事类、传记类、描写类。“记事类”是六朝志怪小说最主要的创作类型，付思德指出这种创作方法直接受到汉代的史传文学影响。记事类小说虽然较为简短，缺少完整的故事情节，大多是集中于一个场景、行动、事件之中，但已基本具备了小说的要素。“传记类”是以介绍人物为主，主要刻画皇帝、神仙、方士的人物形象，付思德认为其产生受到了汉代刘向《列仙传》的重要影响。“描写类”条目的叙事成分较少，主要侧重于对人物、环境的描写，如早期代表《博物志》就简要介绍了六朝以前的奇异人物、地点、事件，故事基本没有具体的形式特点，长度一般在300 ~ 500字。在语言上，付思德主要提出了六朝志怪小说的三种特点：其一，以文言文创作，表述上较为简洁；其二，很少使用前代史籍中的引文，在叙事中加入了很多幻想、假设的虚构情节，构成了中国小说的“元系统结构”，多被认为是正统文学的分支；其三，常常借助于人物间的对话，来突出事件的转折和人物的身体行为。[②]

（二）内部特点

关于内部特点的分析，付思德主要从创作目的和创作内容两个方面进行探讨。在创作目的上，付思德提出了关于志怪小说创作的两种理论。第一，是被学界普遍接受的宗教传播目的。许多学者都认为，六朝志怪小说的作者，为了传播佛教或道教的宗教思想进行创作，借此反映出人们对于现实压迫的精神反抗，如“干将莫邪”的故事就是典型的事例。然而，付思德认为这种“宗教目的说”只

① Lawrence Chapin Foster. *The Shih-I Chi and its Relationship to The Genre Known as Chih-kuai Hsiao-shuo.* Ph. D. dissertation. University of Washington, 1974, pp. 76—79.

② Ibid, pp. 79—84.

是后世学者的推测，并没有明确的证据对此加以证实。除了王琰在《冥祥记》前言中提出了传播佛教的目的外，其他的作品都只是为了证明鬼魂、神仙等奇异事物的真实存在，而并非是纯粹为了宣扬宗教教义，即使是干宝的《搜神记》，也只是通过记录作者的亲身经历来验证鬼神观念。第二，部分学者认为六朝志怪是为了满足读者的阅读兴趣。付思德认为，六朝志怪的创作也反映出六朝文学重思辨哲理的特点，通过对奇异人物、情节、事件的记录，表现此时人们对于世界和人生的思考。从志怪小说的题材内容来看，也并非集中于单一的宗教视角记述，大多志怪作品都是佛教、道教等其他思想的融汇，而故事之间也并未呈现出思想的矛盾。可见，志怪作者们对宗教思想往往秉承着融汇的态度，大多不是某一宗教的纯粹信徒，只是通过记事、描写等方式，表达自己的鬼神观和世界观，行文中也没有强烈的说教意味，而是为读者保留了充分的想象空间。在创作内容上，付思德提出六朝志怪是以鬼、魂、梦境、变形等奇异题材为中心，汲取早期民俗神话的材料来源，根据一些改编创作形成的小说类型。民俗神话是中国文学中的一个重要分支，代表着远古时期人们对自然界的朴素认识，构成了文学人类学的重要基础，并直接影响了六朝志怪小说的创作。付思德认为，志怪小说并非是当时作者的原创性内容，在内容上更多体现出了民俗志的特点，具有重要的史学考证价值。据此，付思德进一步提出，六朝志怪小说不仅是中国小说发展的阶段性成果，也是哲学、史学、社会学研究的基础材料，但无论在中外学界中，均未对六朝志怪的民俗价值加以重视，只是将其作为唐传奇、宋话本的材料来源，这也是当前研究中的缺憾与空白。[①]

---

① Lawrence Chapin Foster. *The Shih-I Chi and its Relationship to The Genre Known as Chih-kuai Hsiao-shuo*. Ph. D. dissertation. University of Washington, 1974, pp. 85—87.

四、《拾遗记》与志怪小说的创作传统

在对志怪小说的文体特点进行归纳总结后，付思德对《拾遗记》的故事内容和写作特点也做出了细致的探讨，通过比较《拾遗记》创作和志怪传统的异同之处，提出了“《拾遗记》并非传统的志怪小说”这一观点。付思德首先考证了作者王嘉的生平事迹。现存关于王嘉的记载很少，只有《晋书》和《洞仙传》中有零星的片段。《拾遗记》的作者为东晋王嘉，字子年，陇西安阳（今甘肃渭源）人，《晋书》中没有其人的教育经历，只记载了他终生于南方生活，隐居于山林之间，因为拥有预测未来的能力而知名，先后为苻坚和姚苌效力，后因激怒姚苌被杀。

南朝梁代时期，宗室萧绮将当时散佚的《拾遗记》重新整理成十卷，为全书补充了前言部分，并在某些篇章后加有“录曰”的批评性文字，就是现存的《拾遗记》全本。付思德指出，除了萧绮为《拾遗记》补充的前言外，最早记载《拾遗记》官方史籍是《晋书》，此后《隋书·经籍志》《旧唐书·经籍志》《新唐书·经籍志》《宋书·艺文志》均介绍了《拾遗记》。付思德经过各种史书的分析，指出唐代和宋代早期有三个版本的《拾遗记》传世，分别是两卷本、三卷本和十卷本，《宋史》中的记载却只提及十卷本，说明此时的《拾遗记》有流散亡佚的情况。此外，《隋书》将《拾遗记》的创作归于萧绮，但《宋史》《旧唐书》《新唐书》均认为作者是东晋王嘉，这也进一步确定了《拾遗记》的作者身份。[1]

付思德指出，关于《拾遗记》的非官方记载则始于宋代以后，晁公武《郡斋读书志》的“传记”部分，介绍了十卷本的《拾遗记》，并引用了萧绮的前言部分。南宋陈振孙《直斋书录解题》的“小说”部分收录了《拾遗记》完整的十卷本内容。明代胡应麟在《四部正伪》中指出，《拾遗记》是由萧绮所选而非王嘉，

---

① Lawrence Chapin Foster. *The Shih-I Chi and its Relationship to The Genre Known as Chih-kuai Hsiao-shuo*. Ph. D. dissertation. University of Washington, 1974, pp. 92—94.

但付思德认为胡氏的观点缺乏有力的证据。清代的《四库全书总目》中也收录了《拾遗记》十卷本，并延续了《郡斋读书志》的观点，认为《拾遗记》的原始条目亡佚，后经萧绮编辑整理，即是后来传世的《拾遗记》全本。[1]在分析了《拾遗记》文献材料后，付思德对《拾遗记》的外部形式和内部特点进行了研究，并结合志怪小说的创作传统，通过两者的比较，指出《拾遗记》与志怪小说的创作传统有明显区分。

（一）外部形式

付思德指出，《拾遗记》在外部形式上仍与志怪传统相类似，但又有所差异。正如前文付思德所言，《博物志》《搜神记》等志怪小说的代表，在体例上均是按照故事的主题排列，《拾遗记》也是依时代记录了远古时期的先王至晋代的人物，包括皇帝、后妃、臣子、文人等，许多故事条目都来源于前代的逸事或传说。

在结构上，尽管付思德承认《拾遗记》是六朝志怪小说的代表作品，但他却认为《拾遗记》的创作特点与志怪传统有很大区别，主要体现在三个方面。第一，付思德以一则故事为例，说明了《拾遗记》与其他志怪作品的区别所在。

田畴，北平人也。刘虞为公孙瓒所害，畴追慕无已，往虞墓设鸡酒之礼，恸哭之音，动于林野，翔鸟为之凄鸣，走兽为之吟伏。畴卧于草间，忽有人通云："刘幽州来，欲与田子泰言平生之事。"畴神悟远识，知是刘虞之魂。既近而拜，畴泣不自支，因相与进鸡酒。畴醉，虞曰："公孙瓒求子甚急，宜窜伏以避害！"畴拜曰："闻君臣之义，生则尽礼，今见君之灵，愿得同归九地，死且不朽，安可逃乎！"虞曰："子万古之贞士也，深慎尔仪！"奄然不见，畴亦醉醒。

第一，在这则故事中，通过奇异的情节使田畴与刘虞在梦中对话，反映了田

[1] Lawrence Chapin Foster. *The Shih-I Chi and its Relationship to The Genre Known as Chih-kuai Hsiao-shuo*. Ph. D. dissertation. University of Washington, 1974, pp. 94—99.

畴的忠诚、勇敢，甚至愿为道义放弃自己的生命。《拾遗记》在塑造人物时，较少使用鬼神元素，该则故事是《拾遗记》中的典型例子。付思德认为，虽然田畴的故事具有志怪色彩，但更值得注意的是故事中的人物身份，反映了作者王嘉在选材时的特殊意向。其他的志怪作品中也有传记式的条目，但人物大多是神仙、道士、佛陀，或者是有奇异经历的普通人，而《拾遗记》记录的人物大多是学者和官员，并且很少涉及志怪小说必要的鬼神元素，这也是《拾遗记》区别于志怪传统的突出特点。与《山海经》《洞冥记》等博物类志怪作品相比，《拾遗记》在描写时更为细致，篇幅也有所增长，显示了作者对环境的细腻感知。在这些篇目中，王嘉集中于描写奇异的地点、植物、动物，向人们详细介绍了中国内外的地理情况，而不刻意强调异域的神秘色彩。除了传记、描写的篇目外，《拾遗记》中也有很多阐释型的篇目，展示了作者对于世界、人物的认知。付思德指出，阐释型的篇目在其他作品中很少出现，但《拾遗记》中却使用得很多，这也是《拾遗记》与志怪传统的又一区别。尤其是前两卷关于上古先王的篇目中，基本上都使用了阐释的方法，并不像其他作品以记事的方式描写人物。

第二，付思德指出，《拾遗记》与其他作品的不同之处，还体现在文中贯穿着作者的评论，并总结了王嘉评论的几种特点。其一，经常使用韵文评论，如“王母之桃，王公之瓜，可得而食，吾万岁矣，安可植乎”。其二，用后世的风俗来说明先人的行为，如“禹所穿凿之处，皆以青泥封记其所，使玄龟印其上。今人聚土为界，此之遗像也。”“故《春秋传》曰‘司至’，是也。今之相风，此之遗像也。”“今人每岁元日，或刻木铸金，或图画为鸡于牖上，此之遗像也。”其三，在行文中补充次要的信息，作用与注释基本类似，如“亲侍者觉帝容色愁怨，乃进洪梁之酒，酌以文螺之卮。卮出波祇之国。酒出洪梁之县，此属右扶风，至哀帝废此邑，南人受此酿法。今言‘云阳出美酒’，两声相乱矣。”付思德指出，《拾遗记》中如“洪梁之酒”之类的补充信息比比皆是，这种说明方式也属《拾遗记》所特有。

第三，《拾遗记》与其他作品的最后一种区别，付思德认为是萧绮在篇目后的“录”。萧绮的“录”在《拾遗记》全书共出现了39次，在每卷的最后出现，对《拾遗记》全书进行了持续的评注。[①]

在语言上，《拾遗记》虽然也是使用文言文进行创作，但与其他志怪小说精炼、简洁、结构松散的特点不同，《拾遗记》的语言风格优美，行文中穿插着韵文，在语言上与其他作品显示出很大区别。《拾遗记》的故事条目中，使用了很多先秦时期的典籍，以借古讽今的方式表达作者的思想，显示出王嘉深厚的学识素养。因此，从结构、体例、语言上来看，付思德认为《拾遗记》在外部形式上虽与志怪传统有类似之处，但也体现出了明显的差异，反而与刘义庆所编的《世说新语》更为接近。

（二）内部特点

在外部形式上，《拾遗记》与志怪传统仍有相近之处，但付思德认为《拾遗记》的内部特点与其他作品却有根本区别。第一，在《搜神记》《神仙传》《幽明录》等志怪小说中，可以明显看出前代故事的印记，作者通过改编前代材料形成新的故事。《拾遗记》在内容上的最大特点，在于其内容的独创性，全书故事没有一则是前代材料的继承，并且成为后世志怪小说的材料来源，如《博物志》就受到了《拾遗记》的重要影响。付思德认为，《拾遗记》在记录人物的条目中，表现出了突出的独创性特色，尤其是对著名人物的刻画方面。尽管其他志怪小说也有关于人物的塑造，但基本集中于不知名的下层人物，间或提及上古先王，《拾遗记》的人物主体则是文人阶层。对于《拾遗记》人物选择的倾向性，付思德指出是缘于王嘉的创作目的，他以文人的奇异故事为主体，旨在使作为读者的文人阶层更容易接受，这也是《拾遗记》主题内容的一大特点。[②]

第二，如付思德在前文中论述，志怪小说的创作目的在于传播宗教思想，通

① Lawrence Chapin Foster. *The Shih-I Chi and its Relationship to The Genre Known as Chih-kuai Hsiao-shuo*. Ph. D. dissertation. University of Washington, 1974, pp. 99—103.

② Ibid, pp. 107—108.

过奇异事件的叙述来证实鬼神的真实存在，使人们投身于宗教信仰之中。但对于《拾遗记》而言，付思德却认为王嘉的创作目的在于作品的“政治性”。付思德认为，《拾遗记》的通篇主题都是赞颂善良、忠诚等美德，并对有悖于儒家礼教的行为观念进行抨击。特别是在上古先王的介绍条目中，王嘉虽然极力避免用教条式的语言来定义善恶，却用叙事或传记作为例子，做出正确或错误的示范。由于王嘉隐藏了自己的“政治性”倾向，较少人意识到《拾遗记》创作的根本目的，付思德提出只有两个人能参透王嘉的创作本意。第一位意识到《拾遗记》“政治性”的是萧绮，虽然他并未在前言中明确表明自己的态度，但在正文后的“录”中，却补充了他对王嘉政治目的的认同。清代时期的谭献，是另一位意识到《拾遗记》创作目的的学者，在他的《复堂日记》中，他指出了王嘉借古讽今，批判当时政权的写作目的。①

付思德指出，《拾遗记》主要借助于两种方式来体现作者的政治意图，其一是树立典型形象；其二是预示和预言。在《拾遗记》的故事中，王嘉经常使用传记式的例子来说明善与恶的行为，如田畴、任末、郅奇等人的故事，都是正面的模范人物，但《拾遗记》中也记载了许多负面人物，如刘备、孙和、孙亮等人的奢靡生活，从萧绮的评论中，也可见王嘉对统治者耽于酒色的抨击：

> 孙和、孙亮、刘备，并惑于淫宠之玩，忘于军旅之略，犹比强大魏，克伐无功，可为嗟矣！

此外，王嘉还使用预言的方式来表达自己的政治目的。在古代社会中，人们往往认为上天有主宰朝代更迭的能力，会通过自然现象向人们传达神谕，以表彰或惩罚世人。付思德提出，在《拾遗记》的故事中，王嘉借助了这种朴素的预言观念，来实现自己惩恶劝善的目的。例如，圣人降生会有神迹，“商之始也，有

---

① Lawrence Chapin Foster. *The Shih-I Chi and its Relationship to The Genre Known as Chih-kuai Hsiao-shuo*. Ph. D. dissertation. University of Washington, 1974, pp. 108—109.

神女简狄，游于桑野，见黑鸟遗卵于地，有五色文，作‘八百’字，简狄拾之，贮以玉筐，覆以朱绂。夜梦神母，谓之曰：‘尔怀此卵，即生圣子，以继金德。’”王朝更迭之时，也会有特殊的现象出现，如“文曰：‘水德将灭，木祚方盛。’文皆大篆，纪殷之世历已尽，而姬之圣德方隆。是以三分天下而其二归周。故蚩蚩之类，嗟殷亡之晚，望周来之迟也”[①]。

在宗教思想的划分中，付思德认为《拾遗记》也与传统的志怪小说有所不同。其他的志怪小说，或是以道教为主、或是以佛教为主，或是道佛杂糅，但较少涉及儒家思想。付思德指出《拾遗记》兼有儒、道、释三种视角，特别是王嘉在文中表达出的政治教化目的，是其他志怪小说所没有的，这种独特的宗教观念也是《拾遗记》区别于其他志怪小说的重要特点。

第四节　《幽明录》与佛教思想

在梁启超先生的《佛学研究十八篇》之《翻译文学与佛典》一文中，他曾经说过：“吾为说于此，曰：‘我国近代之纯文学——若小说、若歌曲皆与佛典之翻译文学有密切关系。’闻者必以为诞。虽然，吾盖信之。”“我国自《搜神记》以下一派之小说，不能谓与《大庄严经论》一类之书无因缘，而近代一二巨制《水浒》《红楼》之流，其结体运笔，受《华严》《涅槃》之影响实多”。[②] 此后，近代学者不断地对佛学的影响问题进行深入研究，鲁迅先生认为“中国本信巫，秦汉

① Lawrence Chapin Foster. *The Shih-I Chi and its Relationship to The Genre Known as Chih-kuai Hsiao-shuo*. Ph. D. dissertation. University of Washington, 1974, pp. 109—114.

② 梁启超：《佛学研究十八篇》，上海古籍出版社 2001 年版，第 200 页。

以来，神仙之说盛行，汉末又大畅巫风，而鬼道愈炽。会小乘佛教亦入中土，渐见流传。凡此，皆张皇鬼神，称道灵异。故自晋迄隋，特多鬼神志怪之书”[1]。此外，鲁迅先生还以“释氏辅教之书”来定义六朝志怪小说的性质和概念。佛教对于六朝志怪小说的形成与发展起到了举足轻重的作用。东汉时期佛教的传入，不仅为当时的文化提供了新的思想，使文人们有了探索世界的理论基础，同时将佛教因果循环的思想融入了文学创作之中，使六朝时期的志怪小说渗透着浓厚的佛学色彩。

伴随着佛教思想的广泛流传，其影响范围开始逐步扩大，南北朝时期修建了大量的寺院，僧尼人数也急剧增长，当时的贵族阶层中弥漫着笃信佛学的风尚。尤其是南朝刘宋时期，其建国也与僧侣的支持不无相关，所以刘宋一朝对佛教的推崇尤为明显，可以说佛教大昌，与当时中国的社会文化是密不可分的。佛教观念中宣扬“人生皆苦”，只有通过行善积德才能获得心灵上的解脱，最后得以涅槃（或称“寂灭”或“熄灭”）。佛教在南北朝时期的兴盛，还与佛理中的“因果报应”有关，三世因缘观认为“善恶到头终有报”，人生在世的善恶点滴积累，都有可能影响死后的境遇。佛祖根据人生前的行为事迹，运用超自然力决定该人是升天，还是被打下地狱。六朝志怪中对地狱的恐怖描写，令人产生恐惧之心，客观上对人们起到了警示的作用。这种因果报应之说，契合了六朝时期混乱的社会环境，也是佛教在六朝时期得以大炽的重要原因。当时的文人名士，目睹汉室衰亡、礼教崩坏，黎民百姓生活于战乱频发的时代之中，却又无力改变现状，因此将美好的希望寄托于来世之中。除此之外，帝王将相敬崇佛教的事件也不胜枚举。北朝有苻坚敬尊道安，姚兴崇迎鸠摩罗什；南朝更有梁武帝四次舍身的荒诞之事；三国时，笮融在广陵、下邳、彭城大兴佛寺，可见佛学观念流传之广。

印度佛教能够被中国文化所接受，是因为其中蕴含的“因果循环”“善恶有报”等观念，包含着博大精深的哲学系统和伦理观念，弥补了中国宗教的不足之

① 鲁迅:《中国小说史略》，人民文学出版社 1973 年版，第 29 页。

处，并在中国的语境中得到了化用，体现出了明确的“中国化”走向，满足了当下对于指导精神世界的需要。六朝志怪小说的创作，深受此时日趋兴盛的佛教思想影响，此时的志怪小说明显带有佛教思想的色彩。正如普惠先生所说：“佛教传入中国后，除了在义理上大力宣传以外，还更多地利用佛教典籍中大量的故事、寓言、譬喻、史诗等通俗易懂的形式，使佛教进一步走入广大的百姓中间。佛教的这些生动形式不仅为六朝正在兴起的志怪小说提供了丰富的素材、题材、语词等，尤为重要的是，它们还在人生观、道德观、时空观、小说的情节、叙事方式以及奇特的想象等方面，对六朝志怪小说产生了深刻的影响。”[①] 在六朝小说的故事中，有许多是关于时人笃信佛教的记载。例如，《述异记·樗蒲君》中叙述藺启因崇信佛教，所以给女儿起名为“僧因”，这是缘于当时佛教思想盛行，人们在子女的名字前冠以“僧”字，以表示对佛教的虔诚信仰。此外，一些俗世之人也选择如“沙门”等僧人的名字，由此可见六朝时期佛教在各个阶层中的兴盛。

《幽明录》是关于汉族民间传说中神奇怪异的志怪小说集，为南朝宋宗室刘义庆集门客所撰，共计 30 卷，原书已散佚，鲁迅在《古小说钩沉》中辑得 266 则。《周易·系辞》中云：“是故知幽明之故。”注称“幽明，有形无形之象。”“幽”指鬼神世界，“明”指现实世界，书中所记鬼神灵怪之事，变幻无常，合于此意，故取此名。刘义庆所编撰的《世说新语》记录了魏晋时期士人阶层的日常生活，反映了上层社会中的思想风尚，是六朝志人小说的巅峰之作，鲁迅先生称之为“名士底教科书”。由于《世说新语》的名声卓著，刘义庆的《幽明录》往往被世人所忽视，但《幽明录》重要地位也是不容小觑的。区别于《世说新语》以“记人”为主，《幽明录》记录了异彩纷呈的鬼神故事，其中的一些故事明显渗透着佛教对于中国文化的影响印记。《幽明录》通过对鬼神故事的记述，

① 普惠：《佛教对六朝志怪小说的影响》，《复旦大学学报》(社会科学版) 2002 年第 2 期。

反映出当时人们朴素的世界观和伦理观，诸如“因果轮回”等佛教观念业已显露无疑，客观上体现着人们对于现实的不满，以及对于来生世界的美好向往，其艺术价值并不逊于前期的志怪小说代表《搜神记》。然而，关于《幽明录》的研究深度和广度远不及《搜神记》，其原因有二：其一，《幽明录》原书已于宋代亡佚，明清两代虽有多种辑本，但均不十分完备，直至鲁迅先生“校定昔人集本”，钩沉出266则故事，较为完整的《幽明录》才得以重新出现在世人面前；其二，是由于文学研究的倾向性所致，古今学者对刘义庆的研究均集中于《世说新语》，对《幽明录》的关注则明显不足。若从志怪小说的研究角度上来看，学界普遍将干宝的《搜神记》作为六朝志怪小说的巅峰之作，认为其在体制、题材、风格上均已达到此时的最高水平，因此对《幽明录》的关注较少。事实上，《幽明录》的艺术成就并不亚于《搜神记》，因此有学者认为：“《幽明录》是一部未受到应有重视的优秀志怪小说。”①

《幽明录》一书，是佛教影响中国文学创作的早期作品，体现了中国文学在接受外来文化后发生的一系列变化，具有意义非凡的研究价值，这也引起了英语世界学者的研究兴趣。2007年，张振军毕业于威斯康星大学麦迪逊分校，师从著名的汉学家倪豪士先生，他的博士论文《中国早期社会中佛教与超自然因子：刘义庆的〈幽明录〉研究》，以《幽明录》中体现的佛教观念为切入点，详细论述了佛教传入后对六朝志怪小说的影响。张振军的论文虽然选取《幽明录》这一个案进行研究，但仍涉及了六朝时期其他志怪小说的内容，用以小见大的方式探讨了六朝志怪小说中的佛教因素，从而凸显了中国传统文学受外来文化影响后，在创作中产生的一系列变化。下面以张振军的论文为主要依据，分析佛教对于志怪小说创作的深远影响。

张振军认为，《幽明录》不仅是六朝时期志怪小说的代表作品，也是最早受佛教影响的中国文学，其中的很多鬼神故事都呈现出了浓厚的佛教风味。王国良

① 杜贵晨：《中国古代短篇小说史》，中州古籍出版社1991年版，第120页。

曾总结，《幽明录》中至少有 20 余则故事受到了佛教观念的影响，其中 8 则关于报应，7 则关于因果，4 则关于轮回，反映出佛教对于中国文学的深远影响。[①] 通过对《幽明录》的深入研究，张振军则指出佛教对《幽明录》的影响远不止于此，尤其是佛教对于《幽明录》价值观、道德观的渗透，在《幽明录》的故事中俯拾皆是，这也是佛教思想第一次大规模地出现在文学作品之中。[②]

一、《幽明录》诞生时期的佛教背景

印度佛教自东汉时期传入中国后，开始逐步融入本土文化之中，其中蕴含着的深刻哲理，以及“善恶有报”“因果循环”等观念，满足了当时人们的精神需要，逐步成为中国宗教观念的重要来源。汉王室崩塌后，除了西晋时期的短暂统一外，中国持续了 300 多年的分裂阶段，在此期间各政权不断发起战争，普通士人和百姓只能在混乱的环境中苦苦挣扎。统一政权的陷落，直接导致了儒家礼教的衰落，文人们不再将其作为安身立命的根本，转而从本土的道教思想中寻求精神的解脱。然而，道家所提倡的“自然”“无为”等观念只能满足文人的部分需求，佛教的传入则填补了中国宗教观念的诸多空白，尤其是佛教所建构的彼岸世界，使人们相信人世间的所作所为都有因果业报，佛教思想因此在六朝时期得以大炽。

结合相关史料的记载，张振军考证了刘宋王朝的建国，得到了僧侣的大力支持，所以刘宋宗室贵族皆笃信佛教。除了皇帝刘裕外，临川王刘道规、江夏王刘义恭、衡阳王刘义季、南郡王刘义康、卢陵王刘义真等，都是虔诚的佛教信徒，与当时著名的僧侣交好，并捐献巨资修建寺庙，供养僧尼，此时的僧尼甚至可以随意进出宫廷，佛教的兴盛程度可见一斑。刘宋宗室的王权争夺十分激烈，不擅

---

① 王国良:《幽明录研究》，台湾静宜文理学院中国古典小说研究中心主编《中国古典小说研究专集（2）》，联经出版事业有限公司 1980 年版，第 160 页。

② Zhenjun Zhang. *Buddhism and the Supernatural Tale In Early Medieval China: A Study of Liu Yiqing's (403-444) You ming lu*. Ph. D. dissertation. University of Wisconsin-Madison, 2007, p. 7.

秦高平李羡家奴健，至石头冈，忽见一人云："妇与人通情，遂为所杀，欲报仇，岂能见助？"奴用其言，果见人来。鬼便捉头，奴换与手，实时倒地，还半路，便死。鬼以千钱一匹青绞缕袍与奴，嘱云："此袍是市西门丁与许，君可自着，勿卖也。"

项县民姚牛，年十余岁。父为乡人所杀，牛常卖衣物市刀戟，图欲报仇。后在县署前相遇，手刃之于众中。吏捕得，官长深矜孝节，为推迁其事，会赦得免。又为州郡论救，遂得无他。令后出猎，逐鹿入草中，有古深阱数处，马将趣之。忽见一公，举杖击马，马惊避，不得及鹿。令怒，引弓将射之。公曰："此中有阱，恐君堕耳！"令曰："汝为何人？"翁跪曰："民姚牛父也，感君活牛，故来谢恩。"因灭不见。令身感冥事，在官数年，多惠于民。

而在佛教传入后，佛教的"因果循环"观念开始影响中国文化，人们开始相信有超自然的力量操纵世间万事万物，人类的所作所为都会产生相应的果报，最为明显的体现在人与动物的关系上。佛教宣扬"众生平等"，认为人类对动物的杀戮会有报应，而相反拯救动物也会得到动物的感恩，如《幽明录》中所记：

晋咸康中，豫州刺史毛宝戍邾城。有一军人，于武昌市买得一白龟，长四五寸，置瓮中养之。渐大，放江中。后邾城遭石氏攻陷，赴江者莫不沉溺。所养人被甲入水中，觉如堕一石上。须臾视之，乃是先放白龟。既得至岸，回顾而去。

佛教观念对志怪小说主题的影响，突出体现在重生和轮回观念的输入。张振军指出，中国自古便认为人死不能复生，正如《战国策》中所说"破国不可复完，死卒不可复生"，《汉书·路温舒传》中说"死者不可复生，断者不可复属"。《幽明录》以前的志怪小说中，基本没有死而复生的情节，动物或鬼魂只能以附体的形式参与社会生活，而佛教相信轮回重生，人死后会根据生前的品行进入六道轮回中。在《幽明录》中，第一次出现了重生和轮回的情节，这也最能反映出佛教对于志怪小说创作的影响。[1]如《幽明录》中有一则著名的故事：

安侯世高者，安息国王子。与大长者子共出家，学道舍卫城中。值王不称，大长者子辄恚，世高恒呵戒之。周旋二十八年，云当至广州。值乱，有一人逢高，唾手拔刀曰："真得汝矣！"高大笑曰："我夙命负对，故远来相偿。"遂杀之。有一少年云："此远国异人而能作吾国言，受害无难色，将是神人乎？"众皆骇笑。世高神识还生安息国，复为王子，名高。安侯年二十，复辞王学道。十数年，语同学云："当诣会稽毕对。"过庐山，访知识，遂过广州。见年少尚在，径投其家，与说昔事，大欣喜，便随至会稽。过嵇山庙，呼神共语。庙神蟒形，身长数丈，泪出。世高向之语，蟒便去，世高亦还船。有一少年上船，长跪前受咒愿，因遂不见。广州客曰："向少年即庙神，得离恶形矣。"云庙神即是宿长者子。后庙祝闻有臭气，见大蟒死，庙从此神歇。前至会稽，入市门，值有相打者，误中世高头，即卒。广州客遂事佛精进。

（二）从冥府泰山到阿鼻地狱

在中国的古代观念中，一直认为死后有特定的归属，人类能够以灵魂的方式存在于另一个空间，这种"阴间"的表述包括有"黄泉""幽都""泰山"等。在古代社会中，人们认为阳间与阴间可以用某种特定的方式互通，张振军指出在《汉书·五行志》中，就有人类在阴间冒险游历的记录，这种情节在六朝时期广泛运用于志怪小说的创作中。故事的基本模式为：（1）主人公看似死亡，其实只是灵魂脱离肉身；（2）主人公在阴间进行游历，亲眼见证了阴间的环境；（3）主人公复活；（4）主人公的经历以某种形式被证实。张振军认为，这种情节的大量运用源自人们对死后世界的好奇，也反映出六朝这一特定时期内人们对于阴

---

① Zhenjun Zhang. *Buddhism and the Supernatural Tale In Early Medieval China: A Study of Liu Yiqing's (403-444) You ming lu*. Ph. D. dissertation. University of Wisconsin-Madison, 2007, pp. 101—108.

间的认识。[1]

在佛教传入前，“冥府泰山”是用于界定“阴间”的重要概念之一，“泰山”在某些特点上与佛教的“地狱”有相似之处，因此佛教以“泰山”为切入点，将“地狱”的观念与中国本土文化相融合。在《幽明录》中，“泰山”用于描述“阴间”的故事条目经常出现。佛教传入中国后，在许多佛教故事中，“泰山”成为佛教“地狱”的一种形态，由于“泰山”与“地狱”之间的相似之处，使得佛教观念更易于中国本土所吸收。张振军认为，《幽明录》中对阴间“地狱”的描述，融合了“冥府泰山”的一些特点，但仍明确表现出了佛教观念的渗透作用。据张振军总结，“阿鼻地狱”在《幽明录》中呈现出三方面的特点。

第一，严格的审判机构。“地狱”与“泰山”的相同之处，最重要的就是存在着严格的审判机构，阴间长官会根据世人生前的所作所为进行奖励或者惩罚，向善者可以升入天道，作恶者只能沦入地狱。如《幽明录》中所记赵泰的故事，在死后看见了地狱的具体形象“从城西门入，见官府舍，有二重黑门，数十梁瓦屋。男女当五六十，主吏着皂单衫，将泰名在第三十。须臾将入，府君西坐，断勘姓名。复将南入黑门，一人绛衣，坐大屋下，以次呼名前，问生时所行事，有何罪故，行何功德，作何善行。言者各各不同”。

第二，残酷的身体折磨。佛教信徒秉承“五诫”的观念，认为若是违反这五种戒律，会在死后受到惩罚。这种信念在客观上引起了人们对作恶的恐惧，能够起到导人向善的伦理作用，在《幽明录》“康阿得”的故事中，较早地记录了死后受罚的情节：“复前行，见一城，其中有卧铁床上者，烧床正赤。凡见十狱，各有楚毒。狱名‘赤沙’‘黄沙’‘白沙’，如此‘七沙’。有刀山剑树，抱赤铜柱。于是便还。复见七八十梁间瓦屋，夹道种槐，云名‘福舍’，诸佛弟子住中。福多者上生天，福少者住此舍。”

---

① Zhenjun Zhang. *Buddhism and the Supernatural Tale In Early Medieval China: A Study of Liu Yiqing's (403-444) You ming lu*. Ph. D. dissertation. University of Wisconsin-Madison, 2007, pp. 121—126.

第三，可怖的城市变形。在赵泰的故事中，第一次出现了对变形城市的描写，生动刻画出了恶人死后受到的酷刑，以真实可怖的笔触反映了佛教“地狱”的黑暗，以此达到惩恶劝善的道德作用。如《幽明录》中所记：“复见一城云纵广二百里，名为‘受变形城’。云生来不闻道法，而地狱考治已毕者，当于此城更受变报。入北门，见数千百土屋，中央有瓦屋，广五十余步，下有五百余吏，对录人名作善恶事状，受所变身形之路，各从其所趋去：杀生者当作蜉蝣虫，朝生夕死；若为人，常短命。偷盗者作猪羊，身屠，肉偿人。淫逸者作鹄鹜蛇身。恶舌者作鸱鸮鸺鹠恶声，人闻皆咒令死。抵债者为驴马牛鱼鳖之属。大屋下有地房北向，一户南向。呼从北户，又出南户者，皆变身形作鸟兽。又见一城，纵广百里，其中瓦屋，安居快乐。云生时不作恶，亦不为善，当在鬼趣，千岁得出为人。又见一城，广有五千余步，名为‘地中’。罚谪者不堪苦痛。男女五六万，皆裸形无服，饥困相扶。见泰，叩头啼哭。”

（三）从天神到佛陀

自商周以来，中国古人认为世间存在着掌控万物的天神，能够作为人类的保护神。在佛教传入前，这种天神并没有特定的形象，只是在冥冥中对世界进行主宰，既可以是超自然现象，也可以是元祖先辈，甚至可以是动物图腾，体现了当时人们朴素的因果观念。在《幽明录》中，这种保护神的形象由天神逐步转变成为佛陀，这些超然于世的僧人往往拥有高尚道德和深厚法力，能够在人世间惩恶扬善，此后佛陀在中国叙事文学中也慢慢演化为保护神的形象。

通过对《幽明录》故事主题的研究，张振军详细探讨了六朝志怪小说在佛教传入后发生的种种变化。从这些短小精悍的条目中，可以看出佛教观念对中国文学创作的影响，并为唐代变文的出现奠定了坚实的基础。然而值得注意的是，尽管《幽明录》中存在很多佛教因素，但没有侵害中国文化的统治地位，佛教观念吸收了传统思想的诸多特质，以循序渐进的方式融入中国文化，随之形成了中国本土的禅宗。

三、佛教影响下《幽明录》的人物形象变化

伴随着佛教的兴起，上层社会不断地对佛教文化进行推广，不仅影响了当时的社会风气，也波及了文学创作领域。在这样的文化氛围中，六朝志怪小说的创作主题发生了种种变化，并产生了新的人物形象，如僧侣、尼姑、佛教恶魔等第一次频繁出现于文学作品中，并直接影响了后世的佛教传记和经典。这些人物形象的变化，除了用于文学创作领域，对于中国传统文化的形成也有极为重要的作用。尽管在日常生活中，我们常常忽视了隐藏于语言之中的文化意义，但通过详细深入的挖掘，窥探语言文学背后蕴含的故事根源，也是研究志怪小说与中国文化的重要部分。

（一）僧侣形象

作为“佛教三宝”之一，僧侣的形象从未与佛陀和佛教信仰分离，六朝时期由于王室贵族笃信佛教，极大地促进了中印两国佛教的交流与沟通，如迦叶摩腾、竺法兰等高僧在此时进入中国，广泛传播了印度佛教的教义。佛教在六朝时期的兴盛，直接影响了寺庙的大规模修建，并招揽了大量的僧尼入驻，此时的僧侣数量达到了历史高峰。据张振军所述，南朝梁僧人慧皎编撰的《高僧传》中，记录了 243 位僧尼的形象，早于《高僧传》的志怪小说中也多有僧侣形象的塑造。然而，相较于现实中修行传道的真实行为，志怪小说中则着重凸显僧侣的超自然能力或神奇技艺。①

《幽明录》中的僧侣形象继承了前代志怪的描写，突出表现了僧人具有未卜先知的才能，这种能力在战乱时期尤其被看重，特别是对外国僧人才能的描述，例如：

---

① Zhenjun Zhang. *Buddhism and the Supernatural Tale In Early Medieval China: A Study of Liu Yiqing's (403-444) You ming lu*. Ph. D. dissertation. University of Wisconsin-Madison, 2007, pp. 164—166.

姚泓叔父大将军绍总司戎政，召胡僧问以休咎。僧乃以面为大胡饼形，径一丈，僧坐在上。先食正西，次食正北，次食正南，所余卷而吞之。讫便起去，了无所言。是岁五月，杨盛大破姚军于清水。九月，晋师北讨，扫定颍洛，遂席卷丰镐，生禽泓焉。

张振军指出，《幽明录》通过总结史书创作来描写人物，如安清、佛图澄、竺法兰等僧人的故事在前代早有记录，《幽明录》中的故事也明显受到了史书的影响，但却对前代的故事加以精炼修改，突出表现僧侣们的超自然法力，将他们塑造成为被世人崇拜的对象。更为重要的是，《幽明录》中的“安息世子”等故事对于后世的佛教传记产生了深远的影响。在慧皎的《高僧传》中，明显继承了《幽明录》中关于“安息世子”的结构和情节，甚至连语词或句子都完全一致，说明志怪小说不仅影响了《晋书》，也影响了传记文学的创作。以《幽明录》为代表的志怪小说，不仅在宗教传播的领域中取得了极高的成就，也为后世的叙事小说提供了丰富的素材。这些修行高深、法力无边的僧侣形象，在唐代以后大量运用于小说创作，如《大唐三藏取经诗话》《济公传》等作品的僧人形象，都是神圣的超自然力的代表。“安息世子”故事中的“三世”情节，对小说、戏剧的创作起到积极的借鉴作用，成为后世所惯用的叙事模式。[①]

（二）尼姑形象

佛教在六朝时期的蓬勃发展，促使女性信徒参与到佛教活动之中，南朝时期许多杰出的尼姑与王室相交密切，通过向皇室贵族传教来扩大社会影响力。据张振军所述，南朝齐梁时期宝唱的《比丘尼传》，是第一本关于尼姑的传记作品。在此之前，志怪小说中已经出现了对尼姑事迹的记录，虽然数量不多，但具有的

---

① Zhenjun Zhang. *Buddhism and the Supernatural Tale In Early Medieval China: A Study of Liu Yiqing's (403-444) You ming lu*. Ph. D. dissertation. University of Wisconsin-Madison, 2007, pp. 168—175.

特殊意义却不容忽视。《幽明录》中关于尼姑的故事较少，也是着重于凸显其非凡的超自然能力，如：

桓温内怀无君之心，时比丘尼从远来，夏五月，尼在别室浴，温窃窥之。见尼裸身，先以刀自破腹，出五藏，次断两足，及斩头手。有顷浴竟，温问：“向窥见尼，何得自残毁如此？”尼云：“公作天子，亦当如是。”温惆怅不悦。

《搜神后记》中有一则故事与之极为类似，张振军推测它可能受到了《幽明录》的影响，也可能是两者源于同一故事：

晋大司马桓温，字元子。末年，忽有一比邱尼，失其名，来自远方，投桓温为檀越。尼才行不恒，温甚敬待，居之门内。尼每浴，必至移时。温疑而窥之。见尼裸身挥刀，破腹出脏，断截身首，支分脔切。温惊骇而还。乃至尼出浴室，身形如常。温以实问，尼答曰：若逐凌君上，形当如之。时温方谋问鼎，闻之怅然。故以戒惧，终守臣节。尼后辞去，不知所在。

张振军认为，这则比丘尼故事的重要意义有二：一是尼姑与僧人一样具有超凡的能力，可以取出五脏、截断四肢；二是比丘尼的“自愈”能力，对后世文学有很大影响，得到了李冗《独异志》、洪迈《夷坚志》，甚至是吴承恩《西游记》、蒲松龄《聊斋志异》的模仿和借鉴。[1]

（三）恶魔形象

除了僧尼的形象外，佛教恶魔的出现也是志怪小说创作的重要变化之一。如著名的“目连救母”故事，最早出现于《佛说盂兰盆经》之中，其中对地狱变形的描写，就是佛教恶魔在中国出现的较早记录。

---

① Zhenjun Zhang. *Buddhism and the Supernatural Tale In Early Medieval China: A Study of Liu Yiqing's (403-444) You ming lu*. Ph. D. dissertation. University of Wisconsin-Madison, 2007, pp. 179—183.

须臾之间即至阿鼻地狱。空中间五十个牛头马脸，罗刹夜叉，牙如剑树，口似血盆，声如雷鸣，眼如掣电。

张振军选取了“牛头”“马面”“罗刹”“夜叉”四种佛教恶魔进行分别论述，说明了它们蕴含的宗教意义，以及传入后对中国的文化影响。“罗刹”一词在《幽明录》中第一次出现，代表着“邪恶的鬼”，这种形象源自印度佛教圣传中，它能够快速行走、穿越天际，其独特的能力是能够改变形状，同时根据外部环境的变化改变颜色，在《幽明录》表现为人类的吞噬者。“夜叉”出现于印度神话之中，是佛教的八种超自然存在之一，特点是凶残与暴力。“牛头马面”作为一个组合词语，经《拾遗记》《幽明录》叙述后，在中国小说中大量出现，在唐传奇中成为暴力的象征，《太平广记》中就有两卷内容的记载。明代的冯梦龙在《古今小说》中也有“阶下侍立百余人，有牛头马面，长喙朱发，狰狞可畏惧”的记录。在《聊斋志异》中，“牛头马面”也常作为地府的使者出现，有的还具有人类的同情、怜悯等性格特质。[①]

与此同时，张振军还分析了佛教恶魔对于中国文化的影响，将其与中国方言相结合，指出了恶魔用于象征的重要意义。如“罗刹”用于形容邪恶、残暴的男性形象，“夜叉”则用于形容残忍刁钻的女性形象，《红楼梦》中贾琏就称自己的妻子王熙凤为“母夜叉”。

四、佛教影响下《幽明录》的奇幻情节

在佛教思想的影响下，六朝志怪小说除了主题、人物形象的变化外，还产生了一些创新的情节，后世许多脍炙人口的叙事文学都是源自六朝志怪中的奇幻情节。在这些前所未见的情节中，体现出了一致的“奇幻性”特点，人们能从这些

---

① Zhenjun Zhang. *Buddhism and the Supernatural Tale In Early Medieval China: A Study of Liu Yiqing's (403-444) You ming lu*. Ph. D. dissertation. University of Wisconsin-Madison, 2007, pp. 184—190.

幻想中，满足现实中的种种欲望，尽管多数故事只是黄粱一梦，但却真实反映了当时人们的美好愿望。六朝志怪小说中的奇幻情节，或多或少都受到了佛经故事和印度文化的影响，张振军按照《幽明录》中的情节分类，对这些新出现的奇幻情节进行了探讨。

（一）幻想世界的冒险

《幽明录》中最早出现了人在微观世界中冒险的情节，人类通过某种方式进入虚拟的世界中，在此间经历人生的悲欢离合、喜怒哀乐，醒来后发现不过是南柯一梦。这种幻想世界的冒险情节，在唐代以后被广泛使用，唐传奇中的“枕中记”“南柯太守传”，清代蒲松龄的《聊斋志异》、李汝珍的《镜花缘》中，都使用了这种幻想式的冒险情节。张振军回顾了幻想冒险情节的发展历程，提出这早在《幽明录》就有记载。

> 宋世，焦湖庙有一柏枕，或云玉枕，枕有小坼。时单父县人杨林为贾客，至庙祈求，庙巫谓曰：“君欲好婚否？”林曰：“幸甚！”巫即遣林近枕边，因入坼中，遂见朱楼琼室，有赵太尉在其中，即嫁女与林，生六子，皆为秘书郎。历数十年，并无思归之志。忽如梦觉，犹在枕傍。林怆然久之。

通过与唐传奇“枕中记”的对比，张振军总结了这种冒险情节的基本模式：（1）年轻男子有感于仕途困惑，又垂涎于现实中的名誉、地位、财富；（2）通过特殊的魔力，主人公进入幻想世界，实现了现实中的种种欲望；（3）幻想世界中的名利地位，因为某种原因瞬间消失；（4）主人公突然惊醒，不再执迷于追求俗物，甚至变为彻底的禁欲主义者。张振军认为，虽然《幽明录》中杨林的故事篇幅短小、情节简单，但也完全符合上述模式，可视为该种情节的先例之作。[①]

---

① Zhenjun Zhang. *Buddhism and the Supernatural Tale In Early Medieval China: A Study of Liu Yiqing's (403-444) You ming lu*. Ph. D. dissertation. University of Wisconsin-Madison, 2007, p. 201.

中国学界对于幻想情节的缘起问题，始终秉持着怀疑和争辩的态度，至今也并未取得一致的结论。张振军结合前辈学者的研究成果，提出幻想冒险情节的出现，的确直接或间接地受到了佛经的影响。第一，在以梦境为题材的志怪故事中，出现过恶魔、妖怪和鬼魂等，但是完整的幻想情节却是在《幽明录》中第一次出现。第二，“杨林”的故事与佛经中的“裟罗那”故事极为相似，其中的梦境都是被僧侣创造的，而这种幻想会给人带来巨大的性格转变，使人能够抛弃现实的物欲困扰。第三，在佛教传入中国前，文学作品中从未出现过“顿悟”的情节，“杨林”故事中的结局明显渗透这种佛教的观念。

（二）灵魂与身体的分离

《幽明录》的“庞阿”故事记载如下。

巨鹿有庞阿者，美容仪。同郡石氏有女，曾内睹阿，心悦之。未几，阿见此女来诣阿，阿妻极妒，闻之，使婢缚之，送还石家，中路遂化为烟气而灭。婢乃直诣石家，说此事。石氏之父大惊，曰：“我女都不出门，岂可毁谤如此？”阿妇自是常加意伺察之。居一夜，方值女在斋中，乃自拘执以诣石氏。石氏父见之，愕眙曰：“我适从内来，见女与母共作，何得在此？”即令婢仆于内唤女出，向所缚者，奄然灭焉。父疑有异，故遣其母诘之。女曰：“昔年庞阿来厅中，曾窃视之。自尔彷佛即梦诣阿，及入户，即为妻所缚。”石曰：“天下遂有如此奇事！”夫精神所感，灵神为之冥着，灭者，盖其魂神也。既而女誓心不嫁。经年，阿妻忽得邪病，医药无征，阿乃授币石氏女为妻。

在中国的爱情故事中，有许多与离魂的情节相关，其特殊之处在于主人公的“离魂”并非是由于外力所致，而是因为对爱情的向往自然而为。张振军指出，唐代陈玄祐的《离魂记》、元代郑光祖的《倩女离魂》，都使用了与“庞阿”相似的叙事模式：（1）女主人公的魂魄脱离身体，与男子产生浓烈的爱情；（2）女主人公的魂魄回归身体；（3）魂魄归位后，发生或喜或悲的结局。张振军认为，曲，故事的主旨是歌颂真挚的爱情，如“河间男女”“韩重紫玉”“卖胡粉儿”等都是这种类型；其二，女主人公早已死亡，以魂魄的形式进入男子的梦境之中，通过结合、复活、成亲等一系列发展，完成整个故事的起承转合。①

通过与《大明度无极经》《修行道地经》等佛教经典的对比，张振军指出这种“复生”的情节受到了佛教的很大影响，不仅渗透着灵魂不灭的佛学观念，同时这些“复生”情节的主题、叙事模式等，也与佛经故事的记载极为类似，可以明显看出六朝志怪小说中的佛教因素。

第五节　比较视域中的超自然小说研究
——以六朝志怪与德国传说为例

在世界文学的发展长河之中，由于人类共同的创作习惯、审美取向等因素影响，各民族虽处于不同的历史阶段、社会背景，却产生了相似题材的著作，这就为我们进行跨文明研究提供了丰富材料。1993 年，菲勒（Jennifer Lynn Fyler）以《传统小说中的社会批判：六朝志怪小说与德国传说中的超自然女性形象》为题，研究了异质文明中的两种叙事文学，即中国的六朝小说与德国的传说故事，从女性形象入手探讨了中、德超自然小说的产生环境、艺术特点等内容。

菲勒认为，超自然小说以古老的神话传说为基础，连接了现实世界和虚幻世界，通过对这些非正常事件的描写，可以窥探出民族文学的发展特点。中国六朝

---

① Zhenjun Zhang. *Buddhism and the Supernatural Tale In Early Medieval China: A Study of Liu Yiqing's (403-444) You ming lu*. Ph. D. dissertation. University of Wisconsin-Madison, 2007, pp. 248—250.

时期的志怪小说与19世纪德国的传说故事，在创作背景、故事题材，以及社会功能上都有极为相似的地方，这就构成了两者比较研究的可行性。菲勒将这种超自然故事定义为“信念故事”，即人们在当时的社会环境中往往相信鬼神的存在，以超自然故事的形式反映出对自然世界的认识和感知。由于受到科学知识的限制，这种故事文体在诞生之初与史传创作紧密相关，其所讲述的鬼神故事与历史一样，有特定的时间、地点、人物，以及具体的情节发展。菲勒的论文对于不同历史阶段、文化系统的小说加以分析，集中研究六朝志怪和德国传说中的超自然女性形象，既包括了邪恶的魔鬼，也包括了善良的鬼魂，反映了男权社会对女性的种种掌控，以文本故事为基础剖析女性在家庭生活中所扮演的角色。①

一、中、德超自然小说的基本特点

在菲勒的博士论文中，他运用了跨文化的比较方法，分析了六朝志怪与德国传奇间的异同之处。菲勒指出，这些超自然故事都是以古老的口头传说为基础，后世的编撰只是在搜集过程中进行的加工整理，并非是完全的原创性写作。中、德历史中的超自然故事，大多短小精练，以片段的形式呈现，记录了前代发生的奇幻事件，反映了当时人们对于鬼神的认知。菲勒总结了超自然故事的基本模式：在特定的环境中，人鬼之间不期而遇，或者是女性拥有超自然的力量，人类的生活因此被打乱，最后超自然力消失。与其他神话传说“大团圆”的结局不同，这些超自然故事一般都以消极暴力结束，每个故事的背后都蕴含着发人深省的寓意。菲勒指出，在这些故事中传统的价值观都被重新评估，而由于当时人们往往对鬼神坚信不疑，导致了这些超自然故事对社会构成了威胁，反映出了人们在现实社会与虚幻世界间游移的矛盾心理。这种矛盾的产生往往体现于人类与

① Jennifer Lynn Fyler. *Social Criticism in Traditional Legends: Supernatural Women in Chinese ZhiGuai and German Sagen.* Ph. D. dissertation. University of Massachusetts, 1993, pp. 1—14.

治目的而随意更改文本，受到了许多正统民俗学家的诟病。①

二、六朝志怪与德国传说中的女巫形象

中西超自然小说中，有许多拥有神奇魔法的女巫形象，这些女性能够使用奇异的魔法获取财物甚至预测未来。女性由于特殊的生理特点，往往被认为能够获得某种特殊的能力，这也反映出了男性主导的社会中对女性的隐性敬畏。菲勒选取了中国志怪小说中的“萨满”与德国传说中的“女巫”进行比较，说明了中西方女巫形象的不同特点。

（一）志怪小说中的“萨满”

在人物塑造的方面，菲勒选取了六朝小说中的“萨满”，与德国传说中的女巫形象进行比较，从身份特征、奇异能力等方面对超自然小说中的女性形象进行研究和比较，从跨文明研究的视角分析了两者间的差异所在。

菲勒指出，在中国的史传中，经常出现会出现一个具有超自然能力的人物形象，即所谓的“萨满”。在中国的史籍中，这种神秘的女性多以先知者的形象出现，拥有预测未来的神奇能力，上层社会和普通世人都对女巫有着虔诚的敬畏之心。根据对历史典籍的总结，菲勒提出“萨满”的形象常在政治巨变中出现，尤其是在叛乱的社会形势之中，“萨满”往往肩负着传达神谕的重要职责，向人们传达上天对于历史更迭的意见。菲勒认为，“萨满”一旦与政治斗争有关，其独特的预言能力就会被权力争夺者所利用，使中国的神话志怪小说染上了政治的色彩。②

---

① Jennifer Lynn Fyler. *Social Criticism in Traditional Legends: Supernatural Women in Chinese ZhiGuai and German Sagen.* Ph. D. dissertation. University of Massachusetts, 1993, pp. 37—45.

② Ibid, pp. 53—68.

由于六朝志怪小说并未与史传文学分离，编撰者们大多认为他们对志怪故事的记录是真实可信的，其中的内容真实反映出了当时人们的世界观。志怪小说的编撰并不承载官方立场，在这种相对自由的写作方式中，故事内容并不受儒家说教功能的限制，更能看出人们对于萨满的真正认识。菲勒也进一步指出，志怪小说中的萨满形象塑造，弱化了史传文学的说教色彩，集中凸显拥有超自然能力的人物形象，同时反映出了当时的社会危机和矛盾，是六朝时期历史状况的真实写照。

如祖冲之的《述异记》中有一则“女巫秦氏”的故事，记录了一名具有预测未来能力的寡妇形象。在这则故事中，宋武帝讨伐之际，军中将士求告秦氏，借以预测战事的吉凶，而秦氏对这场战争的胜负和进程做出了精确的预测，表现出了神奇的超自然力。菲勒指出，秦氏的形象代表了大部分的萨满，这些具有奇特能力的女性大多是寡妇，因为没有男性群体为她们发言，也没有固定的社会角色，因此借助女巫的形象获得正当的社会地位。在身份的归属上，这种萨满群体独立于传统的儒家体系之外，如果在守寡的情况下没有子嗣，那么与父系社会传统基本上毫无关联。秦女的故事发生在泰山中，代表着其作为萨满的权威性地位，她所传递出的神谕，为刘裕的顺利称帝奠定了基础，使世人信服刘裕是上天指派的真命天子。秦女的故事拥有完整的情节叙述，包括具体的时间、地点、情节，以及关于刘裕胜利的详细介绍。尽管秦女的故事与政治斗争相系，但其作为小说故事，并未刻意强调政治斗争的过程，或是对于事件的真实记载，侧重描写的是秦女拥有预测未来的神奇能力，反映出了当时人们对于鬼神存在的充分信任。[①]

（二）德国传说中的女巫

在西方的文学世界中，有大量关于女巫和巫术的内容，这其中还包括各种传

① Jennifer Lynn Fyler. *Social Criticism in Traditional Legends: Supernatural Women in Chinese ZhiGuai and German Sagen.* Ph. D. dissertation. University of Massachusetts, 1993, pp. 75—80.

说故事、宗教习俗、历史记载，以及各种各样的奇幻故事。菲勒指出，在19世纪格林兄弟编撰的《德国传说故事》里，形象各异的女巫拥有特殊的魔法，能够掌控日常生活中各个方面，这也反映出当时人们对于巫术的认识。《德国传说故事》中的女巫通常是年老的女人，她们的邪恶魔法能够引起祸乱、疾病，甚至还具有变形、飞翔等能力，往往能够脱离社会秩序的约束。在中国的志怪小说中，女性大多是以善良贤惠的形象存在，能够在现实生活中扮演完美的妻子，符合男性对于女性美德的种种向往。在《德国传说故事》中，女巫的形象却多是邪恶、阴险的，能够给人带来致命的伤害。

菲勒认为，德国传说中的女巫形象，是在当时的政治、经济环境等综合因素作用下形成的。在19世纪德国的家庭生活中，每个人都有具体的分工角色，女主人的任务就是掌管家庭的收入和支出，享有仅次于丈夫的决策权力。在这种环境中，女主人如果能够增加家庭的收入，那么就能得到更多的社会尊重，这就导致了女性对于财物的欲望膨胀。在《德国传说故事》中，塑造了很多拥有魔法的女巫形象，她们大多是未婚或是寡妇，在社会中拥有一定地位，用邪恶的魔法来满足自己的私欲，这反映了女性权力意识的崛起，也体现了她们对男权社会的不满。

在前工业时代的德国社会中，家庭的收入往往是与农副食品的产量相关，女主人掌管着牛奶、黄油、起司等日常饮食的加工制作，女性的能力对于整个家庭的经济命脉有至关重要的影响。这种社会家庭环境，带给传说故事两方面的影响：一方面，女巫的魔法大多也与日常生活相关；另一方面，女巫施法的工具大多是绳子、手帕、扫帚等家居用品。①

据菲勒总结，女巫的故事大致有三种主题。第一种是女巫通过滥用魔法，来窃取他人的农作物。在19世纪的德国，妇女仍处于男性的从属地位，女性不能

① Jennifer Lynn Fyler. *Social Criticism in Traditional Legends: Supernatural Women in Chinese ZhiGuai and German Sagen*. Ph. D. dissertation. University of Massachusetts, 1993, pp. 130—133.

拥有自己的财产，只有寡妇或独女才能继承男人死后的遗产，这就促使女性产生嫉妒的偏激心理。在《德国传说故事》中，有许多女巫运用魔法来剥夺他人的财产，甚至导致他人的死亡，这种不受社会约束的女性形象，也反映出在社会的不公对待下，女性对于制度的不满以及对权力的渴望。第二种是女巫通过训练年轻女性，向她们传授魔法。尽管女性对于家庭收入有重要的影响作用，能够通过改善财政状况获得尊重，但在人际交往方面仍有很大限制，只能与家庭背景相似的女性或是家中女仆交往。因此在《德国传说故事》中，也有很多关于年老女巫训练年轻女子的主题，她们通过对年轻女性的控制，满足自己的种种邪恶欲望。第三种是女巫运用魔法改变天气，使农作物的产量降低，借以扰乱正常的社会生活。由于妇女只掌管家庭内部生活，而外在事务主要由男性主导，家庭的整体经济命脉仍控制在男性群体手中。菲勒认为，这种男性主导的社会分工，引起了女性的极大不满。女巫们通过施行魔法使天气变差，致使农作物减产，这种情节也反映了女性对男权社会的反叛情绪。

三、六朝志怪与德国传说中的女妖变形

在上文对志怪小说鬼神形象的研究中，可以看出女性的变幻是超自然小说的重要题材，她们以不同的变形进入日常的生活之中，或满足男性的种种欲望，或对男性的健康生命加以损害，这些栩栩如生的鬼怪形象是六朝小说中的重要部分。在德国的传说故事中，同样有大量的女妖变形情节，但情节相对简单，较少刻画女妖与男主人公间的爱情故事，而是着重突出她们对于社会的干扰。中西方对于女妖变形情节的塑造，渗透着当时的性别观念和文化氛围。

（一）六朝志怪中的狐妖

中国文学中的女妖形象，最早可以追溯至先秦时期的各种史传之中，是中国传说故事中的重要题材，诸如狐、龟、鱼等生灵通过修炼能够幻化为美丽的女子

形象，这些具有诱惑力的女性通过引诱男性，打乱正常的家庭和社会秩序。这些女妖信奉“采阳补阴”的修炼方式，勾引人类男性与其发生性行为，致使男性的身体衰弱甚至死亡。值得注意的是，女妖对于男性的性引诱，并非是出自人类生理上的欲望，而只是用来控制男性的一种工具。

菲勒指出，女妖的存在不仅对于男性是巨大的威胁，同时也严重干扰了正常的社会秩序。在中国早期的史书和志怪小说中，大部分女妖形象都是阴险邪恶的，而伴随着叙事文学的历史发展，文人们往往侧重于描写女妖的美貌、品德，以及她们的悲惨命运。直至清朝的《聊斋志异》时，女妖已经基本失去了对社会的威胁能力，多沦为男权制度下的牺牲品。据菲勒总结，六朝志怪描写的变形女妖，大致可以分为三类：一是下凡的神女；二是死后的鬼魂；三是动物的变形。[①]

作为上天下凡的神女，其形象往往是积极正面的，尽管她们来自异域世界，却拥有人类的种种美德。菲勒认为此类故事的发展基本遵循以下模式：男主角的父母双双去世，生活境遇穷困窘迫，却有谦逊孝顺的品质，神女下凡与男主角结为夫妻、生育子嗣，并运用神奇的法力帮助男主角改善生活品质。在结局中，神女最终会回归天界，在离去前会安顿好男主角的生活，甚至帮他寻觅贤惠的妻子。[②]如上文所说，这种神女的形象塑造，实质上是满足了男性对于美色和权力的双重幻想，这种故事的书写也是男权社会的真实缩影，女性的出现只是满足男性欲望的媒介和工具。

鬼魂的形象则与神女相似，她们与男性的交往并不会带来祸患。菲勒提出鬼魂形象最不具有超自然的特点，因为这些鬼魂生前都是以人类的形象存在。这些年轻的女鬼，生前大多是当地的居民，在死后等待男性帮助她们复活。女鬼运用

---

① Jennifer Lynn Fyler. *Social Criticism in Traditional Legends: Supernatural Women in Chinese ZhiGuai and German Sagen*. Ph. D. dissertation. University of Massachusetts, 1993, pp. 81—83.

② Ibid, pp. 84—85.

魔法创造一个虚幻的世界，男女主人公在这个幻境中生活，完成男性在现实生活中的各种愿望，然而到最后发现不过是黄粱一梦。

以上两种女性变形，不会对男性群体和社会秩序造成危害，甚至能够实现男性繁衍子嗣、升官发财的梦想，尽管女性人物并非是正常人类，却能以人形正常生活，扮演妻子或者情人的角色。然而，与动物恶魔的交往则非常危险，这些邪恶的动物往往将自己伪装成为美貌的女性，勾引男性以扰乱社会，最后大多现出原形消失在现实社会中。如狐妖等女性恶魔与男人的交往，大多与性相关，它们借助各种魔法来诱惑男性，使其背叛原有的家庭，并通过与男性发生性行为来增加自己的法力或寿命，男性的健康则会受到极大损害。故事的结局，则多是男性家族成员寻求道士或僧侣的帮助，驱除女妖对男性的诅咒，最后女妖逃离至别处继续危害人间，这种变形的情节在六朝志怪小说中随处可见。

就女妖变形的情节而言，菲勒认为其反映了中国传统社会对女性潜在的焦虑和恐惧。菲勒认为，在中国古代的父系社会中，女性是男权制度的绝对附庸，女性的最大功能就是孕育子嗣，这也是宗法制度下最为重要的社会观念，男性对于女性的生殖系统存在着一种隐藏的敬畏。而女性恶魔的形象，脱离了传统礼法的束缚，志怪小说扩大了她们对于男性的性诱惑，使这些形象呈现出邪恶歹毒的性格特点。在这些女妖主题的故事中，美丽的女性往往象征着危险与死亡，若与之相交则会对自身和家庭造成极大伤害，这在客观上也起到了警示世人的作用。[①]

（二）德国传说中的梦魔

无论古今中外，噩梦作为民间传说最重要的主题之一，在全世界的超自然小说创作中都有涉及。人们往往认为在入睡之后，整个身体处于静止虚弱的状态，此时最容易受到鬼神的攻击，很多奇异现象会在人类进入睡眠状态后产生。菲勒

---

① Jennifer Lynn Fyler. *Social Criticism in Traditional Legends: Supernatural Women in Chinese ZhiGuai and German Sagen.* Ph. D. dissertation. University of Massachusetts, 1993, pp. 101—102.

引用了大卫·霍福德的研究成果，指出同一文化系统的人们对于梦魔的形象，都有基本一致的认知，表现出了区域文化对于个体的影响作用。菲勒指出，与梦境相关的超自然故事，大多遵循以下模式：人在即将入睡的时候，感觉到有东西入侵自己的身体，身体反应主要是胸口窒息、四肢麻痹，进而会引起人类巨大的恐惧感。结合德国的传说故事，菲勒认为其中的梦境故事也有相似的特点，噩梦给人带来的恐惧在各个民族内都是相同的，不同的则是人们对于噩梦的具体描述，从情节、环境、梦魔等各方面的特征中，可以反映出人们在现实中的生活环境。菲勒提出，德国传说的突出特点有二：其一，梦魔的形象大多是女性；其二，女性梦魔只针对男性进行攻击。正如菲勒所说，尽管德国境内有相对一致的民族文化，但各个区域内的梦魔形象却又不同，甚至在南部、北部、西部、东北部等方位中，“梦魔”的称谓也不尽相同，大致来说可以分为两种类型。[①]

在南部地区中，梦魔的形象是善良单纯的，大多是年轻女子的变形，这些女子在出生时遭受了诅咒，在夜晚会变幻成梦魔入侵男性的梦境世界。这种善良的梦魔，白天仍以正常的人类形象生活劳作，只是在夜晚入睡后，她们的灵魂会离开身体，幻化为轻烟、白鼠，或是其他种类的动物。此类女性梦魔的行为，往往不受自身的控制，并不为扰乱他人生活的行为负责。菲勒认为，这类故事的作者多是基于男性主导的视角，在情节的发展中强调对女性恶魔的解救，以凸显男性对于女性命运的决定性作用，并引起读者在阅读时的共鸣。而对于善良梦魔出现的社会背景，菲勒也做出了详细的分析，结合当时德国的社会状况来研究这类女性恶魔的出现原因。菲勒认为，在 19 世纪的德国，政治、经济环境都不甚乐观，地少人多、产量低下，以及前工业时代各种问题的频发，使女性不得不肩负起赚钱的社会职责。年轻的女性大多选择进入农场、工厂赚钱谋生，这就打破了以往的家庭平衡结构。最重要的是，这种女仆属于社会的弱势群体，既没有家庭的支

---

① Jennifer Lynn Fyler. *Social Criticism in Traditional Legends: Supernatural Women in Chinese ZhiGuai and German Sagen*. Ph. D. dissertation. University of Massachusetts, 1993, pp. 103—105.

持，也没有雇主的照顾，甚至连自己的婚姻生活也极不稳定，只能依靠自己维系生存。在动荡的环境中，女仆缺乏社会生存所必需的身份和财产，这使她们始终处于恐慌和不安之中。菲勒提出，19世纪时德国传说中出现了大量的女性梦魔，正是对女性生存焦虑心态的真实反映。①

而在北部和西北部的地区中，女性恶魔则往往是邪恶歹毒的，她们通过入侵男性的梦境之中，以暴力的方式伤害男性的身体健康，这类梦魔往往来自异域世界，并非现实生活中的人类幻象。菲勒指出，这类故事的结局，大多是男性使用如扫帚、棍子，或是女性使用的纺织工具进行反击，导致梦魔消失或是死亡。正如上文所说，19世纪的德国妇女掌管家庭内部的经济事务，可以通过增加农作物的产量提升经济收入，此时的妇女地位也有了一定提高，然而仍无法与男性一样拥有参与社会事务的权力。菲勒认为，这种不公的对待使女性的嫉妒心理高涨，对男性的攻击正是她们内心世界的写照。②

通过中、德超自然故事中女性形象的对比，可以看出中国志怪小说中的女性，与男性的交往大多与性相关，这源自男性对女性恐慌和焦虑。德国传说中的女性，则大多是运用魔法来获取财物，或是直接攻击男性，基本上与爱情主题无关。这种差异的产生，是由于不同的社会背景、时代环境，以及中西方截然不同的文化观念所导致的，两者在主题上虽然相似，却有着迥异的基本框架和故事模式，也反映出了不同的社会矛盾。通过中西方超自然小说的平行研究，对于两者的叙事技巧、情节模式，以及隐藏于文本背后的社会文化研究，都有重要的贡献与价值。

---

① Jennifer Lynn Fyler. *Social Criticism in Traditional Legends: Supernatural Women in Chinese ZhiGuai and German Sagen.* Ph. D. dissertation. University of Massachusetts, 1993, pp. 106—112.

② Ibid, pp. 113—118.

第三章　英语世界的六朝志怪小说艺术特色研究

六朝小说上承先秦神话之余波，下启唐传奇之续端，在中国文学发展史上处于重要地位。正如前文所述，六朝时期的小说大致可以分为两种类型：志怪小说与志人小说。志怪小说的形成，受到了汉代以来巫术盛行的影响，此时的大部分文人相信鬼神的真实存在，伴随着佛教观念的传入和扩散，更为志怪小说的创作提供了思想上的基础。志怪小说的代表作，包括《搜神记》《拾遗记》《幽明录》《博物志》等，突出特点是书写鬼神奇异之事，其中的虚构幻想部分，构成了小说体裁的重要元素，无论在文体、结构、修辞、审美思想等各方面，都开启了中国小说的历史先河。志怪小说中塑造的鬼神精怪形象，已经明显区别于前代抽象的神仙，它们能够变幻人形参与社会生活，甚至拥有人类的美好品德，因此六朝志怪小说中渗透着浓厚的现实情怀。

在英语世界的研究成果中，不仅包括了对六朝志怪小说的个案介绍，同时从整体研究的角度上，对志怪小说进行了艺术特点的分析，对于研究六朝小说的传播与变异有着十分重要的参考价值。胡缨在梅维恒主编的《哥伦比亚中国文学史》中，曾对六朝志怪小说的整体特点进行了概括介绍。胡缨指出，六朝小说以志怪为主要内容，中国历史文化中的故事传说，为志怪文学提供了许多超自然的故事情节，并渗透到后世的诗歌、戏剧、小说等各种文体形式之中。六朝志怪小说的发展，在数量和质量均达到了前所未有的历史高度，此时混乱复杂的历史环境极大地促进了文人自觉意识的崛起，此时的诗歌、小说、散文，以及文学理论均渗透着鲜明的个人意识。在中国丰富的神话传说基础上，志怪作者们以奇妙的幻想对前代记载和当代传说进行改造，大量使用了动植物“变形”的情节，将现实世界与幻想世界加以连接。在文体形式上，胡缨认为六朝志怪大多短小灵活，语言叙述上具有强烈的表现力。在情节结构上，虽然保留了早期史传文学的特点，但人物的性格刻画上更为复杂，情节发展也更加曲折。在修辞上，运用了大量的拟人、对比、讽刺等手法。据胡缨总结，六朝志怪小说主要有两种特点：第一，与史传文学的相似性。胡缨认为，六朝志怪小说简洁、精练的古典风格，与六朝骈文辞藻华丽的特点截然相反，志怪小说的字数大多在 100 ~ 200 字之间，故事的开头简要介绍人物、时间、地点，故事情节完整却不拖沓，这也符合史传文学的创作习惯。志怪小说创作与当时的史学观念紧密相关，尽管后世认为志怪小说是中国小说的发轫阶段，但当时的文人却仍认为志怪是对历史的真实记录，不过是以个人的视角来记录史实，并在此中融入了作者的想象情节。第二，宗教对志怪小说的影响。胡缨指出道教与佛教的观念，在六朝志怪小说中得到了充分的体现。佛教在东汉末年传入中国后，得到了上层社会的重视，并深入影响了当时的社会观念和文学创作，如《幽明录》《宣验记》等志怪小说中都有佛教因果循环、善恶有报的宗教观念。汉代以来对方术的崇拜，以及曹魏以后对老庄思想的探究，也使得《拾遗记》等小说染上了道教色彩。在这些宗教观念的影响下，六朝志怪小说中随处可见动物变形、人鬼相恋等情节，也为唐传奇的创作奠定了基础。[①]

---

① Victor. H. Mair: *The Columbia History of Chinese Literature*, New York: Columbia University Press, 2001, pp. 542—553.

第一节 六朝志怪小说的文体特点

美国著名的汉学家康儒博教授（Robert Campany Ford），现就职于范德堡大学亚洲研究系，是研究六朝时期志怪小说的重要学者，他的专著《奇异书写：中国早期的志怪小说》（*Strange Writing: Anomaly Accounts in Early Medieval China*）对六朝志怪的艺术特点进行了全面地考察。相较于其他志怪小说的研究成果，康儒博并未集中于单一的作品或视角，而是从六朝志怪的整体发展特点加以探讨。在《奇异书写：中国早期的志怪小说》一书中，康儒博对志怪小说的发展源流进行了追溯，通过对唐前志怪小说的整理和介绍，归纳出了六朝志怪的文体特征，以及成就其特殊地位的种种特点。此外，康儒博还从叙事视角、故事结构、修辞手法等方面，对六朝志怪的艺术特色做出了详尽的分析，是英语世界中研究六朝志怪小说艺术特色的重要著作，也是本章内容所要参考的主要材料。

一、六朝志怪小说的特点描述

中国自汉代开始，书写奇闻轶事、鬼神传说的史传开始与文学合流，这种文学进程于汉末开始加速，并在六朝时期达到了阶段性的高峰。康儒博认为，确定一种文学体裁的形式特点，需要考虑到主题、风格、地位等多方面的原因，还要考虑到当时的社会和时代环境，以及作者主体的创作动机等要素。针对六朝志怪小说的文体特点，康儒博主要从五个方面进行了论述。

第一，形式。康儒博指出，相较于中国晚期的叙事文学，六朝志怪小说在叙事和描写上较为简洁，没有过多的环境渲染和人物塑造，这明显区别于明清的章回体小说，是一种独具特色的叙事形式。由于六朝时期复杂的历史环境，以及文本保存的诸多困难，现存的志怪小说集大多经过了后人的重新搜集和整理。结合各种志怪小说的故事内容，康儒博解答了前代对于编撰动机的困惑，他认为后人的编撰有着明确的、程式化的标准，大致可以分为三种情况：第一种是根据主题划分，编者以故事的主题分类，将同类型的故事放置于同一卷中，如《博物志》《搜神记》《拾遗记》《异苑》的分卷都是依照此类标准；第二种是根据地理环境划分，编者按照故事发生的地点进行分类，如《十洲记》《洞冥记》均属此类；第三种是按照宗教思想归类，将反映佛教或道教的故事归为一类，如《幽明录》《宣验记》《拾遗记》等。[①]

第二，风格。根据对志怪小说的文本分析，康儒博认为六朝志怪的创作基本没有形式的限制，不讲究对仗和押韵，体现了先秦散文创作灵活自由的特点，与讲究铺陈排比的汉赋和骈文截然不同，也区别于其他的诗歌和散文形式。康儒博指出，六朝志怪小说，融入了以建康（今南京）为中心地区的方言，呈现出了鲜明的地方特色。此外，志怪小说的创作虽尚未完全摆脱史传文学的束缚，但在行文上更为灵活自由，注重对故事细节的描写，这与言简意赅、以少言多的正史也有明显差异。[②]

第三，内容。“志怪”顾名思义即是“记录奇异之事”，因此志怪小说在内容上最突出的特点，就是记述描写奇异的人物、地点、事件。对于志怪小说的内容，英语世界的学者存在着两个方面的困惑，康儒博对此也进行了解答。第一，许多故事根本没有奇异玄幻的情节，为何归于志怪小说中？康儒博认为，将“正常”与“非正常”的故事并置，是志怪小说创作的一种重要修辞。志怪小说的创作，并不仅仅集中于记述奇异事件，只是以此为中心来搜集材料，所以也包含着真实的历史事件，这同样可以回答“志怪故事为何出现于正史”的问题。第二，有的情节并不完全属于奇异，只是对雷电风雨等自然现象的记录，为何归于志怪小说？康儒博认为，这缘于中西方对于“奇异”定义并不完全一致。六朝志怪小

① Robert Ford Campany. *Strange Writing: Anomaly Accounts in Early Medieval China.* Albany, NY: State University of New York Press, 1996, p. 24.

② Ibid, p. 25.

说的创作，受到了当时的社会环境、文学发展等多方面因素的影响，反映出了当时人们对于未知世界的好奇，会将一些自然现象视为神谕或警告，这种不同的奇异观念也造成了西方读者的理解差异。[①]

第四，地位。康儒博认为六朝志怪小说是一种“非正式的”记录，这种“非正式”具体有两种表现：其一，志怪小说在魏晋以前不被儒家正统文人承认，其中的鬼神、幻想、虚幻情节，不仅会受到儒家士人的批评否定，充斥于其中的鬼神思想甚至能为作者招来祸患。直至六朝时期，政治局面的动荡不安，使统治阶层无法进行持续的思想控制，同时伴随着道教和佛家思想的兴盛，才逐步解除了志怪小说的创作束缚，所以志怪小说在六朝时期得到了前所未有的发展。其二，尽管如《幽明录》《宣验记》《拾遗记》中记录了当时的宗教思想和著名的僧尼，但是这些故事并不承担着传播教义的任务，也不属于宗教的经典著作，得不到宗教内部的承认。志怪小说中的宗教故事，只是对于当时文化环境的真实反映，并未明确表现出宣扬宗教教义的目的。志怪小说的创作者们，通过普通人的限制视角，讲述了日常生活中的奇幻经历，使人们相信鬼神的真实存在，并以此来连接现实社会和鬼神世界。值得庆幸的是，正是这种“非正式”的写作方式，使得志怪作者们能够肆意挥洒创作，在中国小说史上留下了浓墨重彩的一笔。

第五，标题特征。以上四点是根据志怪小说的主题、内容等特征进行的判断。除此之外，康儒博指出了一种更为直观的特点，即志怪小说的文本属性能够体现在作品的标题之中。首先，志怪小说的标题中往往有“志”“述”“集”“拾”“搜”“列”“录”等动词；其次，志怪小说的标题中部分有如“异”“妖”“奇”“神”“鬼”“灵”等表示奇异的名词；最后，如“记”“录”“传”等表示记录的名词，也多用于志怪小说的标题中。[②]

通过对先秦至唐前志怪小说的整理，康儒博选取了最为重要的44种作品，

---

① Robert Ford Campany. *Strange Writing: Anomaly Accounts in Early Medieval China*. Albany, NY: State University of New York Press, 1996, pp. 25—26.

② Ibid, pp. 27—30.

对它们的创作时代、作者生平、故事内容进行了详细介绍。结合志怪小说的文体发展模式，康儒博分析了历代的创作数量、形式和内容的变化，对唐前志怪小说的特点做出了总结。康儒博提出，志怪故事在六朝时期成为独特的叙事对象，产生了一种以“志怪”为中心的文体形式，这些故事记录了普通人的日常生活，并不像志人小说以上层社会为中心，在当时得到了更多的关注和认可。康儒博认为，志怪小说在唐前达到了前所未有的创作高峰，此时的作品数量急剧上升，情节较前代也更为复杂，流露出了作者浓厚的个人意识。志怪小说的作者们，选取了当时新出现的故事材料，运用多种修辞手法对这些历史流传和口头故事进行改编，开始有意识地将内部文本与外部社会连接起来。

二、六朝志怪小说的构成要素

六朝志怪小说产生于魏晋南北朝时期复杂的社会背景之中，其形成、发展与繁盛的过程，是政治环境、文化氛围、宗教观念等多方面的合力。“志怪”这一特殊的小说类型，其文体意义不仅在中国学界中引起了广泛关注，同时得到了英语世界诸位学者的深入研究，如前文所述杜志豪、高辛勇都对此进行过详细的探讨。结合前人的研究成果，康儒博从作者身份、资料来源、创作动机三个方面，对志怪小说的构成要素做出了论述。

（一）作者身份

在前人的成果中，对志怪小说的作者研究大多属于个案研究，多集中介绍干宝、王嘉、刘义庆等人的生平和经历，然而康儒博却认为，由于六朝时期史料的零散化和碎片化，这种独立的作者研究显得单薄空洞。康儒博选取了整体研究的方法，首先确定有据可证的 40 多位志怪小说作家，结合他们的生平事迹、宗教观念、学识背景等方面材料，对志怪小说的作家们进行整体分析。志怪小说的创作群体众多，诸位作者的生平经历也各不相同，康儒博这种整体研究的视角，选取了直接影响志怪创作的关键部分，系统介绍了志怪小说的创作群体，使论据更为真实可信、更具有说服力。

康儒博指出，根据已确定的作者身份信息，可以看出六朝志怪小说的创作者，大多集中于南朝的都城建康（现今南京地区）周边，同时辐射至现在的河南、江苏、安徽、浙江等地区。其他部分未能确定作者身份的作品，也反映了建康周边的区域文化特点，可以肯定志怪小说的创作群体是以建康为中心。志怪小说的创作，受到了当时建康附近区域的文化和宗教思想影响，在内容中表现了鲜明的地方特色。值得注意的是，志怪小说的条目中，也记载了许多西部、西北部等偏远地区发生的故事，可见志怪小说的取材范围并不局限于建康周围，也表明了当时文化的蔓延和扩散。康儒博提出，5 世纪以前志怪小说的作者大多出身于寒门，尽管有的作者属士族阶层，但远达不到上层社会的阶级地位，无法进入核心的政治和文化圈，这从志怪小说多记录民间故事的现象中也可得到证实。南朝刘宋建国后，以刘裕为代表的统治阶层笃信佛教，并大力传播佛教的因果报应等观念，如刘义庆等贵族也开始编撰志怪小说，此时上层文人才逐步进入志怪小说的创作群体之中。虽然志怪作者们出身不高，却多有正式的官方职位，如《博物志》的作者张华就曾位列“九卿”中的“太常”，《搜神记》的作者干宝是东晋时期的重要史官，这也有助于志怪作者们搜集资料进行创作。①

由于志怪故事中的奇异情节，大多与宗教观念有密切关系，如重要的变形、复生、因果等主题，都是宗教观念在当时的真实缩影。康儒博根据作者的信息进行了详细的考证，提出半数以上的志怪作者都有明确的宗教派别，或者是掌握着某种宗教的秘术。康儒博按照作者的宗教观念，大致分为三种类型：第一，能够掌握神秘的方术，如张华和郭璞，明确属于道教的方士群体，《述异记》的作者

① Robert Ford Campany. *Strange Writing: Anomaly Accounts in Early Medieval China*. Albany, NY: State University of New York Press, 1996, pp. 168—173.

祖冲之，则在数学、天文历法、机械制造方面有很高的造诣；第二，道教从业者或信奉者，如东晋时期《拾遗记》的作者王嘉，沉溺于道术的修炼和道教思想的传播；第三，佛教信徒或僧侣，康儒博认为志怪小说的作者，虽不是职业的僧侣，但有很多是虔诚的佛教信徒，尤其是刘宋以后，包括刘义庆、傅亮、张演、陆杲等人的作品，都明显渗透着佛教观念的影响。①

据康儒博考证，至少有15位志怪小说的作家任职过史官、文官，或曾掌管过官方文件，如刘义庆、陆杲、殷芸曾担任秘书监、著作郎或其他佐官；任昉、颜之推曾掌管官方的书目事项；干宝曾担任东晋的官方史官，并著有《晋纪》；刘敬叔曾担任给事中，吴均等人曾以私人立场写史，为后世留下了珍贵的史料。康儒博认为，六朝小说的文本内容，大多是对前代传说和口头故事的整理和搜集，作者根据自己的创作目的进行重新编辑，这就需要作者有丰富的材料基础作为支撑。六朝志怪作者们的官方身份，使他们能够大量接触到前代的史料文献，六朝小说的繁盛发展也与“尚文”的社会风气紧密相关。

（二）资料来源

尽管六朝志怪小说多是对前代史料传说的搜集整理，但由于作者在编撰时并未标明出处，也缺乏确切的材料依据，使得六朝志怪小说的溯源研究显得困难重重。康儒博详细研究了志怪小说中的故事条目，翻阅了大量历史文献和古籍资料，对六朝志怪的资料来源进行了归纳总结。

第一，历史和王室记载。康儒博指出，《搜神记》的第6、7两卷中的故事，是其来源于史书记载的重要证明，干宝对故事的排列排序完全遵循历史的发展进程，按照西汉、东汉、魏晋的时间脉络，对前代发生的奇异事件进行叙述。又如刘敬叔的《异苑》第四卷，在叙事上与《晋书》《宋书》中的史料极为相似，可以看出正史材料对于志怪小说的创作影响。尽管找到了文献证据的支撑，但是康

---

① Robert Ford Campany. *Strange Writing: Anomaly Accounts in Early Medieval China*. Albany, NY: State University of New York Press, 1996, pp. 173—177.

儒博却明确提出，志怪故事虽与前代官修或私修的史书有相近之处，但由于私修的史书大多业已失传，而志怪故事由于题材的特殊性在正史记载中较少，因此对志怪与历史的关系问题仍有存疑之处。除了故事本身的主题内容，康儒博认为六朝志怪的叙事方式，包括作者所具有的官方身份，使他们有大量的机会接触历史文献，可视为“志怪取材于历史”的重要证据。除此之外，王室藏书记录也为志怪小说提供了丰富的材料来源，其中包括很多非官方的私人文献和史料，甚至是关于古文物研究的文献遗存。据史料记载，任昉、张华、葛洪等人在世时的藏书，在死后都归于王室所有，为志怪小说以及类似的创作创造了良好的材料条件。①

第二，恐怖故事。上文曾经提到，志怪小说中有很多恐怖的变形、地狱情节，尤其是在佛教传入中国后，出现了很多对地狱环境的详细描写，宣扬了“因果报应”的伦理观念。康儒博指出，志怪小说中借鉴的恐怖故事，多出自东汉后传入中国的佛经记载，这已是学界对志怪小说的普遍认知。但康儒博仍以严谨的文献考证，对志怪小说与佛经的关系进行了研究，他认为佛教观念对于志怪创作的影响虽不言而喻，但确实可考的文献证据却并不太多。他指出对志怪小说产生过直接影响的佛经有两部：一部是 6 世纪中期被翻译的《杂宝藏经》，影响了刘义庆的《宣验记》和刘敬叔的《异苑》；另一部是 3 世纪 40—60 年代流传于建康附近的《旧杂譬喻经》，直接影响了吴均《续齐谐记》的创作。②

第三，当地口头传说。康儒博指出，在志怪小说的故事条目中，大量出现了记载当地民俗风情的内容，并有明显的“其民曰”“俗曰”等标志，直接体现了作者对于当地口头传说的借用。值得注意的是，由于当时落后的传播环境，作者无法亲身验证这些民俗信息，对这些民俗内容的借鉴，大多是根据前人所撰的地理志和民俗志。

① Robert Ford Campany. *Strange Writing: Anomaly Accounts in Early Medieval China.* Albany, NY: State University of New York Press, 1996, pp. 180—182.

② Ibid, pp. 182—186.

第四，当地铭文刻印。志怪小说的故事内容，大多直接或间接地受到地理志的影响，由于魏晋前纸张并不普及，许多古代传说都印刻于神殿或寺庙的石碑之上，康儒博认为其中对志怪小说影响最大的是“仙人唐公房碑”的故事。“仙人唐公房碑”是一份重要的道教历史文献，碑文介绍的唐公房是汉中城固人，他在王莽新朝时在世，后来“一人得道，鸡犬升天”。这则故事影响了很多志怪小说的创作，如张华的《博物志》、葛洪的《神仙传》、刘敬叔的《异苑》中，都可见唐公房故事的缩影。康儒博通过对几个版本的故事对比，提出志怪作者们在叙事时的侧重点虽有不同，但无疑均源于“仙人唐公房碑”的故事梗概。此外，康儒博还指出，其他的碑文刻印也影响了志怪小说的创作，如《列仙传》中的王子齐、琴高、谷春、费长房，《搜神记》中的陈仓、徐登，《博物志》中的孤竹君，《拾遗记》中的范宁，他们的故事均可以从前代的碑文中找到原型。

（三）创作动机

对于志怪小说的创作动机问题，前人学者多认为是作者延续了“写史”的创作传统，有感于生活中的奇异现象和事件，就此展开了志怪小说的创作。然而，六朝志怪小说作为一种特殊的文体类型，其创作与阅读的风气在六朝时期均达到了前所未有的盛况，这种情况的出现具有重要的研究意义。前人普遍认为志怪小说是当时社会环境的真实缩影，反映了六朝时期复杂的政治背景和世人的精神面貌，但康儒博却认为激发作者创作欲望的原因不仅仅如此。结合上文康儒博对志怪文体特点的分析，他对志怪小说的产生原因也做出了尝试性的探索。

第一，连接现实与虚幻世界。康儒博从志怪小说塑造的人物形象入手，提出志怪小说的创作源于作者对未知世界的探索，希望以写作的方式接触到神、鬼、魂、魔等奇异形象。通过对这些形象的塑造，能够沟通“幽”与“明”两种世界。志怪小说并非是唯一记录鬼神之说的文体，前代的赋、论、辞中都有对鬼神的记载，六朝志怪的特殊之处则在于以普通人的视角来探索未知世界。作者对变形、复生，以及神仙行为、地狱环境的描写，与正常的叙事别无二致，用平实朴素的语言表达人们对未知世界的认识，连接起人与鬼的两种世界。康儒博认为，志怪作者将零散的奇幻故事编辑整理，并用史书的创作传统进行叙事，将可见与不可见的世界展现于同一文本中，消除了人鬼之间的壁垒，以独特的全局性视角来审视世界。

第二，作者对鬼神之说的兴趣。从志怪小说的写作范式上看，康儒博认为志怪小说中对鬼神的描写，有很多受到了前代史传传说的影响，如司马迁的《封禅书》和班固的《汉书·经籍志》都对志怪小说的创作起到了借鉴作用。然而六朝志怪在原始的材料基础上衍生为新的文体类型，对后世的叙事文学发展起到了良好的示范作用。康儒博指出，志怪小说的创作虽被视为历史的分支，却打破了正史的创作框架，不囿于真实的史料记载，选取那些充满了奇幻色彩的故事条目，根据自己的创作意图进行重新编撰，这与作者对鬼神之说的浓厚兴趣也极为相关。①

三、六朝志怪小说的题材类型

作为一种叙事体的小说，六朝志怪的故事特点必然会从属于某种题材类型。贝莉指出，志怪小说虽然遵循着史传文学的写作传统，但从故事的内容上来看，志怪小说当属恐怖小说的分支。尽管作者在创作时并未有意将其塑造为恐怖小说，但在客观上却能够引起读者恐惧的心理，通过人物、情节、环境的描写，将读者带入恶魔、死亡的世界中。由于志怪小说“写史”的创作方式，大多故事有确切的人物、时间、地点，这也能够使读者有真实的阅读感受，继而引发惊慌害怕的心理状态。贝莉将志怪小说看作一种恐怖小说，为研究志怪小说的文体特点提供了新的视角。贝莉将志怪小说定义为恐怖小说的分支，从故事的题材类型上

① Robert Ford Campany. *Strange Writing: Anomaly Accounts in Early Medieval China*. Albany, NY: State University of New York Press, 1996, pp. 199—201.

进行分类研究，反映出了人与鬼的角色关系，也体现出了六朝时期人们对于现实社会和鬼神世界的真实看法。

志怪小说中的动物变形情节，是最主要的恐怖要素，这些动物恶魔对人类的迷惑和伤害，能够引起读者的恐惧和不安。贝莉认为，六朝时期是充满着战争、疾病、混乱、饥饿的年代，据《晋书》中记载，此时无论是文人还是平民，大部分都饱受迁移和死亡的困扰。在志怪小说的故事中，随处可见奇异的社会现象，贝莉将这种故事视为乱世的反映，这些异常的表现也预示了社会的不和谐。[①] 正如《搜神记》卷七中记载了一则“雌雄同体”的故事：

惠帝之世，京、洛有人，一身而男女二体，亦能两用人道，而性尤好淫。天下兵乱，由男女气乱，而妖形作也。

贝莉还指出，许多自然现象的异常变化，也预示着朝代的更迭兴替，如白鹿、狼、狐狸、鼠、熊等生物的诡异特征或行为，都是国家祸乱发生的征兆。中国自古认为，自然现象的异常都是上天对世人的警示，所以中国自远古以来就有着虔诚的自然崇拜，在《晋书》与《宋书》中，有很多“羊祸”“鸡祸”“鱼孽”“狗祸”的记载，印证了这种异常现象的危害性。大致来看，贝莉将志怪小说的恐怖要素分为两种类型：其一是离奇的生物；其二是可怕的情节。

第一，贝莉认为，志怪小说中描写塑造的离奇生物，对人类的正常生活具有极大威胁，它们跨越了人类与鬼神世界的边界，用可怕的手段给人造成伤害。根据志怪小说的故事，贝莉指出最为重要的四种离奇生物是“怪”“妖”“媚”“魅”，此外还有“精”“鬼”“物”等。[②] 在《搜神记》中有一则关于少女李寄的故事，讲述了一条巨蛇为祸人间，“东治都尉及属城长吏，多有

① J. Colleen Berry. *Animal Demons as Humans: Sex, Gender, and Boundary. Crossings in Six Dynasties Zhiguai Literature*. Ph. D. dissertation. University of Indiana, 2002, pp. 52—57.

② Ibid, pp. 60—67.

死者。祭以牛羊，故不得福，或与人梦，或下谕巫祝，欲得啖童女年十二三者。都尉令长并共患之，然气厉不息，共请求人家生婢子，兼有罪家女养之，至八月朝，祭送蛇穴口，蛇出吞啮之”。多年以后，少女李寄以一己之力勇斗巨蛇，故事详细描述了李寄与巨蛇缠斗的过程，巨蛇“头大如囷，目如二尺镜，闻瓷香气，先啖食之。寄便放犬，犬就啮咋，寄从后斫得数创，疮痛急，蛇因踊出，至庭而死。寄入视穴，得其九女髑髅”。故事的主题虽然是彰显李寄的勇气和魄力，但对巨蛇的生动描绘也使人感受到了恐惧。

在早期的文学作品中，对各种离奇生物并未有明确的分类，后来随着人们认知的发展，才有了各种鬼神精怪的分类。贝莉指出，“鬼”多指代人死后的灵魂，“妖”多指代动物和植物的精神；“妖”“媚”则多指代引诱男性的女性恶魔。尽管各种离奇生物的特点有所不同，但都会对人类的身体或心理造成伤害，对这些离奇生物的描写，在客观上会引起人们的害怕和不安。

第二，相较于离奇的生物，贝莉认为更为可怕的是志怪小说中的恐怖情节。在志怪小说中，动物们往往有变形、长生的魔力，能够隐藏起自己的动物属性，入侵到人类的正常生活中，导致人们患病或者死亡。动物恶魔大多是由狐、蛇、龟、獭等生物幻化而来，它们神秘危险的属性本身就使人感到厌恶，而变幻为人形后更会激发起恐惧的情感。贝莉提取了志怪小说中的多则故事，指出作者用大量使用了“惊惧”“恐怖”等词语来描写主人公的反应，体现出了这些情节带给人情绪上的巨大影响。志怪小说中虽然没有恐怖环境的渲染和细致的人物描写，但其中骇人听闻的情节，就足以使读者感到害怕。例如，老虎幻化的妻子，在饥饿时吃掉了自己的丈夫和孩子，或是人逐渐变成动物，都会引起读者的极大恐惧。此外，贝莉还介绍了动物恶魔经常使用的“蛊”，可以使人神智混乱，甚至违背本性害人性命。在《搜神记》中，有很多关于“狗蛊”“蛇蛊”“狐蛊”的故事条目，并且多集中发生于女性恶魔，它们将自己伪装成为美丽的独身女子，伺机施法来引诱男性，损害男性的健康或生命。这种潜在于身边的危险情节，也能够引发人们对周遭环境的恐惧感。[①]

由于六朝时期落后的科学文化知识，人们往往会认为鬼神精怪是真实存在的，而作者“写史”的创作方式更使读者有真实之感。因此，贝莉认为志怪小说中的恐怖情节，并不仅仅是“身体威胁”，而是一种“认知威胁”，人们对鬼神精怪的恐惧，其实是来自他们本身对世界的认识缺乏。此时的人们相信，鬼神能够跨越身体、社会、精神的界限，以隐藏的方式存在于生活的每个角落，这种认知观念才是他们感到恐惧的根源。

第二节　六朝志怪小说的鬼怪形象

2012 年，汉学家薛京玉以《魔镜：中国古典小说中的恶魔表现》为题，获得了南加利福尼亚大学的博士学位。在该论文中，薛京玉系统梳理了中国古典小说中的恶魔情节，时间跨度从六朝直至清代，对中国古典小说的恶魔情节进行了深入的提炼分析。薛京玉以恶魔的形象为主要研究对象，详细探讨了这些由动物、植物、器物演化的恶魔，指出它们大多具有异常的行为或能力，并具有与人相近的内心情感。在形象上，这些恶魔看起来与人类类似，拥有人类的品质和特点，有的甚至能够以人类的身份在社会中生活。薛京玉认为，在中国的概念中，鬼与人之间往往存在着模糊的界限，能够借助于某种方法转化为人，所以有着“似人非人”的身份特点。在中国的古典小说中，关于恶魔情节的叙述形成了一种固定的小说文体，即鲁迅先生所说的“志怪小说”，它的诞生建立了一个幻

---

① J. Colleen Berry. *Animal Demons as Humans: Sex, Gender, and Boundary. Crossings in Six Dynasties Zhiguai Literature*. Ph. D. dissertation. University of Indiana, 2002, pp. 68—79.

想的桥梁，能够沟通人类现实与理想世界。在论文的主体部分中，薛京玉集中研究了人类与恶魔之间的本质关系，以历时性的时间线索为依据，分析了六朝、唐代、清代三个时间段中志怪小说中的鬼神形象，以及这些形象反映出的特定时代背景。六朝时期，恶魔常常以他者的形象存在，独立于当时的社会结构和文化形式，反映人类内心深处的欲望和焦虑。唐传奇中，恶魔往往能够被人类驯化，以理想情人、道德模范，或者人类的救世主形象出现，大多拥有人类的美好品德。清代的志怪小说以《聊斋志异》为代表，恶魔具有启发人类的作用，同时以怪物来反映人的本质。①

通过对六朝志怪小说的总结，薛京玉指出此时的恶魔多以“他者”的形象存在，大部分是外界事物的化生，如动物、植物、器物等都可以拥有独立的精神，但不能完全以人的形象存在，也不能参与社会生活和道德判断。这些“似人非人”的特点，使它们能够忽视社会秩序和文化形式，这种情节也反映出人类被压抑的欲望和焦虑。薛京玉追溯了志怪情节在中国古代典籍中的表现，指出这种鬼神的叙事传统源自《左传》《战国策》等先秦史书与诸子文学中，在东晋时期趋于发展的高峰。薛京玉提出，中国古典文学中的鬼神情节，表现了当时人们素朴的世界观，认为万物皆有灵性，可以通过修炼获得独立的形体和精神，志怪情节的产生也是基于这种观念之上。② 根据多位学者的研究成果，可以大致将六朝时期的鬼神形象归类为以下五种：变形动物、男性掠夺者、蛇蝎美人、完美情人、器物幽灵等，以下根据不同的鬼怪形象分类进行分析。

一、变形动物

六朝志怪涉及的主题繁多，举凡主人公的性别、种族、特征都有详细的刻

---

① Jingyu Xue. The Magic Mirror: Representations of Monsters in Chinese Classical Tales. Ph. D. dissertation. University of Southern California, 2012. , pp. Ⅳ—Ⅴ .

② Ibid, pp. 1—5.

画，尤其是动物向人类转化的变形主题，是六朝志怪的重要组成部分。尽管此时的志怪小说篇幅较为短小，但情节上却绝不简略，呈现出了鲜明的文学性特点。

现任职于科罗拉多大学波尔得分校的贝莉（J. Colleen. Berry），于2002年在印第安纳大学获得博士学位，她的论文选取中国六朝阶段的志怪小说，集中研究其中的变形情节，并进一步探讨当时人类与鬼怪间的性别、种族的交叉。贝莉认为，六朝时期是中国历史上最为混乱动荡的阶段之一，此时志怪小说的空前兴盛是人们内心恐惧与焦虑的真实写照，人们试图掌握生活中的各个方面，其中最为重要的是对身体（尤其是女性身体）的控制。许多志怪故事中的主人公们，拥有诱人的外表和非凡的力量，严重威胁了社会的稳定和谐，志怪小说用一种警诫的方式达到导人向善的作用。贝莉的论文以“幻化成人”的情节为基础，详细分析了动物变形的情节，虽与薛京玉论文中的鬼怪形象有重合之处，但却呈现出别样的研究视角。

贝莉指出，六朝志怪小说中涉及的内容广泛，篇幅相对短小，情节也大多较为简单，但一致的是这些故事都呈现出有悖于现实的“奇异性”，真实反映出六朝时期的社会文化和宗教观念。贝莉认为，与其他神话小说不同，志怪文学的显著特点是鲜明的写史观念，作者明确说明了故事发生的时间、地点、人物，通过叙述向读者传递善恶有报的伦理观念。贝莉以《晋书》和《搜神记序》中的记录为依据，认定六朝志怪是对现实的记录，对于考察当时的文化思想有极为重要的作用。[①] 近年来，关于志怪小说的属性定位问题得到了国外学者的普遍关注，大部分学者认为六朝志怪小说借鉴了史书的创作方面，但其内容并非是真实的历史事件。对于志怪小说的地位问题，贝莉基本认同菲勒的观点，他认为：“六朝志怪是一种‘观念故事’，虽然其中记录的可能并非完全真实，但却是人们认为可

---

① J. Colleen Berry. *Animal Demons as Humans: Sex, Gender, and Boundary. Crossings in Six Dynasties Zhiguai Literature*. Ph. D. dissertation. University of Indiana, 2002, pp. 1—3.

能是真实的事件。”[1]

贝莉取材于《太平广记》中保存的六朝志怪小说，包括《搜神记》《搜神后记》《异苑》《幽明录》《集异记》等，详细分析了动物恶魔变幻人形的相关特点。贝莉指出，六朝志怪中的动物变形，在幻化成人后大多具有非凡或奇异的超自然能力，能够伪装成人类的外形进行正常的社会活动。但变为人形后，仍保有其动物本性的部分特质，或在外表上呈现，或在行为上呈现，说明这种变形并不完全，可以从中看出人类与动物间存在着难以逾越的界限。

通过对变形志怪的系统研究，贝莉将这些变形动物的特点总结为两条。第一，拥有极长的寿命，修炼后能够幻化为人，并有蛊惑人心的能力。在中国古代社会观念中，往往认为动物的地位低于人类，却可以通过长年的修炼获得人类的部分属性和超自然的能力，参与到人类的社会和家庭生活中。[2] 例如《玄中记》中所记载：“狐，五十岁，能变化谓妇人；百岁为美女，为神巫，或为丈夫与女人相接，能知千里外事，善蛊魅，使人迷惑失智；千岁即与天通，为天狐。”葛洪的《抱朴子》中也有记载：“蛇有无穷之寿，猕猴寿八百岁变为猿，猿寿五百岁变为玃。玃寿千岁。蟾蜍寿三千岁，骐驎寿二千岁。腾黄之马，吉光之兽，皆寿三千岁。千岁之鸟，万岁之禽，皆人面而鸟身，寿亦如其名。虎及鹿兔，皆寿千岁，寿满五百岁者，其毛色白。熊寿五百岁者，则能变化。狐狸豺狼，皆寿八百岁。满五百岁，则善变为人形。鼠寿三百岁，满百岁则色白，善凭人而卜，名曰仲，能知一年中吉凶及千里外事。”古人认为，吃了这些修炼成精的动物，能获得奇异的功效，如延长生命或百毒不侵，比如《瑞应编》中的“九尾神狐”、《述异记》中的“千年苍鹿”都是皇帝苦苦寻觅的奇异生物，这些故事也反映出了帝王长生不老的愿望。

---

① Jennifer, Fyler. *The Social Context of Belief: Female Demons in Six Dynasties ChihKuai*. Tamkang Review 21. 3 (1990/91), pp. 255—267.

② J. Colleen Berry. *Animal Demons as Humans: Sex, Gender, and Boundary. Crossings in Six Dynasties Zhiguai Literature*. Ph. D. dissertation. University of Indiana, 2002, pp. 30—32.

第二，贝莉认为，动物虽然能够跨越身体的界限变化成为人形，但仍具有一些动物的体貌特点，这也说明了动物与人类在本质上存在着难以逾越的鸿沟。贝莉分析了《太平广记》中关于畜兽的记录，指出卷四百三十四至卷四百七十九的内容中，均有动物幻化为人形的故事条目。这些动物在变形后能以人形存在，但一旦产生焦虑、恐惧，或者受到攻击的时候，就会现出原形。[①] 如《太平广记》中所记："后魏有挽歌者孙岩，取妻三年，妻不脱衣而卧。岩私怪之。伺其睡，阴解其衣，有尾长三尺，似狐尾。岩惧而出之。甫临去，将刀截岩发而走。邻人逐之，变为一狐，追之不得。其后京邑被截发者一百三十人。初变为妇人，衣服净妆，行于道路。人见而悦之，近者被截发。当时妇人着彩衣者，人指为狐魅。"

此外，贝莉指出除狐狸外，虎、蛇、鼠、狼、鹿、猴、狗、猪、羊、鱼、鸟等动物都可以幻化成为人形。这些动物看起来都很无辜，但一旦接近它们就可能有致命的危险，它们通过伪善的外表使人生病，或与人类发生性行为夺取人的性命。在六朝志怪小说中，只有少部分人能意识到变形动物的威胁性，能够及时地逃离或杀死它们，大多数人则会因动物美丽的外表而受到蒙骗，导致个体和家庭受到侵害。[②]

二、男性掠夺者

在六朝志怪小说中，有许多雄性动物掠夺女性的情节，体现了当时社会中对男性入侵的恐惧。薛京玉指出，在所有生物中，猴（猿）类扮演着最为普遍的掠夺者形象。在中国的传统观念中，猴类自古以来就被认为是好色的动物，在上古文献中就有猴子偷窃妇女的记录，据相关学者研究该故事发生于今四川和云南省内的羌族故地中。汉代的《焦氏易林》也记载了一个男子在妾室被偷后的悲痛：

---

① J. Colleen Berry. *Animal Demons as Humans: Sex, Gender, and Boundary. Crossings in Six Dynasties Zhiguai Literature*. Ph. D. dissertation. University of Indiana, 2002, pp. 33—37.

② Ibid, pp. 37—51.

“南山大玃，盗我媚妾。怯不敢逐，退然独宿。”

西晋张华编撰的《博物志》中，记载着猴玃掠夺良家妇女的故事：

蜀山南高山上，有物如猕猴。长七尺，能人行，健走，名曰猴玃，一名马化，或曰猳玃。伺行道妇女有好者，辄盗之以去，人不得知。行者或每遇其旁，皆以长绳相引，然故不免。此得男子气，自死，故取女不取男也。取去为室家，其年少者终身不得还。十年之后，形皆类之，意亦迷惑，不复思归。有子者辄俱送还其家，产子皆如人，有不食养者，其母辄死，故无敢不养也。及长，与人无异，皆以杨为姓，故今蜀中西界多谓杨率皆猳玃、马化之子孙，时时相有玃爪也。

薛京玉指出，这则故事包括两方面的内容：第一，反映了中国传统社会中对男性入侵的焦虑，猴玃虽然是幻想的怪物形象，却是古代独身男子的真实缩影。薛京玉以“光棍”称呼这类人，认为他们缺乏学识教养，没有礼教的约束，为了满足性欲掠夺良家妇女，严重威胁了社会的稳定，猴玃的形象反映了女性对于这类男子的恐惧。第二，反映了女性经历长时间的绑架后，逐渐失去了人的属性，反而形成了猴类的特点，即张华所说“十年之后，形皆类之，意亦迷惑，不复思归”。女性在被掠夺后，不仅外表形象发生了变化，其作为社会个体的身份认知也逐渐消失殆尽，猴玃的可怕之处就在于它打破了人与动物的身份界限。①

《搜神后记》中也有类似的故事：“晋太元中，丁零王翟昭后宫养一猕猴，在妓女房前。前后妓女，同时怀妊，各产子三头，出便跳跃。昭方知是猴所为，乃杀猴及子。妓女同时号哭。昭问之，云：‘初见一年少，着黄练单衣，白纱帢，甚可爱，笑语如人。’”《搜神后记》中的猕猴形象较之前的猴玃更具迷惑性，它

① Jingyu Xue. *The Magic Mirror: Representations of Monsters in Chinese Classical Tales.* Ph. D. dissertation. University of Southern California, 2012, pp. 21—24.

不仅好色贪婪，还能够幻化成少年的形象迷惑女性。在这个故事中，猕猴能够登堂入室，深入王室的内宫之中，这种形象和情节的变化，更反映了女性对自身安全的恐慌心理。此外，该故事中丁零王杀死了猕猴及其儿子，也说明了时人对于血统不纯的排斥。此外，唐传奇中的"补江总白猿传"、明代瞿佑的《申阳洞记》等作品中，都有关于猴类偷窃妇女的故事。

除了猿猴类外，薛京玉也提取了《搜神记》中关于雄狗猥亵妇女的条目。

北平田琰，居母丧，恒处庐向。一暮夜，忽入妇室，密怪之曰："君在毁灭之地，幸可不甘。"琰不听而合。后琰暂入，不与妇语。妇怪无言，并以前事责之。琰知鬼魅。临暮，竟未眠，衰服挂庐。须臾，见一白狗，攫庐衔衰服，因变为人，着而入。琰随后逐之，见犬将升妇床，便打杀之，妇羞愧而死。

薛京玉认为，这则故事反映了古人在礼教束缚下对性的压抑。自晋武帝司马炎为母服丧三年后，这种行为蔓延成为普遍的社会风气，要求人们在服丧期间穿丧服，禁酒肉，杜绝一切娱乐活动（包括性行为）。薛京玉将白狗视为田琰本人的化身，故事的情节反映了夫妻二人在服丧期间的性冲动，杀狗的情节本质上是对自己本性的扼杀。雄狗作为男性掠夺者，与女性人类间发生了不正当的男女关系，表现了隐藏在人类内心对性的欲望和焦虑。另外，男性掠夺者的形象在各个时代也有不同物种的变化。在《聊斋志异》等作品中，狐狸、蛇、龟等动物也多以男性的形象出现，掠夺或引诱女性，带给女性心理和生理上的双重伤害。①

三、蛇蝎美人

在中国各朝代的志怪小说中，女性恶魔形象的比例都远远大于男性，各种动

① Jingyu Xue. *The Magic Mirror: Representations of Monsters in Chinese Classical Tales.* Ph. D. dissertation. University of Southern California, 2012, pp. 38—40.

物、植物、器物都可伪装成为美丽的女子引诱男人，这就构成了“蛇蝎美人”这一特殊的鬼神群体。薛京玉指出，在“蛇蝎美人”的故事中，男主人公们的内心往往交织着欲望和恐惧的复杂心理，尽管与美丽女性发生了亲密的性关系，却又必须承受着随时降临的各种危险。[①] 美国著名汉学家韩南（Patrick Hanan）将这种“蛇蝎美人”的故事结构总结为：“男主人公，从外表上看是年轻的未婚男性；女性妖怪，是动物的精魄或人死后的鬼魂，外表上伪装为年轻的女子；驱魔者，大多是道士形象。男女主人公的幽会往往带有明显标志——性行为。情节大多表现为：男子春日出游，偶遇一美丽女子，随后产生爱情并发生关系。直到男子意识到女妖对自己的威胁，于是求助于道士，将女妖打回动物或鬼魂的原形，借以惩罚女妖。”[②]

薛京玉将这种故事的中心情节总结为“性欺骗”。女妖具有幻化人形的非凡能力，并用美丽的外表来引诱男人，这种故事的高潮大多发生在女妖幻化成原形之后。六朝时期的蛇蝎美人故事，侧重于刻画故事的开头和结尾，对男子与女妖的相爱部分则着墨较少。孔约的《孔氏志怪》、刘敬叔的《异苑》，以及干宝的《搜神记》中均有大量记载。例如《搜神记》中的一则故事：“晋有一士人姓王，家在吴郡，还至曲阿，日暮，引船上，当大埭，见埭上有一女子，年十七八，便呼之，留宿。至晓，解金铃系其臂，使人随至家，都无女人。因逼猪栏中，见母猪臂有金铃。”

薛京玉指出，六朝志怪故事中女妖与人类结合的情节大量出现，并影响了唐传奇、宋话本，以及清代的志怪小说《聊斋志异》。在六朝时期，女妖只是通过性欺骗来引诱男人，使其脱离原本的家庭和社会结构。唐传奇中，女妖开始以美丽的外表来隐藏自己的邪恶本性，在与男人的交往中伺机夺取他们的性命。在

① Jingyu Xue. *The Magic Mirror: Representations of Monsters in Chinese Classical Tales*. Ph. D. dissertation. University of Southern California, 2012, p. 43.

② Patrick Hanan, *The Chinese Short Story: Studies in Dating, Authorship and Composition*, Cambridge, Mass: Harvard University Press, 1973, p. 188.

《聊斋志异》中，已经明确说明了女妖与男人发生性行为的目的，在于提升修为或延长生命。女妖们将自己伪装成为孤独的女性，以流离失所为借口引诱男性，在发生关系时吸取男性的阳气。女妖作为家庭局外人的身份，给家庭和社会造成了巨大的威胁，体现了女性的潜在性欲造成社会的惶恐与不安。薛京玉认为，这种情节的变化过程，反映女性性欲的增强，尤其是清代“采阳补阴”情节的出现，以杀人的方式打破了男女平衡，可以视为女性在性意识方面的崛起，开始要求在男女关系中占据主动地位。①

通过对“男性掠夺者”和“蛇蝎美人”两种恶魔形象的分析，薛京玉得出一个极为有趣的观点。在中国的古典小说中，对男性性欲的表现大多简单直接，而对女性性欲的表现却是间接暗藏的。在志怪小说的基本情节中，男性为了满足自己的性欲，直接抢夺女性并令其生子；然而女性引诱男人却不是由于性欲，其行为是为了满足爱情或延续生命。男性一旦被引诱，会因为滥情和放纵而被社会谴责；而女性一旦被俘虏，则会归因于药物的控制或疾病的影响。这种矛盾的情节，反映的是对女性身份的双重认知，即女性的存在一方面会对男性造成诱惑，威胁家庭和社会的稳定；另一方面认为女性缺乏独立的意识，其男性附庸的地位会弱化她们的主导性影响。②

四、完美情人

除了夺取男人性命的蛇蝎美人外，志怪小说中还塑造了一些完美的情人或妻子形象，这些鬼魂情人往往丰姿绰约、温婉贤淑，生前还具有很高的社会地位，这些特质都满足了男性对于女性的种种幻想。在《〈搜神记〉中与鬼公主的相遇——重读中国志怪小说中的鬼魂妻子》（*Encountering Ghost Princesses in Sou*

---

① Jingyu Xue. *The Magic Mirror: Representations of Monsters in Chinese Classical Tales*. Ph. D. dissertation. University of Southern California, 2012, pp. 44—61.

② Ibid, pp. 68—69.

shen ji: Rereading Classical Chinese）一文中，谢文娟以《搜神记》中的几则爱情故事为对象，从女性主义的视角分析了《搜神记》中完美情人的女性形象，并从社会文化的背景中探讨了这种形象的产生原因。

谢文娟指出，在《搜神记》卷16中的24则鬼故事中，有4则与人鬼相恋相关，虽然数量较其他题材为少，但这些超越生死的爱情故事却对后世叙事文学的发展有深远影响。这种人鬼相恋的情节确立了一种基本的模式，被后世叙事文学继承和模仿，尤其是明清的笔记小说中，但凡涉及人鬼相恋的主题，都与志怪小说中的情节有相近之处。人鬼相恋的题材，在中国现当代文学中也多有体现，甚至广泛运用于当代的戏剧、电影等艺术形式之中，这种情节反映了中国文化的幻想形式，包括鬼神存在、阴阳调和，以及婚姻制度等各个方面。根据《搜神记》中的故事，谢文娟将人鬼相恋总结为三个阶段：（1）男主角与鬼公主的相遇；（2）男女主角有短暂的相处；（3）鬼魂消失或回到原来的世界。谢文娟认为，六朝志怪小说中对于完美情人的形象塑造，是基于一种男性中心主义的视角，她在文中以女性主义的视角对该情节加以研究。[①]

如《搜神记》卷16中记载着一则辛道度的故事：

陇西辛道度者，游学至雍州城四五里，比见一大宅，有青衣女子在门。度诣门下求飧。女子入告秦女，女命召入。度趋入阁中，秦女于西榻而坐。度称姓名，叙起居，既毕，命东榻而坐。即治饮馔。食讫，女谓度曰："我秦闵王女，出聘曹国，不幸无夫而亡。亡来已二十三年，独居此宅，今日君来，愿为夫妇，经三宿。"三日后，女即自言曰："君是生人，我鬼也，共君宿契，此会可三宵，不可久居，当有祸矣。然兹信宿，未悉绸缪，既已分飞，将何表信于郎？"即命取床后盒子开之，取金枕一枚，与度为信。乃分袂泣别，即遣青衣送出门外。未逾数步，不见舍宇，惟有一冢。度当时荒忙出走，视其金枕在怀，乃无异变。寻

① Wenjuan Xie. *Encountering Ghost Princesses in Sou shen ji: Rereading Classical Chinese. Unsettling Assumptions: Tradition, Gender, Drag*. University Press of Colorado, 2014. pp. 244—248.

至秦国，以枕于市货之，恰遇秦妃东游，亲见度卖金枕，疑而索看。诘度何处得来？度具以告。妃闻，悲泣不能自胜，然向疑耳，乃遣人发冢启柩视之，原葬悉在，唯不见枕。解体看之，交情宛若。秦妃始信之。叹曰："我女大圣，死经二十三年，犹能与生人交往。此是我真女婿也。"遂封度为驸马都尉，赐金帛车马，令还本国。因此以来，后人名女婿为"驸马；"今之国婿！亦为"驸马"矣。

在这则故事中，情节的发展完全遵循于谢文娟总结的模式，即秦女（秦国公主）未婚而死，在墓中等待了 23 年，与平民男子相遇并发生性行为，秦女遗留下信物后消失，辛道度凭借信物跻身上层社会。谢文娟认为，六朝志怪小说的创作表现了明显的男性中心主义，秦女拥有贤淑、善良等种种美德，却只是男性飞黄腾达的媒介和工具，在为男性做好铺垫后即消失于世，这种男性化倾向也是中国文学创作的传统之一。此外，在志怪小说中，女性往往以对象化的形象存在，如鬼魂、幽灵、蟒蛇、狐狸等动物，而男性大多以人类形象存在。前文所述的雄性动物虽然也是动物的幻化，但在男女关系中占据着掠夺者的主动地位，女性则始终作为男性世界的"他者"。

谢文娟将这种情节的设定归因于中国的阴阳文化。她指出，中国自《周易》中就强调阴阳之分，这种观念在汉代董仲舒的《春秋繁露》中得到了强化，"阴"象征着女性、黑暗、死亡、土地、寒冷、柔弱，而"阳"象征着男性、光明、生存、天堂、温暖、强壮，汉代以后这种阴阳对立的观念确立强化，并延续至中国叙事文学的创作传统之中。因此，志怪小说中的女性往往是以鬼魂的形象出现，在男性的世界中位于从属地位，尽管女鬼生前的社会阶级远远高于男主人公，但也无法摆脱这种男性中心的禁锢。在《搜神记》中，男性大多是故事的叙述者，女性的存在仅仅是男性的幻想，她们对于自己的命运并没有掌控的权力，这也反映了男性中心主义的倾向。[①] 如《搜神记》中记载的另一则故事。

① Wenjuan Xie. *Encountering Ghost Princesses in Sou shen ji: Rereading Classical Chinese*. Unsettling Assumptions: Tradition, Gender, Drag. University Press of Colorado, 2014. pp. 248—254.

汉，谈生者，年四十，无妇，常感激读诗经，夜半，有女子，年可十五六，姿颜服饰，天下无双，来就生为夫妇之言，曰："我与人不同，勿以火照我也，三年之后，方可照耳。"与为夫妇，生一儿，已二岁，不能忍，夜，伺其寝后，盗照视之。其腰已上生肉，如人，腰已下，但有枯骨。妇觉，遂言曰："君负我。我垂生矣，何不能忍一岁，而竟相照也？"生辞谢涕泣，不可复止。云："与君虽大义永离；然顾念我儿若贫不能自偕活者，暂随我去，方遗君物。"生随之去，入华堂，室宇器物不凡。以一珠袍与之，曰："可以自给。"裂取生衣裾留之而去。后生持袍诣市，睢阳王家买之，得钱千万。王识之曰："是我女袍，那得在市？此必发冢。"乃取拷之。生具以实对。王犹不信，乃视女冢，冢完如故，发视之，棺盖下果得衣裾，呼其儿视，正类王女王乃信之，即召谈生，复赐遗之，以为女婿。表其儿为郎中。

在"谈生"的故事中，谢文娟认为与上文所述的辛道度故事有明显不同，即双方的阴阳关系并不完全对等。男主人公的性格表现为软弱、被动、自卑，而女主人公的性格则显得活跃、主动、骄傲，整个情节的推动完全按照女鬼的意愿进行，包括主动求爱、立下誓约、遗留信物，谈生的人物形象只是一味地顺从，甚至愚蠢地破坏了两者间的约定，致使女鬼未能重获新生。然而，谈生虽然失去了鬼妻，却获得了跻身于上层社会的身份，这种颇具讽刺性的情节更显示了男权主义的色彩。女鬼形象呈现了完美情人的特质，她们的外在条件极为优越，能与男性进行正常的夫妻生活，在身份被揭露后仍能保障男性的物质生活，而自己却只能消亡于现实社会中。谢文娟对这种情节抱持着否定的态度，指出这样的设定完全是基于男性的创作和阅读取向，满足了男性对性与权力的双重幻想，女性的完美情人形象只是他们通往成功的工具。

谢文娟认为，《搜神记》等志怪小说中的人鬼相恋情节，其实也与六朝时期的婚姻制度相关，当时的门第观念森严，士族与庶族之间禁止通婚，导致当时的阶级固化，平民男性是无法迈入上层社会之中的，这种社会现实在《世说新语》中也有记载。《搜神记》中的鬼妻形象，往往在年龄、容貌、阶层等各个方面均优于男性，却具有被动的概念化特点，其命运的走向仍需依赖于男性，这种幻想式的故事情节是出于男性的兴趣而进行创作。如“谈生”的故事中，女鬼年轻貌美、贤惠善良，却因为谈生的愚蠢失去了重获肉体的机会，在离去前却为丈夫和孩子安排好以后的生活，这种完美的情人形象反映了男权思想的狭隘与自私。

通过完美情人的形象，我们可以看出社会对于女性的禁锢，她们只能在死后试图挣脱阶级的束缚，追求自由的恋爱与婚姻。然而，这种美好的愿望在志怪小说中往往都化为泡影，她们的存在只是满足了男人的幻想，从未真正获得自由与重生。正如谢文娟所说：“在男性为主导的志怪小说中，女性的作用仅仅是一个符号，一个替代品，一个虚幻的理想，无论幻想还是现实世界仍由男性主宰。”[①]

五、器物幽灵

六朝志怪小说中，恶魔的存在大多来自家庭的外部，然而也有许多隐藏于家庭居室内部，给主人的生活造成困扰。薛京玉认为，这种情节基于中国古代的世界观，认为万物皆有“气”，无生命的器物经过长年的修炼后能够形成独立的精神，并具有人类的思考和行为能力，甚至幻化为人形。[②]如《搜神记》中记载：“魏，景初中，咸阳县吏家有怪。每夜无故闻拍手相呼。伺，无所见。其母，夜作，倦，就枕寝息；有顷，复闻灶下有呼声曰：‘文约何以不来？’头下枕应曰：‘我见枕，不能往。汝可来就我饮。’至明，乃臿也。即聚烧之。其怪遂绝。”这则故事中各种物件都具有人的精神特质，能够像人一样形成友谊，在夜间喝酒

① Wenjuan Xie. *Encountering Ghost Princesses in Sou shen ji: Rereading Classical Chinese*. Unsettling Assumptions: Tradition, Gender, Drag. University Press of Colorado, 2014. pp. 257—259.

② Jingyu Xue. *The Magic Mirror: Representations of Monsters in Chinese Classical Tales*. Ph. D. dissertation. University of Southern California, 2012, pp. 61—63.

聊天，但并未对主人的生活造成伤害。而如《搜神记》中记载的“细腰”却能够导致“家本巨富，忽衰老，财散”，直接对人类造成身体或经济上的伤害。这种器物幽灵的情节，在唐传奇中大量的出现，由于物件幻化而产生的闹鬼情节变得更为流行，仅在《太平广记》中就有六卷内容记载，其情节大多与“细腰”相类似。在《聊斋志异》中，这种情节发展得更为成熟，形成了特有的“宅妖”主题，薛京玉认为六朝时期的器物幽灵无疑对此产生过借鉴的作用。

第三节　六朝志怪小说的叙述模式

志怪小说的诞生，不仅代表了一种以“书写奇异”为中心的故事类型，同时代表了一种新的叙事模式。志怪小说的叙事具有鲜明的文体特点，是中国小说发展史上的重要模式，对于后世的叙事文学有着深远的影响作用。对此，康儒博在其专著中，将志怪小说的叙述模式大致分为三种，并以具体的故事条目为例，对其进行了详细的理论分析。康儒博的论述，从故事的组成要素中研究志怪小说的叙事特点，不局限于对故事情节、文本内容的研究，用整体的视角对志怪小说的叙述加以剖析，从理论上探讨志怪小说的文体特点，对六朝志怪的文体研究有着积极的借鉴作用。

康儒博认为，志怪小说在语言上多用古汉语进行书写，明显区别于唐代的变文和后世的白话文学，中国学界往往将唐以前的小说称为“古小说”。对唐前小说的定位原因，不仅在于唐前小说是中国小说发展的雏形阶段，还因为其明显的文言创作传统。志怪小说虽然吸收了很多前代的口头传说，但在故事的叙述中却很少引用诗句和民歌，大多是以散文的形式进行创作，不讲究固定的韵律和节奏，在史书的分类中常把小说归于“记”“传”“志”之中。尽管康儒博基本承认志怪小说是历史传记的分支，却指出了两者在叙事上的明显不同：其一，志怪小说在标题的命名上，并不像史书一样正式，而是充满了通俗性和趣味性；其二，志怪小说为了凸显故事的人物、情节等部分，在语言上也不如史书创作精练简洁。同时，康儒博也提出了志怪小说不同于佛家和道家的宗教经典，并不承担着传递宗教观念和秘法的任务，只是单纯的记录奇异之事。相较于前代的汉赋和乐府诗，志怪小说的叙事显得更为朴实，没有浮想联翩、靡丽铺排的华丽辞藻，志怪作者们没有选择神秘的语词来传递信息，而是用平凡的语言书写不平凡的事件。志怪小说在叙事的过程中，显示出了与其他文体形式的明显区别。康儒博根据志怪小说的叙述特点，将其大致分为三种模式，并对各种模式的故事条目、组成要素、叙事特点等进行了详细的分析探讨。①

一、理论模式

通过对志怪小说故事条目的研究，康儒博指出，志怪小说中的叙述并没有对描写对象进行理论和系统的定义，也较少介绍“怪”的产生和衍变过程，大多是用散漫的“元语言”来表现具体的人物和事件，在创作的过程中也并不遵循固定的原则。②因此，相较于其他两种叙事模式，以“理论模式”的创作条目是较为罕见的，不过这具有研究的价值。“理论模式”的运用，大多集中于早期的志怪作品中，仅《搜神记》一书中就收录了 4 条故事，对奇异生物的产生、种类等内容加以介绍，如《搜神记》卷十二中的一则：“天有五气，万物化成：木清则仁，火清则礼，金清则义，水清则智，土清则思：五气尽纯，圣德备也。木浊则弱，火浊则淫，金浊则暴，水浊则贪，土浊则顽：五气尽浊，民之下也。中土多圣人，和气所交也。绝域多怪物，异气所产也。苟禀此气，必有此形；苟有此形，

① Robert Ford Campany. *Strange Writing: Anomaly Accounts in Early Medieval China*. Albany, NY: State University of New York Press, 1996, pp. 205—210.

② Ibid, p. 211.

必生此性。……”在该则条目中，没有具体的人物和事件，干宝从理论的角度对万物的本质、特性、变化等内容做出了详细的叙述，可以看作志怪故事的纲领性条目。通过对照其他的具体故事，可以看出志怪小说基本上是围绕该则条目展开的，尤其是关于万物的属性特点，基本上与后世的普遍认识趋于一致。

《搜神记》卷十二的另一则记载：临川间诸山有妖物，来常因大风雨，有声如啸，能射人，其所着者，有顷，便肿，大毒。有雌雄：雄急，而雌缓；急者不过半日间，缓者经宿。其旁人常有以救之，救之少迟，则死。俗名曰“刀劳鬼。”该则故事虽然以具体的事件为切入点，却借用老子的话，从理论的角度上论述了“天”“地”“鬼”“神”的本质特点，对世界做出了“阴阳”“生死”的区分。

其他两则也是《搜神记》中所出，管辂的故事以前代历史的更迭兴替为例，指出了万事万物始终处于生长变化的过程中：“……夫神明之正，非妖能害也。万物之变，非道所止也。久远之浮精，必能之定数也。今卦中见象，而不见其凶，故知假托之数，非妖咎之征，自无所忧也。昔高宗之鼎，非雉所雊；太戊之阶，非桑所生。然而野鸟一雊，武丁为高宗；桑谷暂生，太戊以兴焉。”

《搜神记》中另一条故事，则从日月寒暑的变化中指出了天地四时的衍化过程，以及万物崩塌导致的祸乱现象：“……故天有四时，日月相推，寒暑迭代，其转运也。和而为雨，怒而为风，散而为露，乱而为雾，凝而为霜雪，立而为蚳？此天之常数也。人有四肢五脏，一觉一寐，呼吸吐纳，精气往来，流而为荣卫，彰而为气色，发而为声音，此亦人之常数也。若四时失运，寒暑乖违，则五纬盈缩，星辰错行，日月薄蚀，彗孛流飞，此天地之危诊也。寒暑不时，此天地之蒸否也。石立，土踊，此天地之瘤赘也。山崩，地陷，此天地之痈疽也。冲风，暴雨，此天地之奔气也。雨泽不降，川渎涸竭，此天地之焦枯也。”

与“理论模式”不同，“描写模式”与“叙事模式”不讲求普遍的原则，而是表现单独的事件、人物和客观对象。“描写模式”，大多并不是叙述单一的故事，没有一个统领全局的主角形象，其中所描写的对象大多具有永恒的意义，并不局限于暂时的历史框架之中，描写的对象往往是在确定的空间或区域内。“叙事模式”的对象则多是某一特定的历史时期内，以人类主人公的视角来叙述其所经历的奇异事件。

二、描写模式

在介绍“叙事模式”的具体内容前，康儒博引用了《搜神记》中的一则故事为例。

南方有虫，名蠋，名“青蚨”，形似蝉而稍大，味辛美，可食。生子必依草叶，大如蚕子，取其子，母即飞来，不以远近，虽潜取其子，母必知处。以母血涂钱八十一文，以子血涂钱八十一文：每市物。或先用母钱，或先用子钱，皆复飞归。轮转无已。故淮南子术以之还钱，名曰“青蚨。”

结合该则故事，康儒博指出了“描写模式”的基本特点：（1）给定具体的地点或区域，即“南方”；（2）概括描写对象的从属和类别，即“虫”；（3）描述对象的名称或别名，即“青蚨”；（4）介绍对象的相关特性（包括正常的和非正常的），即“形似蝉而稍大，味辛美，可食。生子必依草叶，大如蚕子”等；（5）介绍对象的功能或用途，即“或先用母钱，或先用子钱，皆复飞归。轮转无已”；（6）引用其他内容，或是同一故事的不同版本，阐释描写对象的突出特点，即“故淮南子术以之还钱”。

据此，康儒博将“描写模式”的要素概括如下：（1）空间和地形；（2）命名；（3）具体特征；（4）用途或功能；（5）变化。康儒博认为，这些元素的出现，并不一定按照上述的顺序，也有可能会缺少部分要素，尤其是最后一个“变化”的要素。在“描写模式”的具体条目中，有两、三个部分较为详细，有的部分则较为简洁，这种看似零散的结构是志怪小说中较为常见的叙述方法。[①] 康儒博提出，

① Robert Ford Campany. *Strange Writing: Anomaly Accounts in Early Medieval China.* Albany, NY: State University of New York Press, 1996, pp. 213—214.

尽管有的故事较为简短，但却仍有“描写模式”的全部要素，如《博物志》中的两则故事记载：“白民国，有乘黄，状若狐，背上有角。乘之，寿三千年。”“五月五日埋蜻蜓头于西向户下，埋至三日不食则化成青真珠。又云埋于正中门。”

值得注意的是，康儒博指出在具体的创作过程中，也有用“描写模式”叙事的情况存在，如《搜神记》中关于孙权的一则故事：“吴孙权太元元年八月朔，大风，江海涌溢，平地水深八尺，拔高陵树二千株，石碑差动，吴城两门飞落。明年权死。”在这则故事中，没有中心人物，没有情节的起承转合，只是通过追溯往事的方式，来描写真实的历史事件。可以看出，哪怕是同一个事件或现象，运用不同的叙事方法，会呈现出迥异的文本形态。

最后，康儒博提出，部分志怪小说中关于人物的传记，也多采用“描写模式”对人物进行刻画，尽管有部分“叙事模式”的要素存在，但仍属于“描写模式”的范畴中。[①] 如《搜神记》中所载：“寿光侯者，汉章帝时人也。能劾百鬼众魅，令自缚见形。其乡人有妇为魅所病，侯为劾之，得大蛇数丈，死于门外，妇因以安。又有大树，树有精，人止其下者死，鸟过之亦坠。侯劾之，树盛夏枯落，有大蛇，长七八丈，悬死树间。”该则故事中，对寿光侯的形象塑造采用的是“描写模式”，首先介绍了他的名字，出生年代，以及他的神奇能力。随后，作者通过具体事例的介绍，凸显了寿光侯的高超法力，康儒博认为这里虽有叙事的部分要素，但其宗旨在于突出寿康侯的人物形象，因此明显属于“描写模式”。

值得注意的是，康儒博通过对比研究，指出了“描写模式”与“叙事模式”的根本差异。他认为，“描写模式”中对人物、植物、地点、事件的介绍都是以对象为中心，故事中的各要素间是平行的关系，用排列组合的方式加以连接，根本服务于对客观对象的描写。“叙事模式”的特点，是按照持续的情节发展层层推进，各要素间呈现出递进的关系。“描写模式”的特点，则是借助于文本的描述和分类，对某一空间内的奇异现象进行描述。“描写模式”和“叙事模式”的

① Robert Ford Campany. *Strange Writing: Anomaly Accounts in Early Medieval China.* Albany, NY: State University of New York Press, 1996, pp. 218—220.

要素在组成部分上有重合之处，但承担的作用却各不相同。

三、叙事模式

在三种叙述模式中，最重要的当属“叙事模式”，在对其进行具体阐释前，康儒博引用了一则故事：

雩都县人南康雩都县，跨江南出，去县三里，名梦口。有穴，状如石室，名梦口穴。旧传尝有神鸡，色如好金，出此穴中，奋翼回翔，长鸣响彻。见之辄形入穴中，因号此石为鸡石。昔有人耕此山侧，望见鸡出游戏。有一长人，操弹弹之。鸡遥见，便飞入穴。弹丸正著穴上石，径六尺许，下垂蔽穴，犹有间隙，不复容人。又有人乘船，从下流还县，未至此崖数里。有一人，通身黄衣，担两笼黄瓜，求寄载之。黄衣人乞食，船主与之盘酒。食讫，至崖下。船主乞瓜，此人不与，仍唾盘内，径上崖，直入石中。船主初甚忿之，见其入石，始知神异。取向食器视之，见盘上唾，悉是黄金。(《述异记》)

康儒博指出，该则故事与“描写模式”相同，首先提出了事件发生的地点、环境等背景，借“旧传尝有神鸡，色如好金，出此穴中，奋翼回翔，长鸣响彻”一句，引发后文的情节的发展，继而通过“黄衣”“黄瓜”等线索的出现，引起读者的注意。作者着重强调了“黄”这一特殊的线索，这与中国文化密切相关，历代的君王都认为“黄”即是“金”，象征着帝王的权力与财富，这也为故事的结局埋下了伏笔。至此整个文本仍是普通的叙事，而在“船主乞瓜，此人不与，仍唾盘内，径上崖，直入石中”一句，故事发生了奇异的转折，进而在“取向食器视之，见盘上唾，悉是黄金”的结尾处达到了高潮。[1]

---

① Robert Ford Campany. *Strange Writing: Anomaly Accounts in Early Medieval China.* Albany, NY: State University of New York Press, 1996, p. 223.

康儒博又引用《搜神后记》中的一则故事：

汉时诸暨县吏吴详者，惮役委顿，将投窜深山。行至一溪，日欲暮，见年少女子来，衣甚端正。女曰："我一身独居，又无邻里，唯有一孤妪。相去十余步尔。"详闻甚悦，便即随去。行一里余，即至女家，家甚贫陋。为详设食。至一更竟，忽闻一妪唤云："张姑子。"女应曰："诺。"详问是谁，答云："向所道孤独妪也。"二人共寝息。至晓鸡鸣，详去，二情相恋，女以紫手巾赠祥，详以布手巾报之。行至昨所应处，过溪。其夜大水暴溢，深不可涉。乃回向女家，都不见昨处，但有一冢尔。

该则故事的叙事模式与上文相似，首先介绍了人物的身份背景为"汉时诸暨县吏"，通过"行至一溪，日欲暮，见年少女子来，衣甚端正"的环境描写引出故事的发生，进而讲述吴详与年少女子的邂逅。但在二人的交谈中，也有一些女子身份的线索信息，如"衣甚端正""独居"等，都暗示了该女子的鬼魂身份。在二人分别后，故事因"其夜大水暴溢，深不可涉"的原因发生了转折，吴详在寻觅女子住所时达到了高潮，即"都不见昨处，但有一冢尔"，表现出了志怪小说的奇异特点。

根据这两则故事，康儒博对"叙事模式"的志怪小说进行了总结：（1）背景，介绍故事发生的时间和地点；（2）指示或说明，引入特定的环境或场景（多用于引出人物出场）；（3）过程，故事的发展基本按照人类正常社会生活进行；（4）线索，在故事的进程中，会有一些隐藏的细节暗示人物的奇异身份，这种线索会使读者产生警觉，但却往往被文中的主人公忽略；（5）限制场景，将故事的叙述视角集中于某一个特定的场景或时间，地点大多是河滨、山涧、荒郊等，时间则多是日出、日落、午夜之际，这种环境的渲染往往象征着疾病、危险与死亡；（6）转折，主人公由于某种原因意识到自己的奇异经历，故事转入至志怪小说的范畴之中；（7）高潮，使用言简意赅的语言凸显故事的奇异特点，带给主人公和读者强烈的震撼和冲击。[1]

康儒博认为，作为志怪小说这一特殊的小说主题，最为重要的组成要素是第6、7两部分，即故事的转折和高潮。在这两个部分中，最能体现出志怪小说的内容特点，作者在创作时往往会使用一些技巧，使情节更加曲折离奇，正如《异苑》中记载的一则故事："晋时会稽严猛妇出采薪，为虎所害。后一年，猛行至蒿中，忽见妇云：君今日行，必遭不善。我当相免也。既而俱前。忽逢一虎，跳踉向猛。猛妇举手指，状如遮护。须臾，有一胡人荷戟而过，妇因指之，虎即击胡，婿乃得免。"该则故事自"后一年，猛行至蒿中，忽见妇云"发生转折，开始进入志怪小说的叙事中，但是鬼妻的出现并不是该故事的高潮，作者通过第二个转折"忽逢一虎，跳踉向猛"，继而将故事推向了"鬼妻救人"的高潮，说明了鬼妻的先见之明。据康儒博总结，故事在发生转折时，往往会有一些细微的语词现象，其一是出现如"忽然""突然"等副词；其二是出现如"见""觉""有"等动词；其三是主人公会出现恐惧、惊讶、战栗、震惊等情绪。

以上是"叙事模式"的全部要素，但有的故事中会出现两三种附加的要素，即：（8）反应，部分故事在高潮后并未结束，而是继续介绍主人公的反应，来解释人物所遇到的奇异事件；（9）结局，由主人公的反应所引发的结局；（10）影响，这种情节大多出现于与宗教相关的故事中，主人公的经历会对他人产生影响，故事中的某个细节也可能会影响全局，这种情节多与佛教的"因果循环"相关，往往发生于寺庙或神殿等地。[2]

如《冥祥记》中所记僧法安的故事："……法安遥之树下，坐禅通夜，向晓，有虎负人而至，投树之北，见安，如喜如跳，伏安前，安为说法授戒，虎据地不动，有顷而去。至旦，屯人追死者至树下，见安大惊，谓其神人，故虎不害。自

---

① Robert Ford Campany. *Strange Writing: Anomaly Accounts in Early Medieval China.* Albany, NY: State University of New York Press, 1996, pp. 224—226.

② Ibid, pp. 229—230.

兹以后，而虎患遂息。众益敬异，一县士庶，略皆奉法。”在这则故事中，塑造了僧法安这一高尚的人物形象，他能够以佛法道义使饿虎折服，这则故事产生了两方面的影响：一是“虎患遂绝”；二是“一县士庶，略皆奉法”。佛教自传入中国后，开始逐渐渗透至文化的各个方面之中，而自南朝以后，崇尚佛教的风气开始趋于兴盛。此后的佛教小说创作，大多也受到了这种风气的影响，有许多关于佛教因素的作品诞生，直接影响了当时的宗教风尚。从“释法安”的故事中，可以看出在与宗教观念相关的志怪故事中，作者的创作目的并不仅限于叙述故事，更是为了宣扬佛教的教义，通过僧侣品德高尚、佛法精深等特点，来扩大佛教在当时社会的影响。

根据上述的归纳研究，康儒博认为，他虽然对志怪小说的叙述模式进行了理论梳理，但三种模式不过是文本创作的框架，真正打动读者的仍是趣味盎然的故事情节。康儒博的研究成果，通过细致的叙事结构分析，从整体视角上对志怪小说的理论进行研究，帮助我们了解文本的本质特点。康儒博提出，尽管后世将“书写奇异”的文学作品归于志怪小说，六朝时诞生了大量的志怪作品，但从叙述模式上来看，对志怪小说的研究应当区分开来。康儒博总结的“理论”“描写”“叙事”三种模式，借助于具体的条目和细节的剖析，研究了各个模式的不同特点，通过语言元素关系等部分的研究，建立了完整清晰的叙事系统，对于志怪小说的文体研究也有重要的价值。①

① Robert Ford Campany. *Strange Writing: Anomaly Accounts in Early Medieval China*. Albany, NY: State University of New York Press, 1996, pp. 235—236.

第四节　六朝志怪小说的宗教视角

在早期的文学创作中，作者往往将作品当作是传递信念的媒介和工具，借以表现作者主体的思想和宗教观念。在志怪小说的作品中，读者可以看到各种思想倾向对于创作的影响，这与六朝时期复杂的文化局面紧密相关。六朝时期的志怪小说，可以看作当时各种世界观的载体，通过或隐或显的方式传递着作者的主观思想，对于探究文本的内涵也有重要意义。基于不同的社会阶层和思想倾向，作者运用了截然不同的创作视角，这种潜在的宗教意识渗透至文中的各个细节之中，同时在文本的情节、结构、故事模式等多个方面均有显现。作者叙述故事的同时，用文本内容将自己与读者连接起来，借助于种种修辞技巧与策略传播宗教思想，并以潜移默化的方式打动志怪小说的读者。

康儒博认为，在志怪小说的创作早期，作者往往拥有不同的鬼神观和宗教观，通过对自然界奇异现象和事件的记录，来展示自己独特的世界观。后世学者在继承前代所成的基础上，或支持前人思想，或提出反对意见，集中于研究世界的本质，以及人类在其中的位置所在，这些问题涉及政治、宗教、文化、阶级等多个方面。简而言之，六朝志怪小说的创作，体现了当时文人不同的宗教思想和研究视角，康儒博对该问题的分析，从根本上揭示了志怪小说中蕴藏的思想内涵，对于志怪小说的文化研究领域有重要意义。

康儒博根据六朝志怪的思想内涵，主要将其分为三种创作视角：方士视角、道教视角、佛教视角。他指出，这种分类的方法并不是出于说教劝导的目的，也不是刻板的“贴标签”，而是利用一种系统的方法，来探究作者在文中所要传递的思想信息。尽管作者的目的并不十分明显，但是从志怪小说的故事条目上看，无疑反映出了历史文化对于志怪创作传统的影响，也可以看出在本土道教与外传佛教的渗透下，中国文化语境和文学创作所发生的种种变化。康儒博的研究主要遵循了三种研究宗旨：第一，将志怪小说进行系统的分类，选取能够呈现主题的具体条目，如描写死后世界和灵魂不灭等超自然故事，分析作者在创作中所秉承的宗教视角；第二，详细的文本研究，比较方士视角、道教视角、佛教视角间的异同之处，并分析各个创作视角背后的文化内涵；第三，为了避免简单的"贴标签"式的研究，除了明显带有思想派别的作品或故事外，基本集中于对故事的文本分析。[①]

康儒博对于六朝志怪的研究成果，运用了新的研究视角和方法，专注于文本内部的细微之处，不仅仅将其看作小说或是历史的分支，而是将其视为作者主观世界的产物，其中融合了作者的宗教观、宇宙观、道德观等多重部分。在前人的研究成果中，他们大多将志怪小说进行宗教的分类，如认为《拾遗记》属道教志怪，《幽明录》属佛教志怪。康儒博虽然承认这种分类方法，却认为这只是志怪小说研究的起点，并非是研究的终点。相较于这种概括式的研究视角，康儒博认为更值得关注的问题，在于每种（组）文本所使用的修辞方法和叙事策略，以及其中暗含着的作者世界观。

康儒博认为，中国各种思想派别的出现，都是源自人类自我意识的兴起，人们在不断探寻世界的过程中，确立了人类自身的主体地位。除了本土的道教外，佛教在东汉时期的传入，也为研究世界提供了新的理论依据。康儒博指出，无论是儒、道、释哪种文化系统，都有自己独特的思想特点和发展脉络，在经历了长时期的历史积淀后，才能够形成独树一帜的思想流派，并拥有完整的理论体系。结合儒、道、释等主要派别在中国的发展，康儒博指出在宗教思想的背后，体现的是当时士人阶层对世界的深层思考。魏晋南北朝时期，文人针对"名教"与"自然"问题进行了激烈的论战，其本质就是在于人类在世界中的根本位置。这两个方面的讨论，不仅体现了人类对于世界的美好愿望和幻想，还

---

① Robert Ford Campany. *Strange Writing: Anomaly Accounts in Early Medieval China*. Albany, NY: State University of New York Press, 1996, pp. 274—275.

体现了人类智慧对社会和世界的理解，以及理想与现实之间的具体关系。在魏晋时期，政治局面的混乱黑暗，使得文人在乱世之中无法保全自身，只能通过遁世的方法来追求思想上的自由。此时，“玄学”思想的盛行，直接反映了文人对于现实世界的认知，玄学所融汇的儒、道、释思想，也恰恰是此时社会文化的真实写照。[①]

一、方士视角

康儒博指出，方士视角是志怪小说较早的创作观念，代表作品包括汉代东方朔的《神异经》、西晋张华的《博物志》、南朝任昉的《述异记》等。方士视角，展示了统治中心的权力与力量，表现了统治者对时间与空间上的全面掌控。方士视角中的力量呈现，是以中心向外辐射的方式进行的，方士全面掌握了宇宙的奥秘，拥有操纵世界的神秘力量，可以从权力中心控制万事万物的发展。康儒博认为，最具方士视角特色的地理志作品，在文本内容、组织结构、知识体系上都展现了方士的卓越智慧和才能，他们对于遥远的地理区域和文化的描写，在当时都充满着奇特的幻想意味，表现出了他们神秘的先知能力。地理志形态的作品有别于史书传记的记载，不需要承担着道德教化的宗旨，只与创作者直接的个体经验相关，文本内容仅仅是对世界的真实展示，包括各种奇特的地形、种族、文化、动植物的特点。康儒博认为方士视角的志怪作品，最为突出的特点在于直接的描写和记录，没有过多文字上的修饰和杜撰，基本上是以客观的叙述向读者介绍异域世界的种种形态。[②]

结合对多种地理志作品的研究，康儒博指出此类作品的创作关键，在于展示作者广博的知识，包括对地理环境、文化背景、鬼神观念等多方面的认识。方士

---

① Robert Ford Campany. *Strange Writing: Anomaly Accounts in Early Medieval China*. Albany, NY: State University of New York Press, 1996, pp. 276—280.

② Ibid, pp. 280—282.

视角的志怪作品，描写的对象包括山脉、陆地、海洋、河流、神兽、猛兽，以及各种超然于世的圣人，如文中所称的“神”“仙”“圣”“哲”“贤”等人物形象。面对如此庞大的描写对象，需要创作者有统率全局的认知观念和知识储备，因此该类小说全面展现了创作者的文化权力。如《博物志》中对中国地理环境的描述，很好地展现出作者的全知视角和磅礴气势。

中国之城，左滨海，右通流沙，方而言之，万五千里。东至蓬莱，西至陇右，右跨京北，前及衡岳，尧舜土万里，时七千里。亦无常，随德劣优也。

尧别九州，舜为十二。

秦，前月蓝田之镇，后有胡苑之塞，左崤函，右陇蜀，西通流沙，险阻之国也。

蜀汉之土与秦同域，南跨邛笮，北阻褒斜，西即隈碍，隔以剑阁，穷险极峻，独守之国也。

周在中枢，西阻崤谷，东望荆山，南面少室，北有太岳，三河之分，雷风所起，四险之国也。

魏，前枕黄河，背漳水，瞻王屋，望梁山，有蓝田之宝，浮池之渊。

赵，东临九州，西瞻恒岳，有沃瀑之流。飞壶、井陉之险，至于颍阳、涿鹿之野。

燕，却背沙漠，进临易水，西至君都，东至于辽，长蛇带塞，险陆相乘也。

齐，南有长城、巨防、阳关之险；北有河、济，足以为固；越海而东，通于九夷；西界岱岳、配林之险，阪固之国也。

鲁，前有淮水，后有岱岳、蒙、羽之向，洙、泗之流。大野广土，曲阜尼丘。

宋，北有泗水，南迄睢濄，有孟诸之泽、砀山之塞也。

楚，后背方城，前及衡岳，左则彭蠡，右则九疑，有江汉之流，实险阻之国也。

南越之国，与楚为邻。五岭已前至于南海，负海之邦。交趾之土，谓之南裔。

吴，左洞庭，右彭蠡，后滨长江，南至豫章，水戒险阻之国也。

东越通海，处南北尾闾之间。三江流入南海，通东冶，山高海深，险绝之国也。

卫，南跨于河，北得洪水，南过汉上，左通鲁泽，右指黎山。

赞曰：

地理广大，四海八方。遐远别域，略以难详。

侯王设险，守固保疆。远遮川塞，近备城埠。

司察奸非，禁御不良。勿恃危阨，恣其淫荒。

无德则败，有德则昌。安屋犹惧，乃可不亡。

进用忠直，社稷永康。教民以孝，舜化以彰。

康儒博指出，《述异记》《博物志》《玄中记》等志怪小说，以外部的视角展示了世界的奇特现象和生物，从空间和时间两方面表现了作者的博物知识和鬼神观念。在这些文本条目中，记录了大量神奇的地域和物产，以及各种超自然生物的存在，包括山魂、水怪、动物变形等，作者以方士的视角来研究世界的奥秘，他们对宇宙的探索已经远远超出了当时的认知范围，体现了方士认识世界的全知能力。作为方士视角的代表作品，康儒博认为《博物志》的艺术价值最值得肯定，充分体现出方士视角的独特立场和姿态。①

作为最知名的方士之一，张华在西晋时期的地位不亚于西汉的东方朔，拥有神奇的预言和驱邪能力，他对奇异事物的记载生动形象，集中体现于代表作《博物志》中。《博物志》记录了山川地理、飞禽走兽、人物传记、奇异生物，以及奇特怪诞的神仙故事，包括神话、古史、博物等内容。其中关于“八月槎”的神

① Robert Ford Campany. *Strange Writing: Anomaly Accounts in Early Medieval China.* Albany, NY: State University of New York Press, 1996, pp. 282—283.

话，充满了美妙的神思遐想。故事说有人在八月乘浮槎至天河见牛郎、织女，描写了天上的星宫景象。《博物志》中“蜀南多山，弥猴盗妇人”的故事完整生动有趣。《博物志》中的记载，是关于猿类故事的原型，后有唐传奇的《补江总白猿传》《剪灯新话》《申阳洞记》等承此衍传下来。卷十中“千日酒”的故事很有韵味，刘玄石饮千日酒醉死，埋葬三年后始醒，故有“玄石饮酒，一醉千日”的佳话。

康儒博提出，张华的《博物志》主要表现了五个方面的特点：第一，对稀有花木、动物、矿产的认知；第二，对偏远地域和洞穴的认知；第三，方士神奇的预测能力；第四，方士神秘的驱邪能力；第五，作者对世界的全知理解。与其他方士视角的志怪小说相比，《博物志》显示出了极高的艺术成就，在地理、种族、文化、权力等方面的描写中，均优于同类志怪作品。张华从历史文献中进行考证，并结合自己的亲身感受，向读者介绍了异域环境中的奇特环境和生物，以及能够长生不老的神秘法术。特别是关于秘技奇术的记载，与官方正史和文学传记中的记载截然不同，充分展现了作者的方士身份。康儒博进一步提出，《博物志》的文本，系统地体现出了作者的思想倾向，出现了大量如“阴阳”“五行”的宗教思想，其中有 24 则故事与“天人感应”相关。①

康儒博认为，《博物志》与其他志怪小说的根本差异，在于故事中渗透着明显的官方立场，张华的方士身份也是为了统治阶层服务，这与道教崇尚的“自然无为 ”有绝对区别。康儒博的研究成果，将《博物志》等方士小说与道教小说进行了区分，这是前人所忽略的重要内容。康儒博通过细致的比较分析，提出方士视角与道教视角的作品区别有三：第一，方士视角的志怪小说，在题材上更为自由，举凡山水草木、神仙秘术无所不包，这也是基于展现方士才能的创作目的；第二，方士志怪的传播方式，并不是由上至下的时间顺序，而是从中心向外

---

① Robert Ford Campany. *Strange Writing: Anomaly Accounts in Early Medieval China*. Albany, NY: State University of New York Press, 1996, pp. 284—286.

围扩散，而方士群体则扮演着世界的向导角色；第三，两者在创作目的上不尽相同，方士志怪是为了展现秘传法术，而道教志怪则旨在传播教义，这在张华和葛洪的作品中有明显体现。

二、道教视角

在国内的志怪小说研究中，通常是将受道教思想影响的作品归为一类，按照时间的先后顺序加以探讨研究，并未做进一步的具体分类。康儒博根据道教志怪的写作模式、故事条目，将道教视角的志怪小说分为三种类型：第一，传记类，以传记创作的形式描写各种神仙、鬼神形象，此类作品包括《列仙传》《神仙传》《洞仙传》等；第二，寓言类，通过具体的叙事故事，借以宣传道教观念，达到惩恶劝善的作用，此类作品包括《拾遗记》《洞冥记》等；第三，融合了“博物”的写作模式，叙述内容包括遥远的地域环境，以及各种奇怪的生物，但写作宗旨仍围绕道教思想，此类作品包括《十洲记》《洞冥记》等。康儒博指出，20世纪对道教志怪的研究大多归为一类，但不同的文本在表现世界时各有侧重，呈现出不同的写作风格和特点，因此应当对此进行区分研究。

康儒博认为，每一种不同类型的志怪小说，都代表着特殊的创作方法。以传记式道教志怪为例，在写作体例上虽然保留着“列传式”的模式，但描写对象已不仅仅局限于君王诸侯、名士奇人，而是将笔触延伸至神仙鬼怪的塑造。从风格上看，也与正式的史书记载有很大出入，志怪小说中的故事较为灵活自由，充满了奇趣幻想，正如葛洪自述：“又撰俗所不列者为《神仙传》十卷。”可以看出，作者是以记录者的姿态和立场，对这些奇闻轶事进行编撰整理，使其真实地展现在读者面前，但作者担当的角色并非故事的亲身经历者，而仅仅是充满智慧的“局外人”。

对于道教志怪的叙事主题，康儒博将其总结为以下几个方面：第一，描写拥有特殊才能的奇人，尤其是能够驱邪捉鬼的道士，这些奇人的生活年代大多在近世，作者曾经直接或间接地听说过他们的事迹；第二，集中介绍道教的秘术，尤其是炼丹、修仙等技能，借以彰显道教的宗教力量；第三，描写人去世之后肉身能够保持不腐；第四，描写人的尸体在埋葬以后，会以某种形式分解，后人往往发现他们的坟墓是空的，或是仅有鞋子或衣服；第五，描写灵魂不灭，人在死后仍有独立的思想和行为能力，能干涉人类正常的社会生活；第六，介绍道士有预测未来的能力，他们能通过某种力量，了解到遥远地域内发生的事件，甚至是后世将要发生的事情，这种预测往往在细节上也与事实完全一致；第七，从历史考察的角度，描写前代所保留的遗迹，这种遗迹大多与宗教文化相关；第八，在道教志怪作品中，也出现过对儒道之间论辩的条目；第九，从前代的传说故事中取材，介绍神殿、寺庙等宗教场所，还包括部分祭仪所需的祭品，以此来表现道教祭祀的严肃性。①

在许多道教视角的作品中，常常出现一种重要的隐喻，即主人公通过秘术的修炼，最终修炼成仙。有很多故事的结局，都叙述了主人公的高超法力，故事高潮往往发生在主人公修仙后入山、入云、入海，最后不知所踪，甚至有人目睹“白日升天而去”的奇特现象。值得注意的是，康儒博认为无论具体的情节如何，道教视角的叙事中心呈现“上升式”的发展脉络，人类可以从道教中获得力量，从而超越原有的能力、身份和阶层。这种对人类自我的超越，也是道家学者强调的重要内容。如《神仙传》中的一则故事记载：“乐子长者，齐人也。少好道，因到霍林山，遇仙人，授以服巨胜赤松散方，仙人告之曰：‘蛇服此药，化为龙，人服此药，老成童。又能升云上下，改人形容，崇气益精，起死养生。子能行之，可以度世，子长服之，年一百八十岁，色如少女。’妻子九人，皆服其药，老者返少，小者不老。乃入海，登劳盛山而仙去也。”

康儒博认为，在这种叙事情节的背后，体现出的是道教思想对礼教的摒弃，

① Robert Ford Campany. *Strange Writing: Anomaly Accounts in Early Medieval China.* Albany, NY: State University of New York Press, 1996, pp. 298—300.

对自由的追求和向往。人类可以通过道家的修炼，超越形神之间的限制，灵魂可以脱离肉身而独立存在，甚至能够穿山入海、变幻形象，忽略季节、时间、空间的种种束缚，这些情节在本质上是一种绝对的自由。值得注意的是，道教视角与方士视角的根本差异，在于方士是为政治、阶级所服务，仍带有明显的现实目的，而道教视角体现的是纯粹的本质主义，不受统治阶层的意志控制，崇尚自然素朴、精神自由，这也是道教志怪区别于其他题材的根本所在。

康儒博以《拾遗记》为例，详细分析了道教视角下志怪小说的艺术特色和思想内涵。他认为，《拾遗记》的作品属性是“自然主义者的寓言”，在字里行间渗透着阴阳五行的道教思想，叙述的内容也大多是传统的地理记录，包括前代的神秘传说，异域的奇特环境、生物、矿产等。从文本的结构上来看，故事条目间的关系是松散自由的，但都围绕着自然主义的中心，同时按照五行的内在规律调整故事条目，旨在宣扬传播道教观念。康儒博认为，《拾遗记》的核心观念在于一种“向心式”的价值系统，根据具体的策略表现上古时期先王的美德，宗教智慧的发展变迁，借以逐步消解当时统治者的中心权力。

根据对文本的深入研究，康儒博指出《拾遗记》的创作主要基于以下几种策略：第一，强调作品传播的普遍性，甚至在描写复杂的文化时，也尽量用通俗简洁的语言进行叙述，且故事多具有延续性，使读者能够体会历史的传承变化；第二，《拾遗记》中的故事结构看似松散自由，却有内在的相似性和逻辑性，多是按照“五行”“阴阳”等道教观念进行整合；第三，《拾遗记》的故事中，有对统治政权和文化的抨击，包括对儒家礼制观念的否定，以及对君主享乐主义的批判，表现了作者推崇“自然无为”的处世原则；第四，故事中所描写的遥远区域，代表着简单和谐的理想环境，那些神秘的地点远离统治中心，拥有纯粹自然的生活状态，作者在文中塑造出了一种“桃花源”式的净土世界；第五，据康儒博统计，《拾遗记》中至少出现了 36 位法术精深的道士形象，他们能对统治者的决策起到影响作用，但又能保证自己的隐士身份，拥有绝对的自由，在任何时候都可以灵魂出窍，或是遁迹于世；第六，《拾遗记》中的故事有深刻的寓言意义，以道家的视角劝诫世人，在客观上起到了伦理教化的重要作用。[1]

康儒博总结，《拾遗记》是道教自然主义的代表之作，它建立在阴阳、五行等观念的基础之上，用一种隐晦的方式批判统治者的个人欲望。《拾遗记》通过搜集各种故事条目，对统治阶层的骄奢淫逸进行了有力的攻击，康儒博认为《拾遗记》是志怪小说中最具有讽刺意味的作品。更为重要的是，《拾遗记》中没有鬼怪、恶魔等情节，只有前代传说、奇异现象等内容，展现了与现实截然不同的理想世界，这也体现了道家追求自然的根本目标。

三、佛教视角

4 世纪末，佛教在中国得到了广泛的传播，在当时复杂黑暗的社会环境中，为迷茫无助的文人阶层提供了思想支柱。志怪小说的作者们，对佛教的核心观念进行了深入的挖掘，结合故事创作推广了佛教在六朝时期的影响，而志怪小说恰好成为他们所利用的重要媒介。康儒博认为，以佛教视角进行创作的作品，包括《宣验记》《观世音应验记》《续观世音应验记》《冥祥记》等，这些作品在风格、形式、宗教观念上都极为相似，故将其归为一类加以研究。

康儒博指出，佛教视角的志怪小说，其核心概念可以总结为“应”与“验”两字。“应”主要指事件发展的因果关系，说明每个细节都能引起后续的连锁反应；而“验”更多是一种符号意义，即发现前代的预言最后得以实现。佛教视角的志怪小说，在标题上一般都有明显的体现，如常出现“宣”“验”“应”“观音”等字眼，通过对僧侣、尼姑等人物形象的塑造，或是普通人经历的奇遇，借以宣扬佛家的宗教教义。为了体现这些故事的真实性，佛教视角的志怪故事，往往有具体的时间、地点、人物，集中反映佛教观念

---

① Robert Ford Campany. *Strange Writing: Anomaly Accounts in Early Medieval China.* Albany, NY: State University of New York Press, 1996, pp. 309—317.

“验”的部分，这些故事体现出了当时人们焦虑不安的内心世界。佛教视角，是以一种“局外人”的视角来审视社会现实，它依据的不仅仅是前代流传的传说故事，还包括作者亲眼目睹的社会现实，因此故事的题材和内容都呈现出极大的丰富性。①

在结构上，康儒博提出，佛教视角的志怪小说具有以下四种关键情节。

第一，通过宗教式的指令，在主人公心中种下佛教思想的萌芽种子，这种情节往往是一种暗示，主人公在偶然间经历奇遇，或是在与僧侣交往时受到感化，从而逐步成为佛教信徒。如《冥祥记》中所记：“魏世子宋魏世子，梁郡人，奉佛精进，儿女尊修，唯妇迷执不信。女年十四，病死，七日而苏，云：‘可安施高座，并无量寿经。’世子即为具设经座，女虽持斋戒，未常看经，今即升座，诵声清利。下启父言：‘儿死便往无量国，见父兄及己三人，池中已有芙蓉大花，后当化生其中。唯母独无。不胜此苦，故归启报。’语竟，复绝。母于是敬信法教。”

第二，在故事的叙述中，充分体现了作者的佛教价值观，不对主人公进行“善”“恶”等贴标签式的评价。主人既可以是拥有神力的观音佛陀，能够保护或解救穷苦百姓；也可以是平凡的佛教信徒，在日常生活中表现出对佛教的虔诚信仰；甚至可以是穷凶极恶的坏人，在佛教因果观的影响下，最后改邪归正，或是得到应有的惩罚。在故事的发展过程中，主人公或善或恶的行为，常常会引发各种奇异的自然现象，使读者意识到万事万物均有内在逻辑因果。如《宣验记》的一则故事记载：“荀荥阳高荀，年已五十。为杀人被收，锁顿地牢，分意必死，同牢人云：‘努力共念观音。’荀云：‘我罪至重，甘心受诬，何由可免。’同禁劝之，因（因原作日。据明抄本改。）始发心，誓当舍恶行善，专念观音，不离造次，若得免脱，愿起五层浮图，舍身作奴，供养众僧。旬日用

① Robert Ford Campany. *Strange Writing: Anomaly Accounts in Early Medieval China.* Albany, NY: State University of New York Press, 1996, pp. 321—322.

心，钳锁自解。监司惊惧，语荀云：‘若佛神怜汝，斩应不死。’临刑之日，举刀刃断，奏得原免。”

第三，主人公在经历这些奇异现象时，会产生震惊、怀疑、恐惧等一系列感受，此时会由某种权威机构加以证实，体现了“验”的思想精髓，彰显佛教的神秘力量。

第四，在目睹一系列的事件以后，主人公开始相信佛教力量的真实存在，开始信仰佛教，摒弃世俗的贪念欲望，通过积德行善获得福报。如《宣验记》中所记：“车母者，遭宋庐陵王青泥之难，为虏所得，在贼营中。其母先来奉佛，即然七灯于佛前，夜精心念观世音，愿子得脱。如是经年，其子忽叛还。七日七夜，独行自南走。常值天阴，不知东西，遥见有七段火光；望火而走，似屯欲投，终不可至；如是七夕，不觉到家，见其母犹在佛前伏地；又见七灯，因乃发悟。母子共谈，知是佛力。自后恳祷，专行慈悲。”

根据佛教视角与道教视角的比较研究，康儒博从主题和情节上对两者进行了区分，并将其大致总结为三点差异。首先，道教视角的思想基础是“升仙”的暗喻，主人公往往因追求长生不老修炼秘术，这种情节具有很强的现实性。佛教视角所塑造的僧侣形象，往往是纯洁的、永恒的，他们的遗体在死后会化为“舍利子”，成为永恒的留存。相反，得道者在升仙以后，他们的遗体如凡人一样腐烂，留下的只有一些生活痕迹和口头故事。更为重要的是，道教视角的主人公在升仙前，会将他们的秘术私下传给子孙，由此看出修道者并未达到惠及他人的境界。其次，康儒博认为佛教的传入，无论是在宗教、文化等各个方面上，都对中国本土的道教造成了压制。他指出，新的宗教形态在传入他国后，必然会引起矛盾和争议，佛教对中国文化产生的深远影响，早已是不争的历史事实。佛家在经过本土化的改造后，撼动了道教在中国的权威宗教地位，在道教视角的文学作品中，我们甚至能够看到其中所渗透着的佛教观念。康儒博提出，“佛教征服中国”的论调时至今日仍在持续，在文学作品的叙事材料、题材内容，甚至是关于中国的哲学思想，都明显镌刻着印度佛教的印记。最后，佛教视角中对僧侣、观音、佛陀法力的表现，并不像道教视角般神秘晦涩，不需要依托于秘术的修炼，凡人通过虔诚的修炼，同样能获得济世救人的能力，在这点上佛教的教义观念显得更为包容开放。[1]

① Robert Ford Campany. Strange Writing: Anomaly Accounts in Early Medieval China. Albany, NY: State University of New York Press, 1996, pp. 333—334.

第四章　志人小说高峰

——英语世界的《世说新语》研究

六朝刘宋之际，志人小说的创作达到了高峰，这一高峰的标志即是《世说新语》的问世。《世说新语》一书是由刘宋宗室临川王刘义庆所编写的，后由梁代刘孝标作注，全书分为德行、言语、政事、文学、方正、雅量等36门，共1134则，记录了自汉末到刘宋时贵族士人的趣闻轶事。《世说新语》是研究魏晋文化的基础材料，其中对魏晋士人清谈、品题、隐逸、饮酒等生活方式都有真实的记录，反映了在政治黑暗的社会环境下，知识分子对自由的向往与追求。《世说新语》具有极高的艺术价值，鲁迅先生曾评价其“记言则玄远冷隽，记行则高简瑰奇”[①]，确立了笔记小说的体裁形式。志人小说的兴起，与魏晋时期的人伦鉴识和清谈之风紧密相关，重点描写了上层士人的生活方式、言行举止、哲学观念，以生动真实的笔触记录了当时的社会风貌。志人小说早期代表作包括《语林》《郭子》等，南朝刘宋宗室刘义庆编撰的《世说新语》，在前代旧文的基础之上，广泛搜集了流传于世的人物轶事，并以性格分类的方式进行编排整理，创立了独树一帜的“世说体”小说形式。《世说新语》的艺术成就，不仅体现在它的文体特点，更体现在凝练生动的语言、余味悠长的意蕴，以及其中暗含的魏晋士人风度。

自《世说新语》于刘宋之际诞生以来，我国对其的研究从未有过间断，涉及

---

① 鲁迅:《中国小说史略》，人民文学出版社2005年版，第63页。

的研究分支有文献学、文体学、美学、接受学、语言学等，取得的研究成果可谓汗牛充栋。自明代至今，王世贞、凌濛初、王先谦、李慈铭、刘盼遂、程炎震、李详、杨勇、王叔岷、徐震堮、余嘉锡、张永言等学者，均对《世说新语》的评点、校注、研究做出了重要的贡献。在现代西方的汉学界中，对六朝志人小说的研究，也基本集中于《世说新语》之中，其他如《语林》《小说》等作品则少有学者涉及。由于《世说新语》所涉及的复杂文化背景与语言意义，造成了它在英语世界中的研究起步较晚。1955 年，V. T. 杨在《东方研究杂志》上发表《关于〈世说新语〉》(*About shih-shuo hsin-yu*)，考订了《世说新语》一书的版本内容，这也是英语世界中关于《世说新语》较早的研究成果。

在《关于〈世说新语〉》中，V. T. 杨指出，东晋士人因其幽默、神秘、博学，甚至是极度古怪的行为而闻名，他们在对话中表现出了非凡的智慧。在魏晋时期黑暗的社会环境中，士人们的行为方式、生活态度、言谈举止无疑是一种颓废的空想主义，借此来表现自己对于当权政治的不满。然而，在政权更迭频繁的环境中，魏晋时期的文化却走向了一个阶段性的高峰，后世文人从未停止过对此时精致生活的向往。尽管社会黑暗，但可贵的是魏晋士人从佛老思想中汲取营养，保持着温和平静、泰然自若的生活态度，这种心态与现代歇斯底里的狂热截然相反。作为刘宋皇帝刘裕的侄子，刘义庆承袭了刘道规的临川王爵位，虽有自己掌管的行政区域，但刘义庆并不热衷于政治，反而对文学情有独钟，因此他编纂了《世说新语》一书，收集了后汉至东晋时期的人物轶事，集中体现了魏晋时期士人生活的真实风貌。

V. T. 杨介绍，《世说新语》的命名共有三个版本。第一种称为“世说新书”，大致有三方面的例证支持。首先，“世说新书”记载于《新唐书》之中，唐代王方庆所写的《续世说新书》也可证“新书”的名称。其次，段成式在《酉阳杂俎》曾说：“近日读《世说新书》……”最为重要的证据是敦煌出土的六卷本《世说新书》手稿。该本分为四篇，每篇都分别由日本学者进行整理，后由罗振玉汇集成为一部完整成书。但正如杨守敬所认为，该《世说新书》敦煌本无论是正文还是注释部分，都与历代所传的《世说新语》有所出入。第二种命名为“世说”，记载于《隋书》《旧唐书》《新唐书》《史通》等历史典籍之中，其中百科全书式的内容证实了“世说”指涉的就是刘义庆的《世说新语》。第三种命名为“世说新语”，这也是流传最广、最为通用的名称。“世说新语”该名称出现的时间尚未确定，但据日本学者神田醇考证，“新书”的名称沿用至五代或宋初之际，宋代中期后“世说新语”的名称才取代“世说新书”而被广泛接受。值得注意的是，刘义庆并非是第一个使用“世说新语”为书目命名的，《汉书·艺文志》记载刘向曾著有《世说》一书，但在流传的过程中早已亡佚。

刘义庆编撰的《世说新语》共有八卷，而刘孝标在注释的过程中将其重新整理为十卷，这两个版本在隋唐之际同时开始流传，在《旧唐书》《新唐书》中均有相关记载。V. T. 杨指出，《南史》中关于刘义庆的介绍只提及了十卷本，由于《南史》是由唐代的刘延寿编撰，可见十卷本的《世说新语》在当时流传较广。五代时期社会环境混乱动荡，许多古籍在此时消失亡佚，在宋代时仅有刘孝标所注的十卷本《世说新语》留存，所以宋代官修的《崇文总目》中记载：“《世说新语》十卷，刘义庆著，刘宋临川王。”

此后，宋代诗人晏殊缩减和检查了《世说新语》的文本和注释内容，将其重组为三卷。1138 年，董弅参照晏殊和王洙的抄本，对其加以仔细校核，更正了前本中的一些错误。宋代的书志学家陈振孙将《世说新语》分为三卷，陆游刻印了董弅的三卷本，随后湖南又出现过一个三卷抄本，十卷本的《世说新语》逐渐消失。明代的袁褧、王世贞均有《世说新语》的校注本问世，但王本缩减了大部分内容，并未得到广泛的认可，而袁本却在明朝时广泛流传，成为后世版本的原型。V. T. 杨指出，《世说》的各个版本虽属同源，但在内容和注释上都不尽相同，唐代、宋代、明代的各版本《世说新语》，均有相互矛盾之处。如果将袁版与唐版相对照，会发现在注释的部分袁版更为简短凝练。但两个版本的注释均与对应的正文一致，可以看出各版本的差异并非是传抄所致，而是编者故意的修改。

对于《世说新语》的历史和艺术价值，V. T. 杨也指出，尽管唐代史官对晋代士人有详细的记录，但《世说新语》却更为后世学者所称道，其原因在于刘义庆真实还原了当时士人的气度风貌。刘义庆生活于东晋以后，又归属贵族阶级，他所记录的逸闻趣事大多是口耳相传，更具有历史的真实性，对于考察当时的文化品位、家族意识、生活方式等问题具有极强的参考价值。除此之外，《世说新语》更具价值的是文学风格，其故事大多简洁有力，新颖优美，言辞辛辣，36个条目的分类反映出了当时士人的性格特质。此外，刘孝标的注释价值也是独一无二的，他所标注的166条注释超越了正统的史书记载，有许多内容在史书中也无可考，对刘义庆的正文进行了更正和补充，保持着与叙事同样简洁的书写风格。叶德辉认为刘注的价值可媲美裴松之的《三国志注》和李善的《文选注》，优于郦道元的《水经注》，而这三种正是中国文学中最为著名的评注篇目。①

第一节　“世说体”的形成与定位

褚斌杰先生是国内较早关注中国古代文体学的学者，他对古代文学作品进行了体裁方面的划分，并指出：“各种文学体裁，是在作家的艺术实践中逐渐形成和发展的，它与作品的思想内容一样，受着社会历史的制约，并且受着作家创作才能等各种因素的影响。”② 童庆炳先生曾对文体加以定义：“文体是指一定的话语秩序所形成的文本体式，它折射出作家、批评家独特的精神结构、体验方式、思维方式和其他历史、文化精神。”他进一步指出，文体的概念内涵至少应包含三个层次：一是体裁的规范；二是语体的创造；三是风格的追求。③ 吴承学先生认

① Yang, V. T. *About shih-shuo hsin-yu.* Journal of Oriental Studies2. 2 (1955), pp. 309—315.

② 褚斌杰 .《中国古代文体概论》，北京大学出版社1984年版，第1页。

③ 童庆炳:《文体与文体的创造》，云南人民出版社1994年版，第10页。

为:“文体形态是作品的语言存在体，它是文本存在的基本要素。”“文本诸要素在相互作用中形成相对稳定的特殊关系，从而构成了某一体裁的独特的审美规范”[①]。

任何一种文学作品都归属于某种文学体裁，但并非所有的文学作品都具有文体学的研究价值。从根本上说，只有那些开创了某种文体范式、具有自己独立风格，同时对后世产生深远影响的作品才具有文体学的研究价值。作为中国志人小说的集大成之作，宁稼雨先生曾评价《世说新语》的出现，是“志人小说观念成熟的标志”，因其“披沙拣金，吸收、融化了前人提供的志人小说观念的不同侧面，确立了志人小说自己的文学观念，使志人小说成为一个独立的小说流派和体系，并对后代的志人小说产生了深远的、决定性的影响。[②] 毫无疑问,《世说新语》确立的“世说体”写作范式继承了前代史书与子书的内容和风格，开创了一种“以只言片语记言记行”的文学体裁，并深刻影响了后世文学的内容和形式创作，后世对《世说新语》的仿作不胜枚举，甚至在东亚文化圈也产生了难以估量的影响。

“世说体”的特点表现为：在内容上，以简短的对话形式记录人物的言行举止、逸闻趣事；在思想上，杂糅儒、释、道三家思想，体现了魏晋时期受道教、佛教冲击后儒家观念的变化；在形式上，大体依托子书而作，按照分门别类的编纂方式归纳人物的性格特点，故事相对短小精悍，也多被视为“史余”之作；在创作手法上，运用了一些叙事手法、人物描写等增加故事的生动性和趣味性。虽然它与史书、杂传、小说均有一定的相似之处，但“世说体”作为一种独立的文体形式，在中国文学史上具有特殊的历史地位。

---

① 吴承学:《中国古代文体形态研究》，中山大学出版社 2000 年版，第 2—3 页。

② 宁稼雨:《〈世说新语〉是志人小说观念成熟的标志》,《天津师范大学学报》1988 年第 5 期。

一、“世说体”的形成

钱南秀先生现就职于美国莱斯大学，她在耶鲁大学攻读博士学位时即以《世说新语》为研究对象。1994 年她完成了自己的博士论文，修改后以《中国中古精神与自我意识——〈世说新语〉与其遗产》（*Spirit and Self in Medieval China-The Shih-shuo hsin-yu and Its Legacy*）为题，经夏威夷大学出版社于 2001 年正式出版，是英语世界中关于《世说新语》研究最为重要的专著之一。钱南秀早期致力于《世说新语》的研究，对“世说体”的形成与特点、《世说新语》的叙事艺术，以及《世说新语》在中国文学史上的地位和影响均有精深探讨，对于西方汉学界了解《世说新语》做出了重要的贡献。

据钱南秀考证，“世说体”一词最早出现于晁公武的《郡斋读书志》一书之中，唐宋之际出现了许多《世说新语》的模仿之作。尽管“世说体”这一术语在不同的领域中经常出现，学者们普遍认为《世说新语》是“世说体”的确立丰碑，后世也出现了大量的《世说新语》仿作，但对“世说体”的特点归纳却少有人问津。在《隋书》中，魏征第一次以小说的形式介绍了有关《世说新语》的内容。在继承前代分类的基础上，晁公武提出了“世说体”一词，并对其进行定义，即“（世说体）是以分类的方式记言记行的文学体裁”。清代纪昀的《四库全书总目》也基本上延续了晁公武的这一定义。

钱南秀认为，前代关于《世说新语》的研究都集中于对故事的叙事分类，却未从更为专业的角度对“世说体”加以定义，究其根本主要有两方面原因：其一，中国的小说体裁在传统文学中并无定型，难以进行系统的文学分类；其二，按照语言行为对人物的性格进行分类，这一修辞手法并非“世说体”所独有，而是中国文学中一种惯用的方式。因此，钱南秀主张对“世说体”的研究不应局限于其本身，更为重要的是探究其背后的分类原则和目的。陈寅恪先生指出，《世说新语》中的性格分类起源于东汉至魏晋时期的人物品鉴之风，《世说新语》的前四种分类也契合了“孔门四科”，即“德行”“言语”“政事”“文学”的人物特长，这也促使后世学者将关注点转向“世说体”分类的原因。

钱南秀将“世说体”的形成视作人物品鉴的衍生之物，这就首先提出了一个问题，即何谓“人物品鉴”？人物品鉴的术语集中出现于东汉至魏晋之间，在此阶段中形成了人物品鉴的传统，《世说新语》与刘孝标的注释中均有大量关于人物品鉴的内容出现。在书目之中，人物品鉴多表述为“人伦鉴识”“人伦识”“志人鉴”“志人识”“人伦”，或简称为“鉴”“识”“伦”，并通常伴随着“品”“评”“题”“目”等字眼。“人伦鉴识”在东汉前尚未出现，刘孝标在注释中列举了郭太、司马徽、王晔等人的故事，来证明“人伦鉴识”的出现时间。“人伦鉴识”的根源可以追溯至《礼记》，杜预也曾使用比较的方法对人物性格进行分析。钱南秀认为，“伦”即社会评定；“人伦”即人物分类；“鉴识”即了解、判断、认知；作为一个组合词语，“人伦鉴识”也可称为“人伦识鉴”[①]。

如钱南秀所说，“人伦”在东汉至魏晋时期具有两种含义：第一是人物类型，在此意义范畴中可替代“人伦鉴识”的含义；第二是指等级和亲缘关系，如《孟子·滕文公》中说：“使契为司徒，教以人伦：父子有亲，君臣有义，夫妇有别，长幼有序，朋友有信。”在《世说新语》与刘孝标的注释中，“人伦”的两种含义均有体现，不过在行文中有不同的运用。

基于历史的溯源与故事的分析，钱南秀总结了关于魏晋时期士人间“人伦鉴识”的突出特点。第一，“人伦鉴识”的风气兴起于东汉末年，在魏晋时期趋于繁盛，东晋时甚至以每月一评的常态方式进行。第二，士人间通过“人伦鉴识”的方式进行比较定级，判定双方的优劣、高低、对错等，借以满足当时的政治和社会需要。第三，“人伦鉴识”不仅局限于被评鉴者的品质和能力，同时也是对评鉴者品质能力的考察。第四，“人伦鉴识”的传统直接影响了《世说新语》的编纂，与“世说体”的形成有着密不可分的关系。总而言之，“人伦鉴识”并不

① Qian Nanxiu. *Spirit and Self in Medieval China-The Shih-shuo hsin-yu and Its Legacy.* Honolulu: University of Hawaii Press, 2001, pp. 17—19.

是一种独立的文化活动，它与汉末至魏晋时期的政治、社会、文化、生活紧密相关。①

那么，“人伦鉴识”又是如何影响“世说体”的形成？钱南秀认为，魏晋时期知识分子们有感于政治的黑暗，有意摆脱封建礼教的束缚，开始追求精神的绝对自由，无论是思想还是行为都产生了反叛传统的趋势。在相对自由的文化氛围下，刘义庆等人收集古今文人的逸闻趣事，借以反映当时的社会精神，“世说体”的文体形式应运而生。对此，鲁迅先生也早有论述：

汉末士流，已重品目，声名成毁，决于片言，魏晋以来，乃弥以标格语言相尚，惟吐属则流于玄虚，举止则故为疏放，与汉之惟俊伟坚卓为重者，甚不侔矣。盖其时释教广被，颇扬脱俗之风，而老庄之说亦大盛，其因佛而崇老为反动，而厌离于世间则一致，相拒而实相扇，终乃汗漫而为清谈。渡江以后，此风弥甚，有违言者，惟一二枭雄而已。世之所尚，因有撰集，或者掇拾旧闻，或者记述近事，虽不过丛残小语，而俱为人间言动，遂脱志怪之牢笼也。②

诚如鲁迅先生所言，东汉至魏晋时期人物品目的风尚直接影响了“世说体”的形成，人物品鉴从一种口头的活动转变为书面形式，直至形成一种正式的文体形式。东晋时期孙盛的《杂语》，早于《世说新语》创作至少50余年，刘孝标在注释中对《杂语》的介绍就已初步呈现出了“世说体”的文体特点，许劭评价曹操为“治世之能臣，乱世之枭雄”的著名典故即出于此。钱南秀认为，《杂语》中的这则故事反映出了人物品鉴的魅力所在，因其在正文和语境中暗含着博弈双方的智慧。许劭从截然相反的政治背景中出发，对曹操的能力和道德进行辩证式的二分评论，双方在对话中始终存在着一种张力的关系，体现曹操与许劭在不同

① Qian Nanxiu. *Spirit and Self in Medieval China-The Shih-shuo hsin-yu and Its Legacy.* Honolulu: University of Hawaii Press, 2001, pp. 20—24.

② 鲁迅：《中国小说史略》，人民文学出版社2005年版，第62页。

立场中的价值判断。

从东汉末年至魏晋时期，人伦鉴识的风气持续了350年左右，在其发展变化的过程中反映了知识分子与文化环境之间的关系，也说明了人伦鉴识是如何影响“世说体”形成的。钱南秀对人伦鉴识的历史分期进行了系统梳理，并将分为四个阶段：兴起阶段、道德本位阶段、能力本位阶段、审美本位阶段。

（一）人伦鉴识的兴起阶段（CA. 76—147）

钱南秀认为，东汉选官制度的变革，直接影响了人伦鉴识风气的诞生。西汉初年，汉武帝建立察举制的选官制度，其中包括察举、征辟等具体内容。西汉的人才选拔标准基本是以儒家礼教为基础，注重士人的高尚品格，对个人能力的要求并不突出。由于西汉以来实行的察举制是根据地方推荐来选拔人才，中央很难对人才进行具体判定，汉章帝时统治者开始对察举制进行改革，由中央制定具体的标准，地方根据这些标准进行评判，这种改革可以看作由官方推行的人伦鉴识。汉章帝时为巩固统治，抬高儒教的文化地位，其制定的选官细则也注重考察人物的道德品质，促使东汉以后的人伦鉴识开始逐步转向道德本位，东汉末年甚至增加了如诚实、正直、勇敢等标准。

在人伦鉴识的兴起阶段，是与东汉的官员选拔制度相辅相成的，在此期间内儒家道德是具有决定性作用的判断标准。在政治需求、道德至上的风气趋于顶峰之际，人伦鉴识成为了解人物内心世界的重要途径。两汉选官制度要求士人具有极高的道德水平，偏重于考察知识分子的儒教规范，必须经历贤良、方正、孝廉、秀才等多重评判后才能入仕为官。然而，钱南秀指出在这种政治为主导因素的环境中，一种自我中心的私利主义倾向开始出现，士人们开始脱离儒家价值的轨道，人伦鉴识的标准逐渐受到了知识分子的质疑。[①]

---

① Qian Nanxiu. *Spirit and Self in Medieval China-The Shih-shuo hsin-yu and Its Legacy.* Honolulu: University of Hawaii Press, 2001, pp. 26—29.

（二）道德本位阶段（CA. 147—184）

东汉末年，宦官把持朝政引起了士大夫贵族阶级的极度不满，两次激烈的“党锢之争”直接影响了人伦鉴识的评判标准。在汉桓帝、灵帝时，统治阶级的生活放荡奢靡，大量任用太监为官，致使当时的社会政治朝着畸形的方向发展。基于此种状况，士人阶层对政治现实产生了极度失望的情绪，却又无力改变现状，只能选择独善其身，追求言行和思想的绝对自由，并以一种极端坦率的方式来批评当时的政治环境和统治阶级，这也促使人伦鉴识的目的发生巨大的转变。由于党锢之争的发生，加速了汉代王朝的衰落和灭亡，人伦鉴识也逐渐成为一种表现学问的方式，而不再是选拔官员的主要工具。钱南秀指出，此时士人们主要通过评论贵族、批评政治两种人伦鉴识的方式来提升自己的名望，表现自己的道德修养。由于人伦鉴识常常以比较的形式进行，通过双方的对错、优劣等评判人物，在士人阶层中势必会存在竞争现象，这样的趋势使知识分子的自我意识开始迅速崛起。

黑暗的政治环境直接影响了人伦鉴识的评判标准，评论者不再以儒教思想为主要依据，必须根据复杂的现实情况进行判断，人伦鉴识逐渐成为一种独立的学术批评形式。此外，由于官方对士人阶层的迫害，使得知识分子不敢尖锐地批判统治政权，只能用谈玄论理的方式来进行人物鉴识，借此来保全自身。在这样的前提下，人伦鉴识出现了理论化的转变。基于前代的知识积累和自觉意识的兴起，人伦鉴识开始成为一种独立的自娱活动，士人们往往根据自己的判断标准对人物进行鉴定。

钱南秀指出，在第二阶段的发展中，尽管人伦鉴识仍与政治相联系，但更正了以官方政治、道德为标准的价值取向，更多地关注知识分子的自律，在表现内容上主要有消灭敌人和表现自我两方面。此时人伦鉴识的对象和功能较前代均有扩大，在党锢的灾难后即将迎来繁荣的时代。[①]

---

① Qian Nanxiu. *Spirit and Self in Medieval China-The Shih-shuo hsin-yu and Its Legacy.* Honolulu: University of Hawaii Press, 2001, pp. 29—32.

（三）才能本位阶段（CA. 184—239）

人伦鉴识的第三个阶段，见证了汉王朝的倾塌，黄巾起义摧毁了汉王朝四百余年的统治历史，中国自此开启了长期的分裂时期。在魏晋南北朝这个混乱的历史时代中，统治阶级迫切需要重新制定社会秩序，此时的人物品鉴仍与官员的选拔紧密相连，尤其注重有才能的普通士人。在建安革新的15年中，曹操曾四次下令寻找有才之士，他并不重视道德修养的高下，而赞赏具有较高能力的人才，这其中也包括一些不仁不孝，却有改革和领兵能力的人物。

《世说新语·识鉴》中有乔玄对曹操的评价，“玄谓天下方乱，群雄虎争，拨而理之，非君乎？然君实乱世之英雄，治世之奸贼。恨吾老矣，不见君富贵，当以子孙相累”，这种观点与许劭评价曹操的“治世之能臣，乱世之枭雄”截然相反。许劭从士大夫的角度出发，认为曹操会利用乱世之际背叛礼教，以满足自己的政治野心。乔玄则是从当前的社会环境出发进行评定，认为曹操的能力能够拯救乱世。这两则故事真实地反映了魏晋时期人伦鉴识标准的转向。在此阶段中，人伦鉴识强调个人的政治能力，对道德修养已不再像两汉时期般重视，人物品鉴的标准从以前的“仁”“义”“礼”“智”“信”等儒教观念，转向了“文”“武”“聪”“明”“胆”“力”“勇”等，上述品质更为注重人物的能力和力量。

钱南秀指出，曹魏时期对人物能力的重视直接影响了人物品鉴的标准，甚至是曹丕、曹植兄弟的比较也集中体现于才能而非政治。曹氏兄弟均是中国文学史上的重要人物，曹丕除诗文著作外，还写出了中国第一篇文学批评专论《典论·论文》，刘劭的《人物志》中就有对曹丕的才能描写。曹植作为曹魏著名的文学家，其才能不仅局限于文学创作，在政治、军事、策略、哲学等领域中也展现出了非凡的成就。《世说新语》中的“言语篇”“政事篇”“文学篇”“识鉴篇”“赏誉篇”“品藻篇”“术识篇”“巧艺篇”中均有关于曹植的记载。

汉末频繁的战争和混乱的环境迫使士人阶层不断迁移，这就对人物的溯源和研究造成了很大障碍，因此曹魏时期开始实行“九品中正制”的选官制度。“九品中正制”对汉代的察举制进行了改革，由中央制定具体的标准，由地方进行考察和推荐，同时延续了汉代的清谈文化。然而，这种看似公平的选官制度，将人才选拔的权力控制在贵族阶级之中，人物品鉴在实际上没有对选官造成很大的影响。①

（四）审美本位阶段（CA. 240—420)

正始至东晋年间，由于政治、礼教、文化环境的影响，人物品鉴在理论和实践上都发生了巨大的转变，不再承担着选拔人才的作用，而逐步朝着美学、哲学、心理学等领域发展。在此阶段中，人伦鉴识的风气蔓延至整个社会，无论男女均可成为品鉴者和被品鉴者。更为重要的是，评判的标准不再局限于儒家思想，或者是一时的英雄主义，开始关注人作为主体的内心世界和真实情感，《世说新语》中的种种例子均印证了这种转变。

钱南秀认为，正始年间以前，人们按照儒家礼教等既定传统对人物进行评定，这种刻板的价值判断为人伦鉴识带来了很多的消极因素。在以审美为本位的第四阶段中，人伦鉴识发生了积极的转向，人们基于真实性情对人物进行品鉴，这种新的标准实际上指向了人的本质。在承认人性多样性的基础上，来探寻人的真实内心，理解人的本质特征，这与前代以政治、道德为本位的评判标准迥然不同。

刘义庆收集了东汉至魏晋时期士人阶层的逸闻趣事，将零散的故事编辑归为36类，总结人物的性格特点，创造了一种探究人物性格的论述方式，即后世所说“世说体”。钱南秀认为，尽管刘义庆的分类方法并不全面，但这种方法不限于抽象的评价，而是通过切实的例证描写人物性格。在《世说新语》中，我们可以发现刘义庆选取的例子大多是士人的日常生活，这些内容最能反映出士人们的内心世界，甚至刘孝标的注释也是如此。在此阶段中，“世说体”的题材形式已

---

① Qian Nanxiu. *Spirit and Self in Medieval China-The Shih-shuo hsin-yu and Its Legacy.* Honolulu: University of Hawaii Press, 2001, pp. 32—36.

经基本完成，《世说新语》的问世可视作是“世说体”发展的丰碑。[①]

二、“世说体”的文体定位

《世说新语》代表的“世说体”小说，脱离了史传、诸子、志怪等前代文体类型的限制，以人物品鉴的分类为主要创作手段，目的在于追求审美自觉，使“世说体”逐步成为一种具有独立价值的文体形式。宁稼雨先生认为，刘义庆将志人小说区别于诸子和杂传，既不像诸子那样把逸闻趣事作为阐发道理的工具，也不像史书记录将历代的军政大事放在首要位置，反而选取一些能够反映人物内心世界的生活琐事。除此之外，刘义庆编撰的《世说新语》专记人事，剔除了六朝时期盛行的志怪内容，体现了鲜明的志人倾向，另撰《幽明录》记录鬼神之说，可见其对志人、志怪分而论之的清晰认识。[②]

魏晋时期的人物鉴识影响了“世说体”漫谈式的文体特征，这种基于人物品题、逸闻趣事的自娱性创作原则也促使“世说体”朝着哲学、心理学、美学的个人倾向发展。马瑞志先生曾指出：“《世说新语》的内容是从很多种不同的书籍收集进来的，那么它就应该包括各种不同的风格。妙的就是，这些从各种来源凑合起来的条目，竟然具有类似的风格，甚至被人家认为是一种统一而且自成一体的风格，称为‘世说体’。”[③]

常年执教于悉尼大学的学者萧虹认为，按照传统的分类，小说类属于子类，又多少带有杂史的意味，虽是街谈巷闻，却也具有针砭时弊的作用。以现代的眼光看，小说属于文学的范畴之中，以《世说新语》为代表的“世说体”作品应当

---

① Qian Nanxiu. *Spirit and Self in Medieval China-The Shih-shuo hsin-yu and Its Legacy.* Honolulu: University of Hawaii Press, 2001, pp. 36—42.

② 宁稼雨：《〈世说新语〉是志人小说观念成熟的标志》，《天津师范大学学报》1988 年第 5 期。

③ Maher, Richard B. The *Shih-shuo hsinyu and its Place in Chinese Literature*, Papers of the C. I. C. Far Eastern Languages Institute, no. 4(1973), p. 47.

作为文学体裁进行研究。《世说新语》独特的审美观创造了一种简洁而又极具韵味的叙事散文文体，并且它又是一部富有生活气息的对话笔录。《世说新语》的散文叙事风格简洁而凝练，用最少的字数表达观点，或叙述一件事情，或抒发一种感情。《世说新语》中隽永、风趣的对话也影响了后世小说对话的灵活运用，并直接使用当时的口语入文，这对于中国古代的白话小说发展也起到了奠基的作用。[①]

据钱南秀分析，从语义学上讲，人物鉴识的传统以人性的研究为视角，嵌入了“世说体”的写作方式之中；从句法上讲，人物鉴识为“世说体”的分类结构做出了铺垫，作者按照人物性格分类的方式对历史轶事进行整理；从语言上说，魏晋时期出现的关于人物鉴识的语言悖论，也促使刘义庆等其他作者进行更为深入的文学研究和美学表现。在多重因素的合力下，“世说体”作为一种新的文体形式，开始逐步得以形成。[②]钱南秀进一步指出，人物鉴识是“世说体”的起源，“说”直接体现了“世说体”取材于生活轶事，这也是普通读者最为关注的部分。学术界普遍认为《世说新语》的原始题目是《世说》，最早出现于魏征所编的《隋书》和刘延寿所编的《南史》中，后改为《世说新书》或《世说新语》。

“说”作为一种文体形式，在六朝时期也有了理论总结，刘勰《文心雕龙》中对“说”的定义为：

说者，悦也；兑为口舌，故言资悦怿；过悦必伪，故舜惊谗说。说之善者：伊尹以论味隆殷，太公以辨钓兴周；及烛武行而纾郑，端木出而存鲁，亦其美也。暨战国争雄，辨士云涌，从横参谋，长短角势，《转丸》骋其巧辞，《飞钳》伏其精术；一人之辨，重于九鼎之宝，三寸之舌，强于百万之师，六印磊落以佩，五都隐赈而封。至汉定秦楚，辨士弭节，郦君既毙于齐镬，蒯子几入乎汉；

① 萧虹的博士论文《世说新语整体研究》于2011年在国内出版，中文内容与博士论文基本一致，下文对萧虹研究成果的介绍，参考中文专著。

② Qian Nanxiu. *Spirit and Self in Medieval China-The Shih-shuo hsin-yu and Its Legacy.* Honolulu: University of Hawaii Press, 2001, p. 84.

虽复陆贾籍甚，张释傅会，杜钦文辨，楼护唇舌，颉颃万乘之阶，抵嘘公卿之席，并顺风以托势，莫能逆波而溯洄矣。夫说贵抚会，弛张相随，不专缓颊，亦在刀笔。范雎之言事，李斯之止逐客，并顺情入机，动言中务，虽批逆鳞，而功成计合，此上书之善说也。至于邹阳之说吴梁，喻巧而理至，故虽危而无咎矣；敬通之说鲍邓，事缓而文繁，所以历骋而罕遇也。凡说之枢要，必使时利而义贞，进有契于成务，退无阻于荣身。自非谲敌，则唯忠与信。披肝胆以献主，飞文敏以济辞，此说之本也。而陆氏直称"说炜晔以谲诳"①。

在刘勰的定义中，可以看出"说"的突出特点是可以使人愉悦，以一种亲切轻松的方式来达到劝导和建议的目的，这也是刘义庆选择"世说"这一已有的文体为其专著命名的重要原因。

刘义庆继承了韩非子、刘向等人关于"说"体的定义与论述，但韩非子以法律原则分类，刘向以儒家教义分类，刘义庆则选取了36种人物性格的品目进行总结，开创了一种空前的人物分类方法。在《世说新语》中，作者弱化了"说"体中推理、讨论的部分，仅在36个品目中体现出了《世说新语》的哲理思想，这种变化使读者在阅读中能够忽略作者的引导作用，仅以文中的人物故事对魏晋时期的政治环境、社会氛围、文人生活等内容进行直观的了解。

结合中国国内对"世说体"的研究情况，钱南秀指出，自20世纪80年代以来，中国的学者们开始深入研究"世说体"的定位问题，并试图为这种体裁的小说进行重新定义。据钱南秀总结，国内学者曾用"志人小说""轶事小说""世说体小说"多种名词对人物鉴识类小说进行定义，但时至今日也尚未取得完全一致的认同。钱南秀认为，基于"世说体"小说独特的内容和形式特点，应该将其从小说的体裁中分离出来，无论是中国传统的小说定义还是西方现代的小说定义，都不能完整涵盖"世说体"的艺术特征。"世说体"以人物品鉴为主要题材，吸

---

① 〔南朝梁〕刘勰著、范文澜注《文心雕龙注》，人民文学出版社，第328—329页。

取了前代史、传、说的文体特点，对人物的性格特点进行系统总结，在事实上已经创造出了一种新的文学体裁。[①]

第二节　《世说新语》的士人形象研究

《世说新语》记录了汉末至魏晋时期士人阶层的真实生活，作为“志人小说”的集大成之作，其首要特点即是对人物的品评和士人形象的塑造。宗白华先生对此曾评价道:“中国人对于人格美的爱赏渊源极早，而品藻人物的空气，已盛行于汉末。到‘世说新语时代’则登峰造极了。”[②]《世说新语》中的“赏誉”“品藻”“识鉴”“容止”等篇目皆为人物鉴识，其他如“德行”“政事”“言语”篇也多以人物的描写和对话来表现主题。根据余嘉锡先生在《世说新语笺疏》中的考证，加上刘孝标注释中提及的人物，《世说新语》全书共涉及各类人物 1500 多位。[③]从帝王权臣、士人阶层，到清谈名家、隐士高僧，直至俏仆灵童、贤媛耆老，魏晋时期各个阶层的人物都可在《世说新语》中找到缩影。

在《世说新语》的故事中，大多是通过简单的事件叙述和凝练的对话，来记录或评价人物的言行，即后世所说的“人物品鉴”。“人物品鉴”的范围十分广泛，举凡人物的思想、言行、外貌、气度、性格、才学等，都属于品鉴的范围之中，《世说新语》中塑造了大量的士族阶级形象。作为魏晋六朝的时代主角，刘义庆从多方面记录了士人阶层在动荡环境中的生活现状，并赞誉了他们对于自由

---

① Qian Nanxiu. *Spirit and Self in Medieval China: The Shih-shuo hsin-yu and Its Legacy.* Honolulu: University of Hawaii Press, 2001, pp. 90—97.

② 宗白华:《美学散步》，上海人民出版社 1981 年版，第 355 页。

③ 余嘉锡:《世说新语笺疏》，上海古籍出版社 1983 年版，第 1 页。

的追寻与探索。《世说新语》的主要内容，集中于对魏晋士族生活的描写，书中出现的人物数量虽多，但反映的社会阶层却非常集中，记述的人物是由皇帝、王侯、将军、官僚、隐士、僧侣等组成的贵族世界，真实地刻画了这些上层士人的生活和思想等内容。为了凸显人物的个性特点，《世说新语》重点描写了士人个性上的自我主义、自然主义，以及唯美主义倾向，行为上表现为潇洒恣肆、率真旷达，构成了魏晋风度的整体风貌特征。

一、魏晋士人的人物肖像

乐黛云先生访问美国期间曾著有《中国小说中的知识分子》（*Intellectuals in Chinese Fiction*）一书，对中国小说中的知识分子形象进行了历史的线性梳理，其中第一章的内容集中于对《世说新语》中的人物形象研究。该书作为研究东亚文学的重要专著于 1988 年出版，对于探索《世说新语》以及中国的文人形象有着重要的参考价值。[①]

乐黛云认为，《世说新语》中的人物形象是汉末至东晋（265—420）年间历史的真实反映，这段动荡喧嚣的历史对知识分子造成了十分严重的影响，使士人阶层在思想和精神等方面发生了转向，开始反抗儒家传统的名教和礼义观念，探寻人生存在的内在本质，以及个人与社会之间的关系。据此，《世说新语》最为重要的历史作用，就是证明魏晋时期个人意识的苏醒，其中最突出的特点就是对当权者的反抗。在魏晋时期，士人阶层对权贵的蔑视被认为是一种珍贵的美德，推崇赞赏那些敢于挑战统治权威的人物。[②] 个人德行与政治地位间的矛盾，也反

① 乐黛云的《中国小说中的知识分子》，是在其担任加州大学伯克利分校东方文化系研究员时创作的，属于加州大学东亚研究丛书之一，旨在向西方介绍中国文学的具体情况，故将其作为英语世界的研究成果之一。

② Yue Daiyun: *Intellectuals in Chinese Fiction*. University of California, Berkeley, Center for Chinese Studies, 1988, pp. 8—9.

映出魏晋士人所要面临的主要问题，有许多人以死来保全自身的名节，如《世说新语·方正》对宗世林的记载：

> 南阳宗世林，魏武同时，而甚薄其为人，不与之交。及魏武作司空，总朝政，从容问宗曰："可以交未？"答曰："松柏之志犹存。"世林既以忤旨见疏，位不配德。文帝兄弟每造其门，皆独拜床下。其见礼如此。(《方正第二》)

魏晋时期是一个充满暴力的历史时期，谋杀与刺杀的事件常有发生，在这种环境下，反抗权贵往往意味着死亡。乐黛云指出，在这种情况下士人们有感于对现实的失望，却又无力改变现状，只能选择隐逸在山林之中，借以寻求生存的避难所。魏晋士人的行为，往往呈现出一种消极悲观的精神，他们迫于现实只能放弃对仕途的追求，转而探索神秘的未知世界，使自己沉浸于山水自然之中，思考人生存在的真正意义。[①]此时的士人生活呈现出了潇洒恣肆、不拘小节的特点，正如"任诞篇"中对王子猷言行的记录："王子猷居山阴，夜大雪，眠觉，开室命酌酒，四望皎然。因起彷徨，咏左思招隐诗。忽忆戴安道。时戴在剡，即便夜乘小舟就之。经宿方至，造门不前而返。人问其故，王曰：'吾本乘兴而行，兴尽而返，何必见戴？'"王子猷的率性言行，正是魏晋士人风度的真实写照。

《世说新语》向我们展示了一个相对自由的时代，士人阶级纷纷打破固有的规则和束缚，解放人的本性，直接攻击儒家极为注重的礼节制度，《世说新语》中"孙子荆学驴叫""张子鹰不执手而出"等故事，都体现了人在真情流露下对礼法的漠视。《孟子·滕文公上》："使契为司徒，教以人伦：父子有亲，君臣有义，夫妇有别，长幼有序，朋友有信。"乐黛云认为，儒家传统强调人与人间的伦理关系，"父子""君臣""夫妇""长幼""朋友"对应的品质分别为"孝""忠""忍""悌""善"。魏晋士人却冲破了封建礼教约束，赞赏表达真实感

---

① Yue Daiyun: *Intellectuals in Chinese Fiction*. University of California, Berkeley, Center for Chinese Studies, 1988, p. 10.

情的行为，不再以儒家的伦理观念来评价人物。[①]《世说新语》中对王戎、荀奉倩、阮籍等人反叛礼法的描写，都体现了魏晋时期“以性情至上”的价值取向，不是以地位、财富为标准来衡量人物，哪怕是对顾荣、阮光禄、裴令公等上层士人的描写，也均集中于他们的个人德行之上。

魏晋时期，士人阶层的自觉意识空前高涨，开始关注于人性的本质特点，呈现出了与前代完全不同的世界观与价值观，乐黛云将其总结为以下几个特点：第一是善于自我表现，如嵇康、王平子、谢尚、王敦等；第二是赞扬人物的勇气、胆量、自律、冷静等品质，如谢安、黄宪、顾邵、夏侯玄等；第三是不拘小节，如嵇康等、刘伶、杨傅等。[②]

在相对自由的社会环境中，魏晋时期形成了一种新的审美倾向，不仅关注人物的言行举止，还关注人物的外表形象，《世说新语·容止篇》中对人物外表的描写就是显著的例证。《世说新语》赞美的男性形象，大多具有健硕的体魄、高挑的身材，此外还须额高眼亮、皮肤平滑，嵇康、崔琰、桓温、王羲之等人的完美外表在书中均有所体现。乐黛云指出，《世说新语》中对人物形象的体现包括有外表、性情、风度、精神等各个方面，此时的士人阶层脱离了普通的世俗礼法，独立于传统道德之外，成为中国士人发展史的一个突出代表。乐黛云从源头上追溯，这些人物形象可以在《老子》《庄子》中找到原型，在老庄书中塑造的田子方、郭象等人物，以“自然无为”为处事原则，追求一种自由独立的人格。

自西汉初期以来，儒家礼教统治了两汉文化四百余年的时间，在东汉末年已经失去了活力，而道家“自然”的观念成为攻击儒家礼教的工具，《世说新语》呈现出的魏晋文化倾向，无疑取自老庄的思想之中，正如殷仲堪所说：“三日不

---

① Yue Daiyun: *Intellectuals in Chinese Fiction*. University of California, Berkeley, Center for Chinese Studies, 1988, p. 13.

② Ibid, pp. 15—18.

读道德经，便觉舌本间强。”[1]

魏晋时期的士人为何以“越名教而任自然”为精神追求？据乐黛云总结，其原因有四：第一是动荡不安的政治环境；第二是道德衰落的社会氛围；第三是统治者对士人阶层的不公；第四是人与人之间的信任缺失。在这种环境中，士人们开始思考人生在世的价值，并希望重新制定道德标准。[2]受魏晋时期士族门阀制度的影响，士人阶层不再依附于统治阶层生活，他们拥有的土地财富可以实现自给自足的生活，经济上完全能够得以独立，这也保证了他们可以过上隐居山林、享受自然的生活。

二、魏晋士人与佛教的关系

乐黛云提出，《世说新语》表现出了另外一种士人的生活，即与佛教的紧密联系。在书中的许多故事中，读者都能够感受到印度佛教进入中国后，士人阶层生活发生的一系列变化，在《世说新语》书中主要以三种故事形式出现。[3]

第一，《世说新语》以传记的形式记录了许多杰出的僧侣。据相关学者考证，这些杰出的僧侣多是宗室的后代和贵族阶级，或是具有外国血统的人物，如康僧渊“目深而鼻高”，在外貌上就表现了他的身份特征。在经济上，魏晋时期的僧侣大多经济富足，可以自由地与士人谈论佛学思想，如“栖逸篇”中介绍“康僧渊在豫章，去郭数十里立精舍，旁连岭，带长川，芳林列于轩亭，清流激于堂宇”。基于此，魏晋僧侣的生活多以解经、沉思为主，也时常因为观点的不同与士人们进行激烈的辩论。在此过程中，士人们可以自由的发言辩论，不仅反映出了魏晋时期相对自由的社会风气，还说明佛教因素对当时社会的重要影响。由于

① 余嘉锡撰：《世说新语笺疏》，上海古籍出版社 1983 年版，第 242 页。

② Yue Daiyun: *Intellectuals in Chinese Fiction*. University of California, Berkeley, Center for Chinese Studies, 1988, p. 20.

③ Ibid, pp. 21—24.

这些僧侣往往具有很高的知识水平和深厚的家族背景，因此他们对佛教思想的研究与传播在当时产生了广泛的影响，印度佛教也因此开始在中国的土壤中落地生根，并逐步融入中国的文化之中。

第二，《世说新语》中记录了许多士人与僧侣间的交流沟通。如东晋高僧支遁就与王猛、谢安、殷浩、孙绰等人交好。但许多僧侣与士人间的对话，很少直接阐述佛教观点，讨论较多的是以探寻宇宙真理为目标的玄学内容。《世说新语》中关于支遁的逸事共有48条，其中大部分都涉及《庄子》的内容，如“文学篇”记载：“……因论《庄子·逍遥游》。支作数千言，才藻新奇，花烂映发。王遂披襟解带，留连不能已。”此外，支道临与王猛、许逊、谢安见面时谈论的都是《庄子·渔父》的内容，慧元与殷仲堪的交谈内容也多以玄学为主。以言语对话沟通思想，是中国自先秦以来的重要传统，佛教思想的引入极大地促进了中国哲学思想的发展。以魏晋时期的佛教为例，乐黛云指出了外国文化影响本国文化的关键之处，首先在于成为本土文化的一个分支，并用于解决本国所面临的困惑与问题，同时进行“本土化”的改造，才能在异域文化中落地生根。[1]

第三，《世说新语》体现了魏晋士人对于佛教的态度。虽然佛教思想在魏晋时期产生了重要的影响，但此时的士人并不将它看作是一种宗教。士人们拜访寺庙并非出于对佛祖的崇拜，而是与僧侣谈玄论道，或是相伴出游，真正出于信仰的人们反而会受到嘲笑，例如“排调篇”中对何次道的记录：

何次道往瓦官寺礼拜甚勤，阮思旷语之曰：“卿志大宇宙，勇迈终古。”何曰：“卿今日何故忽见推？”阮曰：“我图数千户郡，尚不能得；卿乃图作佛，不亦大乎？”（《排调第二十二》）

然而，如殷仲堪、殷浩等少部分人将佛教视为一种哲学思想，以其为工具探

---

① Yue Daiyun: *Intellectuals in Chinese Fiction*. University of California, Berkeley, Center for Chinese Studies, 1988, pp. 25—26.

寻世界和人生的本质。佛教在魏晋时期的兴盛，与此时政治的黑暗密切相关，绝望的士人阶级无力改变现状，只能隐逸于山林研习佛经，如支遁、殷浩等人与僧侣谈佛的故事在《世说新语》中也有多条记录。乐黛云再次强调，外国的文化因素若想在他国文化中产生持续影响，必须先作用于知识分子群体，因为他们既继承了本国的传统文化，又能够较快地学习他国文化，从而在两者的融合中推动本土化的进程。[①]

三、魏晋士人对自由精神的追求

东汉至魏晋时期的政权更迭频繁，无法从制度上控制文人的思想，这就为士人的精神解放提供了条件，士人们可以寻求一种更为自由的生活方式，专注于自身的行为和道德修养，这些被汉代明令禁止的行为，在此时得到了前所未有的兴盛和发展，同时代文人称其为“神秘的风尚”。

尽管《世说新语》反映出了魏晋时期新的伦理和审美取向，并影响了后世的文学创作，但此时士人阶级的内心世界却是非常复杂的。乐黛云指出，在中国历史的其他阶段，文人大多是以集体的形式出现，但魏晋士人的活动却呈现出了鲜明的个人化特征，他们专注于自我表现、漫游人世，但思想上却有复杂性和多样性。魏晋士人推崇自然，他们对人物的评价标准基于是否能够真实的表达内心世界。由于部分士人从属于贵族阶级，所以他们的思想内容、行为方式仍会受到儒家伦理观念所影响。士人阶层在自由和礼教之间不断游移，并不断试图寻求两者之间的平衡。当他们推崇真情表现时，也不会忽略传统的忠义、诚信等观念。许多士人虽然声称受到了政治上的迫害，以避世来逃避混乱的社会现实，但他们

① Yue Daiyun: *Intellectuals in Chinese Fiction*. University of California, Berkeley, Center for Chinese Studies, 1988, p. 26.

仍寄希望于改革来建立新的统治政权。[①]《世说新语》并非是反对儒家礼教的专著，它反对的仅仅是封建制度中伪善的部分。《世说新语》中的许多故事看似是对儒家的批判，但实际上仍然渗透着礼教观，体现了此时士人阶层的矛盾心理，如《言语篇》中记载："陈仲弓为丘长，时吏有诈称母病求假。事觉收之，令吏杀焉。主簿请付狱，考众奸，仲弓曰：欺君不忠，病母不孝。不忠不孝，其罪莫大。考求众奸，岂复过此？"

作为《世说新语》的重要主题之一，士人阶级对隐逸的渴望不仅是魏晋风度的重要特点，也反映出了当时的社会环境。许多士人无法摆脱与世俗的捆绑，全身心的投入于自然之中，只能追求精神上的自由，而玄学的兴起刚好印证了士人阶层对于世界与人生的本质思考，并形成了"存在论"与"清谈"两种文化的分支。魏晋士人认为，人生于世的最高境界是达到精神上的自由，并印刻于语言和行为之上。魏晋士人无束缚的自我表现，是基于一种内在的精神自由，不受儒家礼教的束缚，也不依赖于外在的伪装，这种境界只有嵇康、阮籍、刘伶等少数人才能达到。如《任诞篇》所记："刘伶恒纵酒放达，或脱衣裸形在屋中。人见讥之，伶曰："我以天地为栋宇，屋室为裈衣，诸君何为入我裈中！"这种狂妄恣肆的人物形象，体现着魏晋时期典型的士人性格。

乐黛云也指出，中国的士人仍然镌刻着儒家的济世思想，尽管身处山林之中，在行为和思想上标榜独立自由，但内心仍有拯救世人的愿望。《世说新语》作为士人生活的真实反映，其最重要的价值在于体现魏晋时期产生的新精神，人们追求自然、超越世俗、反叛传统，展现了新的知识分子形象。但其中蕴含着新旧文化碰撞的思想火花，表现了士人阶层居于其中的复杂和矛盾心理。《世说新语》中的故事范围虽广，但更重要的是其对人物主体的深度刻画，这也是成就其艺术高度的重要原因。

---

① Yue Daiyun: *Intellectuals in Chinese Fiction*. University of California, Berkeley, Center for Chinese Studies, 1988, pp. 26—28.

四、魏晋士人的自我塑造

由于魏晋时期动荡的社会环境，长时期内没有形成统一的政权组织，人物品鉴也不再作为政治工具为选取人才服务，而是在逐步的变化中形成了一种审美自觉的倾向。在二百余年人物品鉴的发展中，士人阶层开始关注于对本性的探索，关注人生存于世的意义价值，在人物品鉴、自觉意识和魏晋玄学的合力之下，直接影响了魏晋士人乐于自我表现的倾向，因此诞生了许多特立独行的人物形象。在相对宽松自由的文化氛围中，魏晋士人不再热衷于对官职地位的追求，集中于对自我精神的塑造，为后世呈现出了一群风姿卓绝的人物形象。

在人物品鉴传统和自觉意识兴起的合力下，魏晋时期产生了一股对比评价人物的风气，这种例子在《世说新语》中不胜枚举，《品藻》中有两则“陈仲举与李元礼”“杨乔与杨髦”对比的故事。据钱南秀总结，这种比较的评价方式主要有三方面的特点。第一，评价的双方有相似的阶级地位、内在品质、社会名望，陈仲举、李元礼二人是文人集团的突出代表，属于汉末的精英阶层，杨乔、杨髦则是亲兄弟，在各方面条件相等的前提下，评论者多用先后、胜负、优劣等相反的标准来评价，其文字中隐藏的内涵体现出了竞争的意味。第二，对比品鉴的方法，不仅是对评价对象的挑战，同时也是对评论者的考验，他们必须根据两者间细微的差异，选取合适的词句进行评断，评论者在此层面上也是评价的对象。第三，人物的比较评价往往会引起社会反响，如蔡伯喈对陈、李二人的评价直接影响了他们的社会定级，在魏晋的士族门阀制度下，这种评价还会影响人物之间的亲缘、联姻等，甚至渗透于社会的方方面面之中。[①]

伴随着魏晋时期的利己主义倾向，人物间的比较竞争也影响了品鉴的性质，

① Qian Nanxiu. *Spirit and Self in Medieval China: The Shih-shuo hsin-yu and Its Legacy*. Honolulu: University of Hawaii Press, 2001, pp. 44—45.

使其从消极的评价系统产生了积极的转向，人们不必再按照传统的形式和标准来品鉴，而是根据自己的价值判断进行人物分析。根据《世说新语》中所记录的故事，可以看出魏晋时期的评价标准较前代更为宽泛，从政治才能到隐居生活，从文学才能到哲学思想，从内在涵养到外在容貌，其评价的标准无一不包。最为重要的是，钱南秀指出，这种多元的评判标准揭示了魏晋时期开放的思想观念，文人阶层在这种氛围中得以更好地了解自己与他人，并塑造自己向往的独立精神与人格。①

在魏晋时期混乱的政治环境里，士人阶层在塑造理想人格的过程中，无可避免地要抛弃已有的社会传统，甚至与政见相左的朋友决裂，在《世说新语》中这种情况也多有体现，例如《栖逸篇》中有一则简短的故事："山公将去选曹，欲举嵇康；康与书告绝。"这则故事是一个复杂事件的缩写：山涛曾任吏部郎，后来升任散骑常侍，就推荐同是竹林七贤的嵇康代其原职。嵇康原与山涛是好友，但不愿做官，认为山涛并不了解自己，就写信与山涛告绝，这就是有名的《与山巨源绝交书》。忽略这则故事的背景和结局，仅集中于嵇康写绝交书的这一行为，表现了嵇康的坚强和正直，批判了虚伪的传统礼教观念，嵇康绝交的并非是山涛个人，而是在其背后的政治集团。从嵇康的历史记载和人物逸事中，我们可以理解他的反叛思想并非是一时兴起，而是基于长期对统治阶级的蔑视。以嵇康为代表的竹林七贤提出"越名教而任自然"，明确表达了对司马氏政权的不满，醉心于老庄思想，从而寄望于回归人性的自然，真实表达自己的感情。儒家的"六德"要抑制人的内心情感，但以嵇康为代表的魏晋士人却认为要遵循本心，追求真实与自然，并在此过程中塑造了独立自由的人格。

政治局面、道德观念、文化氛围等方面的变化，使魏晋士人开始怀疑自汉代以来实行的儒家礼教的正确性。《世说新语》中的许多例子都反映了魏晋士人

---

① Qian Nanxiu. *Spirit and Self in Medieval China: The Shih-shuo hsin-yu and Its Legacy.* Honolulu: University of Hawaii Press, 2001, p. 47.

对“三纲六纪”的挑战，如王羲之与王献之父子、王述与王文度父子、王公渊妻、王浑妻、阮籍嫂、刘惔等人物的塑造，都体现了魏晋时期士人对儒家礼教的反叛。王羲之与王献之、王述与王文度父子间的关系，突破了儒家父子的纲常关系，以近似朋友间的对话形式亲切交流，这在封建社会规范下是难以想象的。《世说新语》中女性形象的塑造也是非常成功的。王浑妻的例子，不仅体现了女性独立自主的形象，其中暗含着的暧昧关系是对儒家贞洁观念的绝对挑战，这则故事也受到了明清学者如李慈铭等人的强烈批判。李慈铭云：“案闺房之内，夫妇之私，事有难言，人无由测。然未有显对其夫，欲配其叔者。此即娼家荡妇，市里淫姏，尚亦惭于出言，赧其颜頩。岂有京陵盛阀，太傅名家，夫人以礼著称，乃复出斯秽语？”[①] 更为突出的是刘惔以天自比的例子。从远古时期起，中国就认为“天”是最高权威，拥有对万事万物的统率地位。刘惔以天自比，体现了魏晋士人狂妄自大的心理状态，说明此时士人与名教的分离，呈现出了以自我为中心的人物风尚。其他如刘伶、阮籍等魏晋人物，摆脱了封建礼教的禁锢，超越了世俗空间，进入了一个绝对自由的精神世界，并在其中塑造了他们其所追求的理想人格，“自我”在此时得以真正的实现。

第三节　《世说新语》的叙事艺术研究

后世读者一致认为，《世说新语》是“世说体”形成的丰碑，代表了“世说体”小说的最高水平。《世说新语》中对魏晋人物的生动刻画，使读者真切的感受到当时的人物风度和气韵，钦羡于他们放浪形骸的行为方式和追求自由的独立

① 参见余嘉锡撰《世说新语笺疏》，上海古籍出版社 1983 年版，第 789 页。

精神。尽管后世有许多“世说体”的仿作，但罕有能达到《世说新语》的艺术高度，这与《世说新语》的叙事艺术有着密不可分的关系。

钱南秀指出，《世说新语》的叙事艺术主要有两个方面的特点：其一是故事分类方法；其二是性格描述方法。故事分类法，即刘义庆将全书的故事分 36 个条目，总结人物的性格、行为、人际关系等内容，并在标题上呈现出人物的共性。性格描述法，即对人物的言行进行详细叙述，或以两人或多人的比较来凸显人物的性格特征，为读者展示出魏晋士人生活这一色彩斑斓的画卷。这两种叙事艺术相互影响、相互补充，其目的都在于展示出魏晋人物真实的生活面貌和性格特点。①

一、有序与无序之间:《世说新语》的人性分类法

“世说体”小说最突出的特点即是它们的分类方法，作者通过整理全书的逸事、品目，以及联结它们的抽象语法，将全部内容整合成为一个有机的系统，《世说新语》首要的叙事特点即在于人物性格的分类方法。虽然，刘义庆在《世说新语》中并未明确表示他的分类原则，可能会造成读者在阅读过程中的误解。有的学者认为刘义庆是根据儒家礼教进行分类，因其前四门暗合了“孔门四科”的内容，即孔子在《论语》中所说:“德行：颜渊，闵子骞，冉伯牛，仲弓。言语：宰我，子贡。政事：冉有，季路。文学：子游，子夏。”孔子对弟子们的评价突出了弟子在各自领域中的专长，但并未强调道德原则，《世说新语》这四则条目中的故事也并不多见有关儒家道德的内容。有的学者将其贴上儒家礼教的标签，认为《世说新语》前四则条目的内容奠定了明确的儒家基调。

钱南秀认为，以道德为主导的观念会影响《世说新语》的阅读，《世说新语》

---

① Qian Nanxiu. *Spirit and Self in Medieval China: The Shih-shuo hsin-yu and Its Legacy*. Honolulu: University of Hawaii Press, 2001, pp. 101—102.

中的人物大多跨越了好与坏的界限，呈现出了复杂与多元的性格特征。如阮籍、嵇康的故事既在“德行篇”中出现，也收录于“任诞”“排调”“轻诋”的篇目之中。哪怕是臭名昭著的王戎，在“德行篇”中也有关于他的孝行记录，在“俭啬篇”中也记载了他节俭的美德。更为重要的是，以“德行篇”为例，其中的故事只有约一半符合汉代的孝、悌、忠、诚、清廉、仁慈、正直等儒家礼教，其他涉及的都是人物的真情实感，如黄宪、李膺、阮籍、王献之等人的故事均未触及儒家礼法的要求，仅仅是出于真情的自然流露。①

据钱南秀总结，早于《世说新语》对人性的分类主要有三家：第一是汉代以前儒家礼教中对“君子”与“小人”的评判标准；第二是班固在《汉书·古今人表》中对“好人”“坏人”“普通人”的三种分类；第三是刘劭在《人物志》中对人物的十二种分类。三者的评判标准虽然并不统一，但具有两个一致的特点：其一是将不相关的故事进行归类；其二是对这些归类的内容进行总结，并赋予其言简意赅的概括。②《世说新语》的分类方法继承了孔子、班固、刘劭等人的评判标准，但又呈现出了与前人不一样的特点。刘义庆并不以传统的儒家礼教标准为准则来考察人物，而是基于人的本性重新思考分类原则，并试图以精练的语言概况，对此加以恰当的描述和表现，如“文学篇”中记载的殷浩与刘惔的对话：

殷中军问：“自然无心于禀受，何以正善人少，恶人多？”诸人莫有言者。刘尹答曰：“譬如泄水著地，正自纵横流漫，略无正方圆者。”一时绝叹，以为名通。(《文学第四十六》)

殷浩重提了中国自先秦以来的善恶问题，他承袭的是自汉代以来儒家对人性的分类方法，正如班固在《汉书·古今人表》中列举了14位好人和131位坏

---

① Qian Nanxiu. *Spirit and Self in Medieval China: The Shih-shuo hsin-yu and Its Legacy*. Honolulu: University of Hawaii Press, 2001, pp. 104—106.

② Ibid, pp. 106—117.

人，这种善恶悬殊的分类是根据汉代时儒家礼教对人的评判标准，只有少数人能满足好人的条件。魏晋时期，士人的自觉意识开始逐步兴起，不再囿于儒家礼教的束缚，不再以汉代的道德标准来品鉴人物，并以“越名教而任自然”为人生目标，这种自然不仅包括投入山水的怀抱，还包括对情感的真实表露，刘惔的回答印证了魏晋时期的思想风气。对于殷浩的问题，刘惔并未做出正面回答，而是用一种比喻的方法回复。刘惔认为人物的性格特点正如水倾覆在地面上，并无固定的规律可循，反而会因地面的形态形成不同的痕迹，就像人物的性格特点并不是非好即坏。刘惔的这种认识，也正是《世说新语》体现的重要主题，人物的性格具有多元性的特点，并非是单一的、平面的，有时也会随着处境的不同体现出截然相反的表现，如“尤悔”中对谢尚的描写，就说明了人在不同环境中会有不同的性格反应：“谢太傅于东船行，小人引船，或迟或速，或停或待，又放船从横，撞人触岸。公初不呵谴。人谓公常无嗔喜。曾送兄征西葬还，日莫雨驶，小人皆醉，不可处分。公乃于车中，手取车柱撞驭人，声色甚厉。夫以水性沈柔，入隘奔激。方之人情，固知道迫隘之地，无得保其夷粹。”

（一）基于语言学悖论的性格分类

刘义庆承认人物的性格如水落地，有难以用语言形容的无规则特点，因此他对人物的性格命名和组织划分是存在内部矛盾的。就钱南秀所言，这种悖论存在于以语言形容人物性格的困境与口头评价人物的日常需要。刘义庆吸取了玄学中的思想内容，对这种悖论进行了长时期的思考，最终得以完成《世说新语》中的性格分类。[①] 刘义庆定义人物性格的时候，受到了王弼、郭象等人关于“有与无”的论述，并形成“人物性格具有多样性”的认知，并在《世说新语》的多则故事中对此加以证明。刘义庆认为人物性格是一个集合体，它的形成反映了人物的成长环境、人生际遇等多方面内容，所以人物性格会呈现出丰富的多样性。据

① Qian Nanxiu. *Spirit and Self in Medieval China-The Shih-shuo hsin-yu and Its Legacy.* Honolulu: University of Hawaii Press, 2001, p. 123.

此，刘义庆认为描述人物性格的最好方法并不是对其进行常规划分，而是建立人物与他人相区别的“自我”形象，这种“自我”的形象越突出，越能表现出人物的真实性格。在这种思想的指导下，刘义庆建立了一个全新的人物评价系统，将各个人物性格间的内在关系相连接，并以前所未有的术语对此加以概述，不仅继承了汉代以前的人物分类方法，同时融入了魏晋时期的人物性格概念，最终建立了自己的人物分类体系。据钱南秀统计，《世说新语》中的36个条目，有13条在魏晋前出现，即“德行”“言语”“政事”“文学”“方正”“赏誉”“品藻”“容止”“自新”“俭啬”“汰侈”“忿狷”“尤悔”；有4条是魏晋时出现，即“雅量”“识鉴”“简傲”“仇隙”;《世说新语》中首创的有19条之多，即“规箴”“捷悟”“夙惠”“豪爽”“企羡”“伤逝”“栖逸”“贤媛”“术解”“巧艺”“崇礼”“任诞”“排调”“轻诋”“假谲”“黜免”“谗险”“纰漏”“惑溺”[①]。刘义庆对人物性格的全新定义，极大地拓展了“世说体”的形式特征，其成就不仅局限于《世说新语》中对人物性格的分类，还体现在刘义庆为研究人物性格提供了一种全新的视角与方法，对于后世以人物为题材的文学创作起到了难以估量的积极影响。

（二）《世说新语》中的人性分类法

根据对《世说新语》分类的知识和历史背景考察，并结合36个条目与正文的内容细读，钱南秀进一步分析了《世说新语》的人性分类方法。值得注意的是，魏晋时期士人较少受到儒家思想的限制，《世说新语》中的分类方法基本上是按照人物表现出的真实性情来归类的，而并非以是否符合礼教观念来进行判断，如“德行篇”中收录的内容多是记录魏晋士人的善言善行与情感流露。基于自身的评判标准，钱南秀将《世说新语》中的36个条目分为了四种类型，每一种都与性格本质中的一个侧面相关：

---

① Qian Nanxiu. *Spirit and Self in Medieval China: The Shih-shuo hsin-yu and Its Legacy.* Honolulu: University of Hawaii Press, 2001, pp. 124—126.

1. 德

钱南秀认为《世说新语》中的“德”并不仅仅具有伦理道德的内涵，更多是隐藏在人物内心的一股力量，能够成为人们行为的驱动力。钱南秀将“德行”“方正”“雅量”“规箴”“自新”“栖逸”6个条目归于其中，因为它们均体现了一种内在的支撑力量，能够使人按照其所认为正确的方式行事。在这则分类中，“德行”强调人心中的真情实感和内在力量，其他内容则作为文本对其进行补充。“方正”源自汉代官方的选官制度，在《世说新语》中仍然具有传统的内涵，即以坚定的个人原则对抗上级的命令或同阶层的压力。然而，由于魏晋时期清晰的阶级门第制度，整个社会仍存在着高门与寒门、南人与北人的等级划分。因此，这种“个人原则”的作用并未得到扩大，上层制定的命令仍具有决定性的作用。在《世说新语》中，对“方正”的判断并没有一个正义与否的价值标准，只要坚持自己认为正确的道路，就可以被贴上“方正”的标签，钱南秀指出这种认识较前代是有所进步的。“雅量”是魏晋时期新形成的概念，在《世说新语》中的出现是借以反映某人的沉着冷静，当面对突如其来的打击时，能够保持神色不变。“雅量”难能可贵的地方，在于为了保持平和的外在表现，人物能够抵御内心的恐惧、怯懦以及性格中的其他弱点，这也是顾邵、嵇康、郗鉴等人受到尊敬的原因。“规箴”和“自新”是一组相对的概念，“规箴”描述了一个人有能力做出正确的建议并付诸行动；“自新”则反映了人居于高位仍能正视自身错误的勇气。“栖逸”反映了魏晋士人的避世思想，他们为了保持自己的精神正直，宁愿放弃地位和财富的诱惑，借隐逸的生活来追求庄子所说的“神人”之境。①

2. 才

钱南秀对“才”的定义，包括了人物的天赋、才能和专长等内容，她将“言语”“政事”“文学”“识鉴”“赏誉”“品藻”“术解”“巧艺”的内容划分于该组

① Qian Nanxiu. *Spirit and Self in Medieval China: The Shih-shuo hsin-yu and Its Legacy*. Honolulu: University of Hawaii Press, 2001, pp. 130—132.

之中。王弼认为，“孔门四科”中除“德行”用于指导普通人的行为外，另外三门均指向了更为专业的能力，因此钱南秀将“言语”“政事”“文学”归于“才”这一组之中，魏晋时期政治环境、社会氛围和文化背景等都丰富了“才”的内容，衍生出许多前代没有的条目。

“言语”在早期指涉的是正式场合的演讲和对话，《世说新语》中收录的是魏晋士人间的诗性语言和诙谐对话。“政事”保持了其原始意义，指人物处理公务的能力，但融入了魏晋士人对待政务的超然心态。“文学”在前代指的是儒家的礼乐典籍，以及与政务史实相关的书籍，在魏晋时“文学”才逐步成为一种独立的艺术形式，《世说新语》较早地记录了这一过程。“识鉴”“赏誉”“品藻”等，都是关于魏晋时期人物品鉴的内容。“识鉴”介绍了人物品鉴的基本过程，即首先选定一个人物，对他的对话、举止等方面进行描述，同时运用一些地理学、心理学等品鉴的方法。“赏誉”中对人物的优秀品德加以赞美，并包含了一些暗喻的内容。“品藻”多是通过两者或多者的比较来评价人物。“术解”“巧艺”则集中于表现魏晋士人在方术、技艺等方面的才能。①

3. 性

“性”包括了人物的脾气、性情，以及区别于他人的突出特点。钱南秀将“捷悟”“夙惠”“豪爽”“容止”“任诞”“简傲”“假谲”“俭啬”“汰侈”“忿狷”“谗险”“纰漏”等条目归于“性”的分组中。

相较于“德行”“雅量”等条目，人物可以控制内在的情感和冲动，该组内容展示了人物不能抑制内心的性格特点。然而，刘义庆并不对此做以道德判断，不认为该组中的性格是人性中“恶”的部分，只是将其归为人物真实性情的表现。例如，刘义庆对阮籍服母丧时期的表现描述是“阮籍以重丧显于公坐饮酒食肉。”“阮籍当葬母，蒸一肥豚，饮酒二斗。”“阮方醉，散发坐床，箕踞不

① Qian Nanxiu. *Spirit and Self in Medieval China: The Shih-shuo hsin-yu and Its Legacy.* Honolulu: University of Hawaii Press, 2001, pp. 132—134.

哭。”“都得一号，因吐血，废顿良久。”阮籍的行为举止异于常人，不能因为他不持礼就认为他不悲痛，他的行为是对内心真实情感的反映，也说明了他不受礼教拘束的性格特点。魏晋士人不受控制的行为往往受到酒的影响，就钱南秀统计，“任诞”中的故事有 33 则与酒相关，占全部篇目的五分之三，仅阮籍的记录就有 7 条。“任诞”中的人物也多在“德行”中出现过，其中就包括著名的“竹林七贤”，魏晋士人们在心态平和时呈现出冷静自重的性格，而在醉酒时却往往会有出人意表的行为，这是因为酒精的作用使他们摆脱了礼教的束缚，从而更加贴近于自然，甚至如王佛所说：“三日不饮酒，觉形神不复相亲。”可见酒联结了俗世与理想，能够激发出士人内心的情感和潜力，这也为魏晋人物醉酒提供了借口。[①]

4. 情

钱南秀对“情”的阐释包括人物的感觉、情绪、热情等方面，她将“企羡”“伤逝”“崇礼”“排调”“轻诋”“黜免”“尤悔”“惑溺”“仇隙”等篇目的内容归于“情”之中。该组分类反映了魏晋时期对性与情的讨论，这也是清谈文化的重要主题。《世说新语》秉承了王弼“圣人有情”的观点，赞赏魏晋士人在对话交往中表现出的真实情感。士人们经历了魏晋阶段波诡云谲的政治变化，激发出了他们复杂的情感反应，此时盛行的人物品鉴传统也加强了人们对真情的企羡，《世说新语》中对这些真情流露的故事均多有记载。

《世说新语》中体现“情”最为突出的主题有两个：一是亲友的逝世；二是夫妻间的爱情。《世说新语》中最为动人的条目多是在丧礼之上，书中记录了许多不合礼节的行为，而这正是对于人物真情的体现。如王粲生前喜听驴叫，“文帝临其丧，顾语同游曰：‘王好驴鸣，可各作一声以送之。’赴客皆一作驴鸣。”而《世说新语》中对爱情的记录也与前代的道德观、审美观有迥异之处。在荀奉

① Qian Nanxiu. *Spirit and Self in Medieval China: The Shih-shuo hsin-yu and Its Legacy*. Honolulu: University of Hawaii Press, 2001, pp. 134—137.

倩夫妻的故事中，荀奉倩称："妇人德不足称，当以色为主。"(《惑溺第二》) 夫妻间的爱情本是中国文学中的重要主题，然而荀奉倩的故事却与传统的价值观念相悖，因荀奉倩称"夫人德不足称，当以色为主"，这与儒家"贤贤易色"的道德标准截然相反，体现了魏晋士人另类的审美观和道德观，也反映出了荀奉倩敢于表达内心的勇气。另外，《世说新语》中对女性形象的塑造也有鲜明的特点，此时的女性将自己置于与男性平等的社会与家庭地位，不仅敢于抒发对丈夫的喜爱或厌恶之感，还参与到丈夫的政治或商业事务中，能够做出正确的判断和积极的建议。[①]

二、以形写神:《世说新语》的人物描写特点

《世说新语》共分为36个条目，每个条目中的故事均围绕其标题选取内容，这其中的每一则故事都是人物性格的特殊画像，他们的趣闻逸事分散于不同的条目之中，表现了人物性格的不同侧面。当读者阅读到他们的喜怒哀乐、悲欢离合时，会将我们带入一个真实的世界，在这里每个人都能真实表达他们的性格特点。钱南秀认为，尽管用具体的语言来形容抽象的人物性格是极为困难的任务，但刘义庆仍选取了一种灵活的方法，提炼人物的突出性格特点，将其分散置于各个条目之中，呈现出人物性格的多元性和复杂性，借此来塑造完整的、立体的魏晋人物形象。

受东晋画家顾恺之"以形写神"的创作观念影响，刘义庆用形与神的关系来补充人物刻画时言不尽意的部分，因此刘义庆创造了一种前所未有的品鉴模式——以形写神。钱南秀认为，这里的"形"，包括有人物的身体与自然景物两个部分，同时以动态的、相关的状态呈现出来，通过描写人物的动作、姿势、容

---

① Qian Nanxiu. *Spirit and Self in Medieval China: The Shih-shuo hsin-yu and Its Legacy.* Honolulu: University of Hawaii Press, 2001, pp. 137—142.

貌、语言，以及故事发生的环境背景，来传递人物的精神特点。[①]

（一）与他者相关：《世说新语》的人物描写理论

魏晋时期的人物评鉴，大多属于口头行为，在对话交流中评价人物的个性特点。在这种活动的诸多术语中，使用最为广泛的是“形”与“神”这对范畴，《世说新语》中就出现了大量关于“神”的故事，如“嵇中散临刑东市，神气不变”（《雅量第二》）；“见子嵩在其中，常自神王。”（《赏誉第三十三》）；“王右军叹林公器朗神俊”（《赏誉第八十八》）。

“神”这一范畴也是古代哲学和文论的重要研究内容。“神”最早见于《易经·系辞》中：“阴阳不测之谓神”“精义入神，以致用也”。这里的“神”指变化莫测的意思。在《庄子》中，可以看到大量有关于“神”的论述，如“用心不分，乃凝于神”“以神遇而不以目视，官知止而神欲行”。庄子认为“神”是事物内在的生命力，具体指人的精神世界，对“形”有绝对的统摄作用。《世说新语》中的“神”，即是对庄子的继承，嵇康、庾敳等人体现出的气质风度，都是庄子提出的人的精神力量。同时，魏晋时期的人物品鉴还创造了许多与“神”相似的概念，如“神域”“神色”“神姿”“神情”“神俊”“神俊”等。结合《世说新语》中对“神”的描述，钱南秀认为，庄子之“神”在融入魏晋时期的文学文本时发生了新的变化，并直接影响了“神”的内涵意义。“神”这一概念虽然在《世说新语》中普遍出现，但却具有难以言说的语言特点，因为它并不属于“德”“才”“性”“情”的性格分类，表现的是人物的一种整体气质和风韵，如王澄评价王衍时说：王平子目太尉：“阿兄形似道，而神锋太俊。”太尉答曰：“诚不如卿落落穆穆。”

钱南秀指出，“神”与人物的内在品质相关，包括人物的想法、感受、情绪、举止等内容，《世说新语》中的故事说明了“神”与人物的其他特点相关，必须

① Qian Nanxiu. *Spirit and Self in Medieval China: The Shih-shuo hsin-yu and Its Legacy*. Honolulu: University of Hawaii Press, 2001, pp. 151—152.

借助言行举止或是自然环境为媒介呈现出来。正如顾恺之所说:“传神写照，正在阿堵中”，眼睛最能够传递出人物的情绪与神韵，眼睛中闪过的瞬间表现往往最能看出人物的本质。如《世说新语》中所记一则:“桓豹奴是王丹阳外生，形似其舅，桓甚讳之。宣武云:‘不恒相似，时似耳。恒似是形，时似是神。’桓逾不说。”这则故事不仅强调了“神”的重要性，同时将其与“形”“性”并列比较。正如桓温的理解，人的形态不会发生巨变，但神态却呈现于眼神的瞬间闪现之中。简言之，“神”在形容人物时是一个关键却难懂的特性，只能以人物身体部位为载体才能外在化，如何能够抓住人物的“神”就成为魏晋人物品鉴的关键问题。

魏晋时期，人物品鉴涉及了“形”“神”“性”三者的理论比较，刘劭认为，“形”“神”在人物身上是以整体的形态存在，两者间有相互影响的辩证关系，但“神”在人物形象的刻画中有决定性的作用。同时，魏晋时期对“言意之辨”的论争，也影响了士人对形神关系的理解，文人认为如语言、外表这种表面特征只是表现本质的工具，在了解事物的真正内涵后，外在的表征就失去了其意义所在，这种“重神轻形”的观点也暗合了道家自然无为的思想，如《世说新语》中对刘伶的描述:“刘伶身长六尺，貌甚丑悴，而悠悠忽忽，土木形骸。”刘伶作为魏晋士人的典型代表，蔑视外在特征和行为规则，仅专注于追求超然绝世的自由境界，这也是魏晋文化的重要特点之一。

如前文所述，“神”是人物性格中一个难以把握的特质，必须通过与他者的联系才能抓住人物的“神”。《世说新语》在塑造人物的过程中，不仅集中于人物的本身，还研究人与外界交往时表现出的变化，哪怕是作品中仅有人物也需如此。顾恺之认为，“神”只能产生于与外界的沟通之际，正如其在《魏晋胜流画赞》中所说：凡生人亡有手揖眼视而前亡所对者，以形写神，而空其实。对荃生之用，乖传神之趋，失矣。空其实对，则大失；对而不正，则小失，不可不察也。”[①] 顾恺之“传神写照”的绘画理论对《世说新语》的人物品鉴产生了积极的

① 顾恺之:《魏晋胜流画赞》，见张彦远《历代名画记》，人民美术出版社 1963 年版，第 118 页。

影响，刘义庆将人物身体分为两个部分，突出刻画那些能够传神的部分，而忽略与传神无关的部分，如“发白齿落，属乎形骸；至于眼耳，关于神明，那可便与人隔？”(《贤媛第三十一》)；“唇齿相须，不可以偏亡。须发何关于神明！”(《排调第四十三》)。

（二）以人物形体写神

在《世说新语》中，人物的每个手势、表情，甚至是每句话都有丰富的意义，尤其是人物在交流时所产生的细微动作，都可以表现出人物的性格特点。《世说新语》的故事相对较为简短，刘义庆将主人公的交流压缩于一个场景之中，使人物的性格特点以鲜明的方式呈现出来，使读者对人物有更为清晰的认识。

钱南秀对《世说新语》中的全部故事进行了归纳整理，指出最能表现人物神态的身体部位是眼睛。人物的眼睛能够第一时间反映出内心的真实感受，对于刻画人物有高度的表现力，这也是《世说新语》中表现性格最突出的身体部位。例如：“裴令公有俊容姿，一旦有疾至困，惠帝使王夷甫往看。裴方向壁卧，闻王使至，强回视之。王出，语人曰：‘双眸闪闪若岩下电，精神挺动，体中故小恶。’”(《容止第十》)在这则故事中，裴楷本来缠绵病榻无力起身，但听说对手王衍来看他，出于骄傲的本性调动内在力量来击退对手，王衍看到裴楷的眼睛“双眸闪闪若岩下电，精神挺动”，因此认定他“体中故小恶”。裴楷和王衍二人都是魏晋时期人物品鉴的专家，深知眼睛中传递出的力量能代表一个人的内在精神，裴楷为了保持形象威严地直视对方，证明了裴楷的人格特点，也赢得了对手对他的尊重。

钱南秀提出，除眼睛外，皮肤也可以用来表现人物精神：“……正值李梳头，发委藉地，肤色玉曜，不为动容，徐曰：‘国破家亡，无心至此，今日若能见杀，乃是本怀。’主惭而退。”(《贤媛第二十一》)南康公主本胸怀熊熊妒火，想要带人杀掉李氏，但见到李氏“发委藉地，肤色玉曜”的绝世容貌和雍容气度，瞬间感到自惭形秽，放弃了杀人的念头，说明了李氏之“神”具有折服他人的力量。

此外，钱南秀还指出，一些细微的动作也能体现人物的“神”，如：“刘夫人戏谓安曰：‘大丈夫不当如此乎？’谢乃捉鼻曰：‘但恐不免耳！’”（《排调第二十七》）；谢车骑道谢公：“游肆复无乃高唱，但恭坐捻鼻顾睐，便自有寝处山泽间仪。（《容止第三十六》）谢安通过搓鼻子这一细微的动作，表达了自己对于世俗之事的不屑态度，同时显示了他虽辞官归隐，却仍为自己的政治能力感到自豪。

《世说新语》在描绘人物时，也经常将人物的衣着作为传递精神的媒介，例如：“王子敬兄弟见郗公，蹑履问讯，甚修外生礼。及嘉宾死，皆着高屐，仪容轻慢。”（《简傲第十五》）王献之兄弟的衣着特点，生动地体现了他们性格中的势利部分。当具有政治影响力的郗超在世时，王氏兄弟对待郗愔非常守礼。一旦郗超逝世，他们的着装和神态上立刻发生了极大转变，不再如从前一样谨小慎微，这一细节的刻画也充分反映了人物的性格特点。

刘义庆通过对人物身体部分的描写，凸显了人物所具有的“神”的整体面貌，用以小见大的叙事方式，揭示了潜藏于人物内心的精神世界。在《世说新语》中，故事的发生通常在两者的对话间，在人物的交往和沟通之中表现精神，作者将两个主人公置于竞争的场合，用相互间的语言、行为对抗来传达人物的精神。钱南秀认为，《世说新语》中以论辩为主要叙事模式的原因有三：第一，通过人物好坏、优劣、上下的对比来评判人物，是魏晋时期人物品鉴的中心议题，这在《世说新语》中也有体现；第二，魏晋时期士人阶层自觉意识的兴起，使人们开始意识到主体性的重要，他们通过区分和确认来探索主体的存在意义，而这种竞争的模式会激发出主体的真实反应，有助于对自我与他者的认知；第三，在双方的对峙中，往往能引起彼此间的矛盾情绪，如羡慕与嫉妒、尊敬与蔑视、爱与恨，能够塑造出全面立体的人物形象。[①]

---

① Qian Nanxiu. *Spirit and Self in Medieval China: The Shih-shuo hsin-yu and Its Legacy.* Honolulu: University of Hawaii Press, 2001, pp. 167—168.

（三）以自然物象写神

在《世说新语》中，出现了大量的自然物象借以表现人物精神，并在人与自然的沟通中体现自然景物对感情产生的影响，如：“从山阴道上行，山川自相映发，使人应接不暇。若秋冬之际，尤难为怀。”（《言语第九十一》）“卿居心不静，乃复强欲滓秽太清邪？”（《言语第九十八》）魏晋士人在与自然的交往沟通中，将自然物象看作学识渊博的君子，能够影响人物形成高洁的性格特点。魏晋时期，人们的自觉意识空前高涨，常常借助于自然景物来彰显人物的性格，《世说新语》中也有大量以物喻人的例子存在。钱南秀根据《世说新语》的具体内容，将刘义庆“以物写神”总结为三种方法：第一，将人物的身体与自然物象等同；第二，将人物的身体置于自然环境之中；第三，为自然物象赋予人的精神，它们的共同点在于以可见的自然景物为媒介，将人物的精神展现出来。①

1. 将身体与自然物象类比

《世说新语》用自然景物描写人物，通常是以明喻的方式将自然景物与人物身体相联系，这种方式的前提是人物与自然物象有类似的特征，因此能够表现出人物的性格特点。例如，“王公目太尉，‘岩岩清峙，壁立千仞。’”（《赏誉第三十七》）“时人目夏侯太初‘朗朗如日月之入怀’，李安国‘颓唐如玉山之将崩’。”（《容止第四》）“有人叹王恭形茂者，云：‘濯濯如春月柳。’”（《容止第三十九》）钱南秀认为，在这些故事中，刘义庆继承了《楚辞》中以物喻人的修辞手法，多使用“本体+喻词+喻体”的结构，将人物的精神与自然景物的特征相联系，这也是《世说新语》中较为常见的一种修辞手法。②

2. 将身体置于自然景象中

据钱南秀所说，这种模式使用的是一种暗喻，将人物的精神隐藏于自然景物

① Qian Nanxiu. *Spirit and Self in Medieval China: The Shih-shuo hsin-yu and Its Legacy*. Honolulu: University of Hawaii Press, 2001, pp. 179—180.

② Ibid, pp. 180—182.

之中，“顾长康画谢幼舆在岩石里。人问其所以，顾曰：‘谢云一丘一壑，自谓过之。’此子宜置丘壑中。”（《巧艺第十二》）；“明帝问谢鲲：‘君自谓何如庾亮？’答曰：‘端委庙堂，使百僚准则，臣不如亮；一丘一壑，自谓过之。’”（《品藻第十七》）

钱南秀认为这种方法来源于魏晋时的人类地理学观点，当时贵族们的性格会受地理环境影响，呈现出生地的风土特征，所以常通过人物与地理环境的比较凸显人物，同时这种表现形式使人物置于自然景物中，以看得到的景色来描绘人物性格[①]，“孚作《雪赞》云：‘资清以化，乘气以霏。遇象能鲜，即洁成辉’。桓胤遂以书扇。”（《文学第一百》）

3. 为自然物象赋予人的精神

据钱南秀所说，前两种表现是对前代修辞手法的继承，但由于魏晋时期“传神”成为人物品鉴的重要标准，因此人们开始为自然景物赋予人的性格特点。这种理论方法认为世界是虚化的，而精神才是真实的[②]，正如《世说新语》中记载：王子猷尝暂寄人空宅住，便令种竹。或问：“暂住何烦尔？”王啸咏良久，直指竹曰：“何可一日无此君？”（《任诞第四十六》）

区别于上文的两种方法，这则故事中的竹子代表着独立个体，与人具有同等地位，在比较中被赋予了人的精神品质，同时保持了自己的自然属性，完成了“人物化”的过程。在为自然物象赋予精神后，魏晋士人将自然看作相知的朋友，促使人们将客观的自然物象当作自己的投射，例如《世说新语》中的两则故事，主人公都将自然物象视为自己的替身，“木犹如此，人何以堪！”（《言语第五十五》）；“槐树婆娑，无复生意！”（《黜免第八》）

---

① Qian Nanxiu. *Spirit and Self in Medieval China: The Shih-shuo hsin-yu and Its Legacy.* Honolulu: University of Hawaii Press, 2001, pp. 182—184.

② Ibid, pp. 184—187.

第四节 《世说新语》的魏晋风尚研究

鲁迅先生称《世说新语》为“名士底教科书”，可见其描绘出了魏晋士人的生活景象。在魏晋这一动荡的社会环境中，知识分子虽自幼接受儒家思想的教育，秉承“修身齐家治国”的人生信条，却也因黑暗的现实而对其进行批判，在对待礼法时呈现出了矛盾的心理。不仅如此，《世说新语》中大量的对话体故事，蕴含着魏晋时期玄学思想的深刻内涵，同时反映出了此时重要的“清谈”文化。此外，《世说新语》中塑造了许多有勇有谋的女性形象，这些女性拥有独立自主的精神，能够在学识、能力、家庭上与男人拥有同样的地位，这在宗法制的封建社会中是极为可贵的。简言之，《世说新语》一书充分反映了魏晋时期的社会风尚，是研究当时政治、文化、思想等各个方面内容的基础材料。

一、清谈文化的流行

清谈是中国思想史上出现的一个重要文化现象，伴随着魏晋玄学的兴起而逐步盛行，现在学界常称为“魏晋清谈”。有许多学者认为，魏晋“清谈”其实是汉末“清议”的变相，“清议”即汉末士大夫对统治者进行批评的清议之风，在经历了党锢之祸和司马氏政权的迫害后，变为空谈玄理的“清谈”。在字面上，学者大多认为“清谈”在早期与“清议”的含义一致，在后期才专指玄谈，正如唐长孺先生所说：“清谈内容的演变正是玄学的发展过程。”[①] 清谈的盛行是魏晋时期突出的文化现象，当时的士人以此来表现自己的知识底蕴和哲学思想，并在双方的论战中评判人物高下，这在《世说新语》中就多有记载。鲁迅先生也曾说：

---

① 唐长孺：《清谈与清议》，载《魏晋南北朝史论丛》，商务印书馆2010年版，第283页。

"东晋以后，不做文章而流为清谈，由《世说新语》一书里可以看到。"[①]

魏晋清谈之风的盛行与当时复杂的政治环境有很大关系，正始年间司马氏与曹魏间的斗争推动了各大门阀间的对峙。士族集团基于利益铲除异己，导致当时的暗杀和滥杀频繁发生，一些士大夫为了躲避政治风险选择隐逸山林，以老庄思想为支柱，以此来获得精神上的皈依。在彼此间的沟通与交往中，士人们不仅可以增加自己的道德修养，同时能够显示自己的卓越见解和渊博知识，并在人物品鉴中获得他人的推崇和赞赏，这对于当时亟须被认可的士人阶层是非常重要的。

曹魏王朝时期，何晏与王弼等人常与友人相聚谈论《易经》《老子》中的问题，正如《晋书·王衍传》中记载：

魏正始中，何晏、王弼等祖述老庄，立论以为天地万物皆以无为本，无也者，开物成务，无往不存者也。阴阳恃以化生，万物恃以成形，贤者恃以成德，不肖者恃以免身。故无之为用，无爵而贵矣。

萧虹认为，当时的"清谈"不仅是一项哲学活动，还具有重要的社会意义。拥有"清谈"能力的人，往往可以被精英阶层所吸纳，从而进一步入仕为官，有时得志与否完全取决于个人的言辞论辩能力。[②]《世说新语·文学》中就有这样一则故事，说明了能言善辩对于士人的重要影响："阮宣子有令闻。太尉王夷甫见而问曰："老庄与圣教同异？"对曰："将无同？"太尉善其言，辟之为掾。世谓"三语掾"。卫玠嘲之曰："一言可辟，何假于三！"宣子曰："苟是天下人望，亦可无言而辟，复何假一！"遂相与为友。(《文学第十八》)

然而，"清谈"对于当时政治环境却产生了极为不利的影响，统治阶层的士人们以清高标榜自己，不屑于处理庶务，这种现象导致当时的政局陷入了病态的

① 鲁迅：《魏晋风度及文章与药及酒之关系》。
② 萧虹：《世说新语整体研究》，上海古籍出版社2011年版，第120页。

窘境，正像顾炎武在《日知录》中曾谴责魏晋士人“清谈误国”①。此外，萧虹也指出，东晋时期中土士人开始广泛接受并学习佛教教义，因此“清谈”的内容也加入了佛学哲理等相关问题，这就产生了一种新的社会现象。许多来自异邦或社会底层的僧人，因为擅长“清谈”而被接纳进入精英圈。在这种情况下，相同的思想倾向和兴趣爱好冲破了等级的藩篱，如支遁、法深、高坐和尚、康僧渊等人都进入了当时的上层社会中，僧人的社会地位得到了牢固建立，并持续了若干个世纪。②

唐翼明的《魏晋士人的发声：清谈研究》(*The Voice of Wei-Jin Scholars: A Study of Qingtan*)是作者在美国哥伦比亚大学的博士论文，作者以“清谈”这一特殊的思想潮流为主题，以《世说新语》的内容为材料，对“清谈”的命名、形式、内容，以及“清谈”的历史发展过程做出了详细的论述，打破了“清谈”无专门研究的局面，对于“清谈”与《世说新语》的研究都起到了积极的推动作用。

唐翼明的突出贡献，体现在他结合了“清谈”的古义与今义，并深入研究了“清谈”的发展脉络与思想内涵，对“清谈”进行了现代的定义：“所谓魏晋清谈，指的是魏晋时代的贵族知识分子，以探讨人生、社会、宇宙的哲理为主要内容，以讲究修辞与技巧的谈说论辩为基本方式而进行的一种学术社交活动。”唐翼明指出，他对“清谈”定义的原因有五：第一，该定义排除了广义的清谈，即将“清谈”作为魏晋思潮的代名词，前人这种广义的定义容易给读者造成混淆，因此需要进一步修正；第二，“清谈”的主体是当时的门阀士族，并非一般的平民阶层，魏晋时期的名士均处于当时的上层阶级；第三，“清谈”的内容是“探讨人生、社会、宇宙的哲理”，同时以“讲究修辞与技巧的谈说论辩”为基本方式，这就将“清谈”与一般的谈话、聊天和人物批评区别开来；第四，“清谈”

① 顾炎武：《日知录》卷十三，《四部备要》本。
② 萧虹：《世说新语整体研究》，上海古籍出版社2011年版，第124—125页。

的重要题材是“三玄”，但《周易》《老子》《庄子》却并非“清谈”的唯一内容，其涉及的内容还包括儒家礼教、佛学观念等多个方面；第五，“清谈”的内容是“哲理”，因此政治批评、人物品鉴都不能称为“清谈”，只有抽象的、形而上的理论才属于“清谈”①。

据唐翼明介绍，“清谈”的参与方式主要有三种。第一种是一人主讲式。魏晋时期的“清谈”源自两汉的讲经，选拔精于此经的学者进行讲解，其他人属于聆听的位置，在适当的时候可以提出疑惑或异议，称为“问难”或“诘难”②。魏晋时这种一人主讲的情形并不多见，仅见的记录内容也是关于佛教思想的传播，如“文学第三十七”“文学第四十”“文学第四十五”，都是一人主讲的清谈形式。

第二种是两人辩论式，这也是“清谈”最普遍的一种形式。魏晋时期的人物品鉴多是根据比较来评定高下，辩论的双方根据特定的现象或议题，阐释自己的观点和认识，借此来显示自己的思想深度，这时往往由评鉴者对双方的优劣进行客观判断。魏晋时这种比较的风气也体现在“清谈”之中，《世说新语》中的记录多以两人辩论式为主，“文学第三十一”“文学第三十三”“文学第三十六”“文学第四十二”“文学第六十二”都是双方辩论式的故事。

第三种是多人讨论式。唐翼明指出，这种参与方式并不多见，因为这种情况不仅要求参与讨论的人物都是清谈高手，同时对讨论的问题都有深刻的理解，而满足两种条件的情形较少，《世说新语》中只有少数几条的记录，如“文学第五十三”“文学第五十五”。

唐翼明认为，“清谈”不仅有求理的一面，也有求美的一面，即“清谈”不仅是对于玄学等哲学问题的探讨，也是魏晋士人一种重要的娱乐方式。士人们在相互的沟通、辩论中获得娱乐消遣的乐趣，从而成为有益的文化活动，进而使清谈染上了社交的色彩。《世说新语》中就有多则故事表现出了“清谈”的娱乐性。

---

① 唐翼明：《魏晋清谈》，人民文学出版社 2002 年版，第 30 页。

② Tang, Yiming. *The Voice of Wei-Jin Scholars: A Study of Qingtan*. Ph. D. dissertation. Columbia University, 1991, pp. 20—26.

如《世说新语》中所记："裴散骑娶王太尉女，婚后三日，诸婿大会，当时名士、王、裴子弟悉集。郭子玄在坐，挑与裴谈。子玄才甚丰赡，始数交，未快；郭陈张甚盛，裴徐理前语，理致甚微，四坐咨嗟称快，王亦以为奇，谓语诸人曰：'君辈勿为尔，将受困寡人女婿。'"（《文学第十九》）

此外，唐翼明还对"清谈"的起源、发展、演变做出了深入的研究。他将魏晋清谈分为三个阶段：（1）汉末到魏初；（2）魏晋之交到西晋末；（3）东晋到南朝。在该部分内容中，唐翼明分析了"清谈"与当时政治的关系，探讨的主要内容和贡献，以及当时的代表人物等多个方面。[①] 唐翼明"清谈"的研究可谓是深入而具体的，不仅对其历史流变做出了线性梳理，同时从本体上对"清谈"的命名、形式、参与人物、社会影响等多方面内容都做出了详细地探讨，他对"清谈研究"这一命题的开创意义自是不言而喻的。

二、玄学思想的兴盛

汉末至魏晋南北朝时期，是中国自先秦以来又一次"百家争鸣"式的文化繁盛时代，也是中国文化史上一段相对自由的历史阶段。魏晋时期"玄学"的兴起是其突出的特点，"玄学"以《周易》《老子》《庄子》为本，其兴起彻底动摇了两汉时期赖以立国的儒学根基。在这股新思潮的推动下，士人阶层开始思考宇宙和人生的内在意义，并试图从老庄的思想中寻求救世的良方。

"三玄"，即《周易》《老子》《庄子》，这是魏晋时期"清谈"的重要主题，关于"三玄"的内容在《世说新语》中俯拾皆是，可以看出魏晋时玄学思想的盛行。据唐翼明统计，《世说新语·文学》的前半部分中，从第 1 条至第 65 条，除前 4 条为东汉故事外，其余 61 条几乎都与"清谈"相关。在这 61 条故事中，不

① Tang, Yiming. *The Voice of Wei-Jin Scholars: A Study of Qingtan*. Ph. D. dissertation. Columbia University, 1991, pp. 115—286.

涉及内容的共有18条，涉及内容的有42条，其中明确提到“三玄”的共有15条，占总数的三分之一。其中，提到《周易》的有3条，提到《老子》的3条，提到《庄子》的有6条，《老》《庄》共提的3条，并对《世说新语》中提到“三玄”的部分分而论之，反映了玄学思想对于当时社会文化的深远影响。[①]

《周易》

唐翼明认为，《周易》是儒家“五经”中最具哲学意味的一部书，也最易于与道家思想相沟通，因此成为魏晋士人最重视的儒家专著，并不断地试图将儒道进行融合。魏晋南北朝时期的经典研究逐步衰落，文人阶层不再像以前一样相信儒家礼教的合理性，但对《周易》的研究却是一个例外，此时学者们对《周易》研究的兴趣反而空前高涨。从《世说新语》的材料来看，谈易之风的盛行始于正始年间，在西晋时呈现出了衰落之势，东晋时则又有复兴，士人关于《周易》的讨论集中于世间万物的存在意义，主要以主客对答的方式进行辩论。唐翼明指出，《世说新语》中提及《周易》的条目主要有“文学第二十九”“文学第五十六”“文学第六十一”。

《老子》

《老子》是道家最根本的经典著作，魏晋时期的士人将其视为与《周易》同等重要的哲学著作，常将《易》《老》并称。唐翼明指出，在“清谈”早期，《庄子》的地位并不高，“三玄”以《易》《老》为主，直至东晋时期《庄子》才逐步开始盛行。

就唐翼明所说，魏晋清谈早期的代表人物何晏、王弼都精通《老子》，两人都对《老子》进行过注解，何晏自以为不及王注，因此将原注改为“道”“德”二论，如《世说新语》中记载：“何平叔注《老子》，始成，诣王辅嗣，见王

① Tang, Yiming. *The Voice of Wei-Jin Scholars: A Study of Qingtan*. Ph. D. dissertation. Columbia University, 1991, pp. 52—57.

《注》精奇，乃神伏曰：‘若斯人，可与论天人之际矣！’因以所注为《道德二论》。”（《文学第七》）“何晏注《老子》未毕，见王弼自说注《老子》旨，何意多所短，不复得作声，但应诺诺，遂不复注，因作《道德论》。”（《文学第十》）唐翼明认为，上文两则故事虽有出入，但可以证明《道德论》与《道》《德》二论应该是同一书。汉代将《老子》分为“道经”与“德经”，何晏《道德二论》不过是沿袭汉代旧例。

东晋以后，清谈的主要内容转为《庄子》和佛教思想，但《老子》仍作为文人清谈的重要经典。据唐翼明总结，《世说新语》提及《老子》的篇目主要有“文学二十七注”“排调第六十三”“文学第六十三”。

《庄子》

按唐翼明所考，《庄子》在“清谈”早期的地位不如《周易》和《老子》，西晋末逐渐兴盛，在南渡以后驾《易》《老》而上。《世说新语》中谈及《庄子》之处比《周易》和《老子》更多，且叙述较两者更为详细。唐翼明认为《庄子》地位的提高与向秀、郭象之注《庄子》紧密相关。如《世说新语》中记载：“初，注《庄子》者数十家，莫能究其旨要。向秀于旧注外为解义，妙析奇致，大畅玄风，唯秋水、至乐二篇未竟而秀卒。秀子幼，义遂零落，然犹有别本。郭象者，为人薄行，有俊才，见秀义不传于世，遂窃为己注，乃自注《秋水》《至乐》二篇，又易《马蹄》一篇，其余众篇，或定点文句而已。后秀义别本出，故今有向、郭二庄，其义一也。”（《文学第十七》）

可见，《庄子》最初是不被魏晋士人所重视的，其包含的深刻哲理是通过向秀和郭象的注释后才被人熟知的。此后，《庄子》成为魏晋清谈的重要内容，据唐翼明总结，《世说新语·文学》中提到《庄子》的共有9条，其中提及《庄子》具体篇目的有四条，包括“文学第三十二”“文学第三十六”“文学第五十五”“文学第六十二”。

三、女性地位的提高

“贤媛篇”是《世说新语》中新创的条目，仅用于刻画女性人物形象，包括魏晋女子的容貌、德行、才华、性格等各方面内容。钱南秀推测，刘义庆单列“贤媛篇”可能是受到了刘向的《列女传》影响，该书是中国第一本记录古代女性事迹的传记性史书。[①]《列女传》的主要内容，是表彰那些服从于儒家礼教的女性人物，全书充斥着封建道德的说教口吻。然而，《世说新语·贤媛篇》中却没有如此浓重的儒家道德意蕴，而是赞扬那些敢于与男性社会相抗衡的，具有才华和勇气的独立女性。

钱南秀认为，“贤媛”之“贤”并非是儒教礼教中的“贤”，而是“竹林七贤”之“贤”，指的是那些有卓越才能和独立精神的魏晋人物。[②]“竹林七贤”被世人推崇的原因，正是因为他们敢于反抗儒家思想的桎梏，以道家自然无为的精神为指导生存于世，反映出了魏晋士人“自由”与“超越”的内在品质，因此“竹林七贤”才能够成为魏晋士人的典型代表。同样，“贤媛”之“贤”也是缘于魏晋的妇女如“竹林七贤”一样，能够突破以男性为主导的社会，凸显出女性的独立地位，正如《世说新语》中对谢道韫的高度评价，将她与“竹林七贤”做以对比：“谢遏绝重其姊，张玄常称其妹，欲以敌之。有济尼者，并游张、谢二家，人问其优劣，答曰：“王夫人神情散朗，故有林下风气；顾家妇清心玉映，自是闺房之秀。”（《贤媛第三十》）

在魏晋时期，对女性的判断标准往往与男性一样，涉及她们的政治、思想、文学才能，以及面临困境的反应，对家庭的责任感，对男权的挑战等各个方面，只有具有这些品质的女性，才能够被称为“贤媛”。在《世说新语》中，塑造了

① Qian Nanxiu. *Spirit and Self in Medieval China: The Shih-shuo hsin-yu and Its Legacy.* Honolulu: University of Hawaii Press, 2001, p. 143.

② Ibid, p. 144.

许多深谙世事、精神独立、临危不惧的女性形象，如“陈婴母”“许允妻”“王经母”“陶公母”等，都是通达明理的女性代表。

《世说新语·贤媛》中的内容，展示了魏晋时期女性在政治事务、“清谈”文化、诗文创作等各个方面的卓越才能，因此赢得了丈夫和整个社会的尊重。萧虹也认为，魏晋前后时期，历史上有不少女性参与政治的例子，她们以太后、皇后、外戚或权臣夫人的身份参与丈夫的政务和商业[①]，如《世说新语》中对一些女性的描写，就体现了妇女对男性事业的影响：“司徒王戎既贵且富，区宅、僮牧，膏田水碓之属，洛下无比。契书鞅掌，每与夫人烛下散筹算计。”（《俭啬第三》）；“王丞相有幸妾姓雷，颇预政事纳货。蔡公谓之‘雷尚书’。”（《惑溺第七》）

魏晋时期妇女的生活氛围相对宽松，自幼便得到了很好的教养和品鉴能力，因此在嫁为人妇后能够帮助丈夫评价亲友，这其中脍炙人口的就是山涛妻子韩氏的故事，韩氏对嵇康和阮籍的评价，表现出了她卓越的识人才能：“君才致殊不如，正当以识度相友耳。”（《贤媛第十一》）萧虹认为，这则故事的有趣之处，在于韩氏对山涛、嵇康、阮籍的评价与世人相反，普通人认为山涛较嵇、阮二人为高，但韩氏却认为二人胜过自己丈夫山涛，而山涛本人也承认了这种评价。在以男性为主导的封建社会中，韩氏不仅敢于挑战丈夫的权威性，否定了山涛的能力和才华，同时拥有独立的品鉴和判断能力，彰显出了与传统女性“三从四德”截然不同的性格特点。此外，韩氏在夜晚偷偷考察嵇康、阮籍二人的行为，在儒家礼教看来也是大逆不道的，而韩氏却得到了山涛的许可和赞赏，可见魏晋时期妇女的社会地位。

魏晋时期女性地位的提高，还体现在相对宽松的婚姻制度上。尽管此时的婚配仍然基于严格的门第制度，但守节的观念却并不深厚。正如萧虹所说，若女子丧偶，不会受到来自娘家或社会的压力，通常会鼓励女子再嫁，若执意守节也是出于对丈夫的感情，而非世俗的压力，《世说新语》对此也多有记载。“庾亮儿遭

① 萧虹：《世说新语整体研究》，上海古籍出版社 2011 年版，第 145—146 页。

苏峻难遇害。诸葛道明女为庾儿妇，既寡，将改适，与亮书及之。亮答曰：‘贤女尚少，故其宜也。感念亡儿，若在初没。’”（《伤逝第八》）“郗嘉宾丧，妇兄弟欲迎妹还，终不肯归。曰：‘生纵不得与郗郎同室，死宁不同穴！’”（《贤媛第十九》）

然而，钱南秀也对“贤媛”的合理性有所怀疑。结合《世说新语》中的女性形象，她认为每个具有卓越才能、精神独立、敢于反抗的女性背后都有一股支持她的男性力量，来自父亲、兄弟、丈夫、儿子等不同渠道，大多出身高门的女性才有反抗权威的力量。[①] 萧虹也认为，这个时期影响妇女个人行为的原因，可能在于她们所拥有的贵族身份，她们的矜贵高傲使她们敢于公开反抗男权社会的统治。[②] “贤媛篇”中最突出的两位女性——谢安之妻刘夫人、王凝之妻谢道韫都是出身高门，所以在夫妻关系中能够拥有平等的地位。但不可否认的是，魏晋时期的妇女地位与其他年代相比是相对较高的，这也是源自玄学对人性本质的理解，即人生而平等且拥有真实表达内心的权力。若魏晋士人以玄学标榜自身，那么在行为上就须遵循玄学的原则，这对魏晋时期女性地位的提高也有积极的影响。

四、对待礼法的矛盾

东汉末期，受到儒家礼教和选官制度影响，当时的社会鼓励培养人的道德声誉，并进一步通过“孝廉”等方式进入仕途。当时以所谓“名士”组成的阶层开始出现，这些人因德行而闻名，其节操会受到公众的认可和官方的奖掖。然而，自汉末至两晋时期，儒学逐步走向了衰落，分裂的政治局面使士人阶级开始怀疑儒家思想的正确性，尤其是两晋时期玄学的兴起，使人们开始追求精神的自由和个性的解放。两晋的统治者基于治理国家的需要，又必须提倡儒家礼法，甚

① Qian Nanxiu. *Spirit and Self in Medieval China: The Shih-shuo hsin-yu and Its Legacy.* Honolulu: University of Hawaii Press, 2001, p. 148.

② 萧虹：《世说新语整体研究》，上海古籍出版社 2011 年版，第 146—148 页。

进了玄学的兴起，同时为士人阶层带来了思想上的自由和解放，开始探索人生于世的真正意义，反抗自汉代以降束缚思想的儒家礼教观念。以嵇康、阮籍、刘伶等人为代表的魏晋士人，在言行上明确表现出了对于儒家礼教的反叛。然而，儒家文化占据统治思想的位置四百余年，其对知识分子的影响是不言而喻的，尤其是司马氏王朝的统治者世代习儒，其拥护者仍坚持捍卫儒家的价值观和行为准则，因此仍有许多士人以抱持礼教自重。在儒家礼法和自由行为的双重影响下，魏晋士人呈现出了在新旧文化中摇摆不定的行为，一方面试图展示出人的独立人格；一方面在思想深处仍认同儒家礼教，这种矛盾的心理状态也是魏晋时期复杂历史的缩影。

第五节 《世说新语》的影响研究

《世说新语》的故事内容，从多方面反映了魏晋时代的社会状况、文化氛围，甚至是当时的历史更迭，具有重要的史料价值。《世说新语》确立的“世说体”写作范式，对后世笔记小说的创作也产生了积极的影响，自唐宋至近代，《世说新语》的仿作从未间断的出现，充分说明了其作为志人小说成熟代表的典型意义。魏晋时期独立自由的文化氛围，也深刻体现在《世说新语》的故事之中，是研究“魏晋风度”这一突出文化现象的重要材料。在《世说新语》中渗透的审美倾向，不仅影响了后世的艺术创作，同时影响了后世文人的精神面貌，“至情至性”“重神轻形”“自然素朴”等美学概念的形成，也于《世说新语》中间或出现。

一、《世说新语》对后世文学的影响

在中国文学史上，《世说新语》是后世模仿最多的文学著作之一，据钱南秀整理，从唐代至近代，中日两国至少有35种“世说体”的仿作，其中确实无疑的有30种，另有1部亡佚，4部尚不能确定。这些《世说新语》的仿作有一个共同的特点：将收集的历史轶事分类置于人物品鉴和行为种类之中。中国的《世说新语》仿作具体篇目见表4-1。

表4–1　中国仿作《世说新语》的篇目

朝代	作者	标题
唐	王方庆	《续世说新语》
唐	封演	《封氏闻见记》
唐	刘肃	《大唐新语》
宋	孔平仲	《续世说》
宋	王谠	《唐语林》
明	何良俊	《何氏语林》
明	王世贞	《世说新语补》
明	焦竑	《焦氏类林》
明	李贽	《初谈集》
明	李垕	《续世说》①
明	李绍文	《皇明世说新语》
明	郑仲夔	《兰畹居清言》
明	焦竑	《玉堂丛语》
明	张墉	《廿一史史余》
明	林茂桂	《南北朝新语》
明	颜从乔	《僧世说》
明	赵瑜	《儿世说》
清	梁维枢	《玉剑尊闻》

① 有学者认为《续世说》的作者李垕为宋人，本书对此不做详细考证。参见张固也《〈续世说〉的作者李垕是宋人》，《文献》1998年第1期。

二、《世说新语》对《晋书》的影响

无论是研究魏晋时期的政治、经济、文化，还是分析此时的哲学、艺术、生活，《世说新语》都是学者取材的重要材料。有的学者甚至认为:“研究汉末至魏晋时期的历史、习俗和文化的变迁，《世说》是最重要、最真实的历史资料。”尽管能否将《世说新语》径直视为史书，仍未得到学界的一致认可，但不可否认的是，《世说新语》中的许多故事具有重要的史料价值，并影响了后世史书的创作。如唐代史官刘知几就曾指出，《晋书》《南史》的编撰者，在这两部正史中都引用了《世说新语》的材料，虽然这些材料不一定完全符合史实，但至少可以说明《世说新语》中蕴藏着丰富的历史材料。萧虹认为，由于《晋书》编成时，《世说新语》业已广泛流传，所以《晋书》的编撰者房玄龄等人很可能读过此书，并影响了他们的选材。①

由于刘义庆编写《世说新语》的目的并非是直接记史，所以书中收录的故事范围散乱无章，关于某个人的多则故事，往往散见于全书各处之中。《世说新语》记录的内容虽然没有按照逻辑书写，但从吉光片羽的条目之中，仍可窥探到许多精彩的历史片段，某些故事还体现了作者暗喻褒贬的意味。如《世说新语》对曹丕的记载，就将其塑造成了一个荒淫好色、心胸狭隘、不择手段的人物形象:“魏甄后惠而有色，先为袁熙妻，甚获宠。曹公之屠邺也，令疾召甄，左右白:‘五官中郎已将去。’公曰:‘今年破贼，正为奴。’”(《惑溺第一》)“魏武帝崩，文帝悉取武帝宫人自侍。及帝病困，卞后出看疾。太后入户，见直侍并是昔日所爱幸者。太后问:‘何时来邪?’云:‘正伏魄时过。’因不复前而叹曰:‘狗鼠不食汝余，死故应尔!’至山陵，亦竟不临。”(《贤媛第四》)“文帝尝令东阿王七步作诗，不成者行大法。应声便为诗曰:‘煮豆持作羹，漉菽以为汁。萁在釜下然，豆在釜中泣;本是同根生，相煎何太急?’帝深有惭色。”(《文学第六十六》)

---

① 萧虹:《世说新语整体研究》，上海古籍出版社2011年版，第227页。

另外,《世说新语》也记载了一些关键性的历史事件，对于后世了解当时的政治倾向也有借鉴意义，如曹魏时期的故事就反映了当时政治局面的混乱与士人阶层的不满:“魏文帝受禅，陈群有戚容。帝问曰:‘朕应天受命，卿何以不乐?’群曰:‘臣与华歆服膺先朝，今虽欣圣化，犹义形于色。’”(《方正第三》)

据萧虹总结,《晋书》中总共有474条轶事与《世说新语》相似，占《世说》总数1131条的41.9%，这意味着《世说新语》中有半数的内容被唐代的正统史官承认。对于两者的差异，萧虹则认为是由于《世说新语》或是弄错了言语和事件，或是弄错了人物和时期。通过《世说新语》与《晋书》的比较，萧虹指出《晋书》中王戎、谢安、顾恺之等人的传记，与《世说新语》的故事极为相似，这些人物的共同之处在于生平多姿多彩。①

然而,《世说新语》的性质并非是史书，作者在尊重史实的基础上加大了故事的艺术性，与纯粹“记史”的《晋书》仍有根本的差异。萧虹认为，两书的区别首先体现在其性质上,《世说新语》的编撰并非是修史，因此它不追求综合性、系统性，叙事零碎而芜杂。其次,《世说新语》中没有记录皇帝、专职军人、务实文官、相士巫师，以及独立于晋氏政权的人物。究其原因，萧虹得出“《世说新语》重点谈名士”的结论。②通过《世说新语》与《晋书》的对照，可以看出刘义庆编撰《世说》的主观性较强，并不面面俱到地记录魏晋人物，只是择取一些具有名士风度的士人加以描绘。《晋书》作为正史，则要全面记载前代的历史变迁，以达到“以史为鉴”的现实作用，这也是《世说新语》与《晋书》的根本差异所在。

三、《世说新语》与审美自觉意识的兴起

鲁迅先生认为，魏晋时期是中国文学自觉的时代，后世游国恩、王运熙、杨

① 萧虹:《世说新语整体研究》，上海古籍出版社2011年版，第231页。
② 同上书，第234—239页。

明、章培恒都对鲁迅的观点进行了肯定和延续。李泽厚先生在《美的历程》中曾说，这种“自觉意识”不仅体现在文学创作领域，“其他艺术，特别是绘画与书法，同样从魏晋起表现着这个自觉。”[①]《世说新语》作为记录魏晋名士言行的作品，同样深刻地反映出了魏晋时期的审美自觉意识。在《〈世说新语〉：中国传统审美意识的出现》（*Shishuo xinyu and the Emergence of Aesthetic Self-Consciousness in the Chinese Tradition*）一文中，哈佛大学东亚研究系的李惠仪教授，详细地论述了《世说新语》所呈现出的美学倾向，对《世说新语》与中国审美自觉间的关系做出了探讨。她指出，《世说新语》将我们带入了一个优美、自由的世界之中，在此间人们可以自由抒发自己的真情实感，不必受到儒家礼教的束缚。《世说新语》塑造了大量魏晋士人形象，他们的言行和观念超越了中国传统的儒教框架，集中于展现独立精神和自我表达。李惠仪认为，《世说新语》中的故事本身并不具有系统性，大多是对魏晋名士日常琐事的真实描写，刘义庆通过系统的分类整理，将其划分为36个具体的门类，这种“世说体”的形式本身，就是对魏晋时期“人伦品鉴”这一美学现象的极好例证。

首先，李惠仪认为魏晋时期的“清谈”传统与审美自觉意识的兴起密切相关，反映出当时士人阶层的哲学思维和思想观念。顾名思义，“清谈”是一种语言上的交流和沟通，通过双方论辩来表达各自对世界的感受和洞察力，展现上层士人对个体存在的思考。尽管后世对“清谈”褒贬不一，但在《世说新语》的世界中，“清谈”是一种积极的、正面的文化活动，表现了人物语言、智慧、辩论能力等多方面的特点。李惠仪指出，“清谈”是一种奇特的美学现象，不仅注重作者对玄学的研习深度，还强调人物在交流时所表现出风度气质。如《容止篇》中所记：“王夷甫容貌整丽，妙于谈玄，下捉白玉柄麈尾，与手都无分别。”可见，“清谈”活动是对人物外在风貌和内在精神的全面体现。“清谈”最主要的形式，是参与者根据某一具体问题展开探讨，展现双方的表达和思辨能力，著名

① 李泽厚：《美的历程》，生活·读书·新知三联书店2014年版，第97—100页。

的钟毓与钟会、何晏与王弼的论辩在《世说新语》中均有记载。特别需要强调的是，“清谈”在表现个人观点的时候，往往强调“写怀”，即抒发内心的真情实感，凸显魏晋时期士人生活的真实风貌。通过具体的比较分析，李惠仪提出《世说新语》中对魏晋时期最为著名的思想家王弼、郭象记载较少，也可看出刘义庆的编撰原则是基于人物的真情与特点，而并非是以思想的深刻与否为依据。[①]如《排调》中记载：“支道林因人就深公买印山，深公答曰：“未闻巢、由买山而隐。”该则故事，充分反映出了在魏晋的乱世之中，上层文人纷纷选择遁迹隐居，不与黑暗的政治同流合污，在自然山水中肆意抒发内心情怀。

其次，李惠仪认为魏晋士人的行为观念，也明显渗透着审美的自觉意识，这又与魏晋时期的“人伦鉴识”相关。在上文的论述中，曾提到“人伦鉴识”源自汉代以来的选官制度，品评者着重突出人物的风貌、才能、品德等方面的素质，而被品评者为了获得良好的声名，在日常言行中也注意表现自己的优点，这在客观上提升了魏晋士人的审美自觉意识。李惠仪指出，《世说新语》的前四篇，“德行”“言语”“政事”“文学”暗合了“孔门四科”，侧重于描写如陈仲举、荀巨伯、百里奚等道德高尚的优秀人物。“识鉴”“赏誉”“品藻”三篇，属于传统的人物品鉴范畴，“识鉴”侧重于评价人物在政治、军事、历史等方面的才能，“赏誉”和“品藻”篇则侧重于表现人物的风度、智慧、洞察力等特质。根据“容止”篇中的故事条目，李惠仪探讨了魏晋审美的客观标准。她提出，魏晋时期对人物的外貌品评，不仅仅局限于容颜的美丑，更强调外在表现是否能彰显人物的风度气质。[②]在“容止篇”中，既有玉树临风的夏侯玄、嵇康、裴楷，也有相貌丑陋的曹操、刘伶、庾敳，刘义庆将这些描写人物外表的条目放至同一篇目，体现出了相貌“传神”的理念。东晋画家顾恺之《巧艺篇》中提出“四体妍蚩，

---

① Wai-yee Li. *Shishuo xinyu and the Emergence of Aesthetic Self-Consciousness in the Chinese Tradition*. Zongqi Cai: *Chinese aesthetics: the ordering of literature, the arts, and the universe in the Six Dynasties*. University of Hawai'i Press, 2004, pp. 241—246.

② Ibid, pp. 249—255.

本无关于妙处；传神写照，正在阿堵中”。顾恺之“轻形重神”的绘画理论，指出“神”只与人物的本质特点相关，并不取决于外在美丑，这种认识对后世的画论和文论都有极为深远的影响。《世说新语》中的人物品鉴，充分反映出了人物的精神本质，以及统摄人物的内在力量，促进了魏晋士人审美自觉意识的兴起。《世说新语》在人物品鉴的过程中，使用了“虚”“远”“简”“淡”“风”“风流”“朗”等概念，这些都从属于“神”的美学范畴，强调人物的内在力量和精神世界。

李惠仪进一步补充，除了审美自觉意识的兴起外，《世说新语》的故事条目中隐藏着魏晋士人对社会的焦虑和困惑，这主要体现在两个方面：其一，魏晋时期“清谈”文化的兴起，使上层社会沉溺于哲学论辩，反而较少关注现实的社会政治，导致魏晋南北朝时期的持续动荡，“清谈误国”的认识，在司马光的《资治通鉴》、顾炎武的《日知录》中都有提及。其二，“人伦品鉴”之风的盛行，使士人阶层乐于表现自己的相貌风度和才华智慧，不再注重处理政务的实际能力。在混乱不堪的社会背景中，士人阶层为了实现“自我净化”，纷纷选择消极避世，纵情于山水之间，追求精神的自由。这种对制度的反叛，实际上加剧了社会危机的产生，客观上不利于家国百姓的生活安稳。[①]

四、《世说新语》确立的东方审美观

宗白华先生认为：“汉末魏晋六朝是中国政治上最混乱、社会上最痛苦的时代，然而却是精神史上极自由、极解放，最富于智慧、最浓于热情的一个时代。因此也就是最富有艺术精神的一个时代。”[②] 诚如宗白华先生所说，魏晋南北朝时

① Wai-yee Li. *Shishuo xinyu and the Emergence of Aesthetic Self-Consciousness in the Chinese Tradition*. Zongqi Cai: *Chinese aesthetics: the ordering of literature, the arts, and the universe in the Six Dynasties*. University of Hawai'i Press, 2004, pp. 263—268.

② 宗白华：《美学散步》，上海人民出版社 1981 年版，第 208 页。

期动荡不安的政治环境对士人阶层的精神造成了严重的冲击，然而玄学思想的发展和个体意识的萌生，使魏晋时期的审美文化在此时大放异彩。在《世说新语》中，士人们不再拘泥于儒家忠君爱国、自律守礼等原则，将自我的展现放在了更为重要的位置上。同时受到道家思想的熏陶，魏晋士人开始产生自然淡雅的审美倾向，并直接影响了后世审美观的形成，也就是萧虹所认为的“东方审美观”。据萧虹总结，《世说新语》的“东方审美观”主要体现在六个方面。

第一，轻形重神。萧虹指出，“轻形重神”的观点镌刻着道家思想的印记，在绘画方面这一倾向最为明显，《世说新语》中有几则关于顾恺之的故事体现了魏晋时期“轻形重神”的审美观念。“顾长康画人，或数年不点目精。人问其故，顾曰：‘四体妍蚩，本无关于妙处，传神写照，正在阿堵中。’”（《巧艺第十三》）“顾长康道：‘手挥五弦易，目送归鸿难。’”（《巧艺第十四》）顾恺之的绘画并不追求完全的形似，而强调人物的神韵，使观赏者从画中感受到人物的音容笑貌和神态气度，“以形写神”的绘画理念也深刻影响了后世画论的发展。在晋代以后，我国的画论虽处于不断发展的过程中，但在根本上并没有脱离形神问题的范畴，大体都是对顾恺之画论的延续和拓展。此后，历代美学家和艺术家又将“以形写神”的理念运用于山水画之中，并在明清之际趋于高峰。

第二，崇尚朴素自然。《世说新语》特别欣赏素朴自然的事物，这与道家思想也有紧密关系。[1] 在人物品鉴的标准上，《世说新语》也反映出了推崇质朴的倾向，凸显人物的气度风韵，而较少关注人物的外在衣着服饰。“裴令公有俊容仪，脱冠冕，粗服乱头皆好，时人以为‘玉人’。见者曰：‘见裴叔则，如玉山上行，光映照人。’”（《容止第十二》）“刘伶身长六尺，貌甚丑悴，而悠悠忽忽，土木形骸。”（《容止第十三》）在这里，被誉为“玉人”的裴楷受到世人的称赞，是因为他内在的气质，而非外在的修饰。而对刘伶“土木形骸”的描述，则又与裴楷不同，是对刘伶潇洒恣肆性格的赞誉，体现了魏晋时期肯定自然、反对藻饰的

① 萧虹：《世说新语整体研究》，上海古籍出版社 2011 年版，第 249—252 页。

观念。

《世说新语》这种崇尚质朴的倾向，也反映在对文学的评论之中："庾仲初作《扬都赋》成，以呈庾亮。亮以亲族之怀，大为其名价云：'可三《二京》、四《三都》。'于此人人竞写，都下纸为之贵。谢太傅云：'不得尔，此是屋下架屋耳，事事拟学，而不免俭狭。'"（《文学第七十九》）谢安认为庾阐的文学写作缺少独创性，只会一味模仿班固和左思的写作内容，这种创作理念显得非常狭隘，这里也体现出《世说新语》所提倡的创新观念。

第三，崇尚高远。萧虹指出，《世说新语》在人物品评的时候，经常使用"高操""高远""高彻""高明""高爽""高素"或与"远"同义的"迈""疏"来称赞人物，这与中国美学史上的空间观念也有直接关系，可以在适当的距离中体验到审美享受。"抚军问孙兴公：'刘真长何如？'曰：'清蔚简令。''王仲祖何如？'曰：'温润恬和。''桓温何如？'曰：'高爽迈出。''谢仁祖何如？'曰：'清易令达。''阮思旷何如？'曰：'弘润通长。''袁羊何如？'曰：'洮洮清便。''殷洪远何如？'曰：'远有致思。''卿自谓何如？"（《品藻第三十六》）该则故事，充分说明了魏晋时期认为文人应该是超然于世、不涉俗务的，能够在乱世中保持精神的独立自由，并敢于真率地表达自己的内心。这种距离观也与中国画论中的"意境观"相连，尤其是山水画中的"留白"，以极小的人物和景致营造出一种空灵高远的意境特点，这也是《世说新语》树立的审美意识。①

第四，非功利思想。《世说新语》中的阮籍、嵇康等人均不屑于依附权贵，宁愿隐居而不愿做官。此外，萧虹也提出了《世说新语》中记录的人物生活有浓厚的非功利色彩，除了审美上的非功利性外，还有率性潇洒的生活情趣。例如，"张季鹰辟齐王东曹掾，在洛，见秋风起，因思吴中菰菜羹、鲈鱼脍，曰：'人生贵得适意尔，何能羁宦数千里以要名爵？'遂命驾便归。俄而齐王败，时人皆谓见机。"（《识鉴第十》）"王子猷尝暂寄人空宅住，便令种竹。或问：'暂住何烦

① 萧虹：《世说新语整体研究》，上海古籍出版社2011年版，第252—254页。

尔？’王啸咏良久，直指竹曰：‘何可一日无此君？’”(《任诞第四十六》)

第五，开放的人生观、政治观和世界观。受道家和玄学思想的影响，魏晋士人形成了一种卓尔不群的人格形象，这也是“魏晋风度”的重要表现。正如萧虹所说，魏晋士人能够用平常心看待生与死、穷与达、荣与辱，这在《世说新语》中都有真实的人物行为做注解。“夏侯太初尝倚柱作书，时大雨，霹雳破所倚柱，衣服焦然，神色无变，书亦如故。宾客左右，皆跌荡不得住。”(《雅量第三》)“谢太傅盘桓东山时，与孙兴公诸人泛海戏。风起浪涌，孙、王诸人色并遽，便唱使还。太傅神情方王，吟啸不言。舟人以公貌闲意说，犹去不止。既风转急，浪猛，诸人皆喧动不坐。公徐云：‘如此，将无归！’众人即承响而回。于是审其量，足以镇安朝野。”(《雅量第二十八》)萧虹认为，这种开放的人生观，在客观上势必会对魏晋士人的政治观和世界观产生影响，具体表现为制定以人为本的“宽政”政策。更为重要的是，这种人生观直接影响了人们的世界观，使人能够有与自然合二为一的审美体验，感受到人与自然和谐的最高境界，即是庄子所说的“物化”[①]

第六，至情至性的人物和艺术。在《世说新语》的故事中，可以明显看出刘义庆推崇那些性情真率的人物，敢于抛弃儒家礼教的外衣，真实表达内心情感。《世说新语》有一些著名的例子可以为证，尤其是生死离别之际最能反映出人物的内心真情：“王子猷、子敬俱病笃，而子敬先亡。子猷问左右：‘何以都不闻消息？此已丧矣！’语时了不悲。便索舆奔丧，都不哭。子敬素好琴，便径入坐灵床上，取子敬琴弹，弦既不调，掷地云：‘子敬！子敬！人琴俱亡。’因恸绝良久。月余亦卒。”(《伤逝第十六》)

① 萧虹：《世说新语整体研究》，上海古籍出版社2011年版，第256—262页。

第五章　跨文明视域下中西方六朝小说研究的比较分析

在全球化的语境下，随着科学技术的不断发展，世界各国在文化方面的交流愈发紧密。英语世界的六朝小说研究，与中国本土的研究有多种相似之处，中西方都将六朝小说视为中国小说的雏形阶段，将其置于中国小说史的纵向发展中，分析此时小说作品的历史起源、文体特点、人物形象、故事情节，以及对后世小说发展的具体影响。但是，由于中西方之间在文化机制、运思方式、知识质态等多方面的差异，直接导致了六朝小说在英语世界研究中的突出特点。文学作品作为文化的重要载体，在传播过程中会产生一系列的“他国化”现象。所谓文学“他国化”是指：“一国文学在传播到他国后，经过文化过滤、译介、接受之后产生的一种更为深层次的变异，这种变异主要体现在传播国文学本身的文化规则和文学话语已经在根本上被他国所化，从而成为他国文学和文化的一部分。”[①] 对于六朝小说的研究而言，这些以文言文创作的古小说作品，在译介、传播、研究的过程中发生了种种变化，因此呈现出与中国不尽相同的特点。通过中西方的对比分析，用对话的形式沟通中西方之间的学术成果，分析西方学界的研究角度和取向，有助于中国学界挖掘新的视角和方法。

---

① 曹顺庆主编《比较文学概论》，中国人民大学出版社 2011 年版，第 156 页。

第一节　中西方六朝小说的研究特点

在当今文化的碰撞交流中，得益于传播媒介的不断发展，中西方对六朝小说的研究逐步有合流的趋势。例如马瑞志先生对《世说新语》的翻译，是当下盛行的经典译本，国内学界对《世说新语》的译介研究，基本以马氏本为依据。尽管马瑞志的译本，在文化负载词的翻译上仍有存疑之处，国内如范子烨、张永言等多位先生也对此进行过商榷研究，但马瑞志先生的首创之功仍值得赞赏敬佩。然而，由于研究主体的身份和文化差异，其使用的研究方法和侧重点，均与国内学界有所不同。如杜志豪、付思德、康儒博、钱南秀等知名汉学家，能够超越异质文化造成的理解困难，打破中国学界对六朝小说的研究瓶颈，通过独立系统的分析，使六朝小说研究呈现出日趋向上的发展态势。英语世界的诸位学者，坚持西方学术传统的先进方法，重视文本的独立性和有机性，极大地推动了六朝小说的研究进程。

通过中西方对六朝小说的研究，可以看出两者主要呈现三方面的差异。第一，英语世界的研究多侧重于描写超自然现象的志怪小说，特别关注于志怪小说与神话传说、史传文学、文化背景的有机关联，志人小说的研究则相对较少，且研究者早期多具有汉语的生活和学习背景；中国对六朝小说的研究则相对均衡，若论个案研究又以《世说新语》居多。第二，英语世界的研究多体现为单篇作品的个案研究，基本没有涉及整体的“六朝小说史”，在史述研究层面显得明显不足，没能从整体上对六朝小说的发展形态做出探讨；中国从 20 世纪初即确立了“六朝小说史”的建构思想，在 20 世纪 80 年代后取得了大量的成果。从中西方六朝小说研究特点中，可以看出双方在研究视角、研究方法、侧重点等方面，既有重合，也有区别，通过两者间的对话总结，有助于六朝小说研究的持续深入。

一、中西方的研究侧重点差异

（一）西方侧重于超自然的志怪小说

根据六朝小说的译介和研究现状，可以看出英语世界对六朝小说的研究，相对侧重于志怪小说的部分。从译介情况上来看，六朝志怪小说的英译可远溯至19世纪初叶，马礼逊（R. Morrison）、叔未士（J. L. Shuck）等学者，以干宝的《搜神记》为据，较早地向英语世界介绍了志怪小说的部分篇目。20世纪后，布里奇曼（J. G. Bridgman）、鲍尔（J. D. Ball）、威廉、倭纳、翟林奈、均选译过《搜神记》及其他志怪小说。20世纪后半叶，罗伯森（D. E. Gjertson）的、高辛勇（Karl. S. Y. Kao）、张心沧等学者节译的六朝志怪小说，涵盖《搜神记》《搜神后记》《幽明录》《列异传》《齐谐记》《续齐谐记》《西京杂记》等多种文本，呈现出了繁荣向上的翻译景象。《搜神记》的全英译本在1996年正式面世，由著名的汉学家杜志豪和柯润璞合作，对《搜神记》中的464个神异故事进行了完整的翻译，将志怪小说这一中国文学的独特形式介绍至英语世界中。可以看出，英语世界对志怪小说的译介有起步早、范围广、译者多等特点，这与《世说新语》的译介呈现出截然不同的情况。在专著与博士论文方面，英语世界中关于志怪小说的成果，也远远多于同时期《世说新语》的研究，康儒博的《奇异书写：中国早期的志怪小说》从本体和外部研究两方面，对六朝时期的志怪小说进行了详细的分析，是英语世界中志怪小说研究的集大成之作。赵晓环的《中国超自然小说》，以中国志怪小说为切入点，从历史的纵向发展中研究了中国小说中的超自然情节，其中关于六朝志怪的部分，也具有重要的参考价值。关于志怪小说的博士论文成果，更是英语世界研究中的主要部分。根据现有的成果来看，作品涉及《搜神记》《幽明录》《拾遗记》《述异记》等，研究方法包括文献考据、鬼神形象、变形情节，以及中西方超自然小说的案例比较。在期刊论文中，与志怪小说相关的成果也颇为丰富，且研究的时间跨度较大，学者数量众多，范围较为广泛，可以看出六朝志怪在英语世界中，具有较为重要的研究地位。

相较于六朝志怪研究的繁盛局面，英语世界对志人小说的研究则显得有些不足。西方对志人小说的研究，集中于《世说新语》这一代表性的作品中，但无论是研究者的数量，还是取得成果的数量，都远不及同时期的志怪小说。在译介方面，《世说新语》的唯一全译本是由马瑞志先生完成，1976 年于明尼苏达大学出版社出版。马瑞志从中国古典文学的研究视角出发，以贴近中文元典为原则，采取逐字逐句保留原文意象与观念的翻译方式，生动地描绘了《世说新语》中的轶闻逸事、会话言谈乃至人物性格。虽然有马瑞志先生英译本的珠玉在前，但除了马氏外，鲜见《世说新语》的英译研究者，这种情况的出现，除了《世说新语》英译的困难性外，也可见《世说新语》在西方汉学界的研究中并未引起足够重视。《世说新语》的研究者，主要萧虹、钱南秀、唐翼明三位学者为中心。1982 年，萧虹完成了博士论文《世说新语研究》，以整体视角对《世说新语》进行了全面客观的研究，从文献考证的方面对《世说》的成书、版本、文化价值、历史意义、后世影响等方面进行探索。1991 年，唐翼明以“清谈”为主题完成了博士论文《魏晋士人的发声：对清谈的研究》，从形式、内容、发展等方面对东汉以来的清谈现象进行了详细论述，并重点分析《世说新语》中所体现出的清谈传统，描绘魏晋士人的日常生活场景。2001 年，钱南秀的《中国中古精神与自我意识——〈世说新语〉与其遗产》在夏威夷大学出版，作者称《世说新语》是“性格之作”，将研究重点放在《世说新语》的叙事技巧和人性分类法中。此外，高德耀、李惠仪、侯思孟等对《世说新语》也略有涉猎，但在研究的深度上，较马瑞志、钱南秀等人的成果均有不及。

根据英语世界中的研究成果，可以看出对志怪小说的热度远远大于志人小说，西方学者在“他者”的视角，对充满超自然因素的志怪小说更为热衷。值得注意的是，在六朝志怪研究领域的西方学者中，除赵晓环、张振军、薛京玉外，大多没有汉语的生活和学习背景，只是出于对中国超自然文学的好奇，显示出西方学者对神秘文学的关注点。相较而言，《世说新语》的大部分研究者或为华人身份，或具有在中国的生活经历，马瑞志先生幼年曾生长于中国河北地区，从小受到中国语言和文化环境的熏陶，奠定了他坚实的汉学基础。《世说新语》中复杂的历史环境，多样的人物形象，以及精深的魏晋文化，都对研究者的汉语水平和知识背景有极高要求，这也对《世说新语》在英语世界研究中的不足造成了相当程度上的影响。

（二）中国志怪与志人研究相对均衡

近现代以来，鲁迅先生首次将六朝小说研究推向高潮，并由此奠定了六朝小说的研究范式和格局。他以严谨的态度和深厚的文献功底，参阅了 80 余种大型的古典文献，从中钩稽出了 36 种，1400 余则六朝小说的故事条目，编撰成为《古小说钩沉》这一巨著，为六朝小说的研究提供了坚实的文献基础。在六朝小说的文体构建方面，鲁迅先生也做出了重要的贡献，他的《中国小说史略》和《中国小说的历史的变迁》两书，不仅填补了中国小说史的空白，标志着中国小说史学科的正式确立，还全面系统地梳理了六朝小说的发展脉络。结合六朝时期的社会背景，鲁迅先生探讨了六朝小说的形成原因，并介绍了主要作品的内容和艺术风格。《中国小说史略》中的“六朝之鬼神志怪书”（上、下）与“《世说新语》及其前后”三篇内容，将六朝小说大致分为“志怪”与“志人”两个部分，后世的研究基本上延续着鲁迅先生的定义与分类，在此框架上进行补充和完善。

从当前主要的成果来看，志怪小说研究持续的时间较长，涉及的作品也较为多样。在校注方面，主要有袁韬壶的《搜神记》（上海扫叶山房书局，1928）、汪绍楹校注的《搜神记》（中华书局，1979）、范宁的《博物志校证》（中华书局，1980）、汪绍楹校注的《搜神后记》（中华书局，1981）、齐治平的《拾遗记校注》（中华书局，1981）、李剑国的《唐前志怪小说辑释》（上海古籍出版社，1986）、郑晚晴辑注的《幽明录》（中华书局，1988）、孟庆祥等的《拾遗记译注》（黑龙江人民出版社，1989）、钱振民点校的《搜神记》（岳麓书社，1989）、范宁校点的《异苑》（中华书局，1996）、贾二强校点的《搜神记》（辽宁教育出版社，1997）、罗国威的《冤魂志校注》（巴蜀书社，2001）、钱振民点校的《搜神记·世说新语》（岳麓书社，2006）、李剑国辑校的《新辑搜神记·新辑搜神后记》（中华书局，2012）等、黄涤明译注的《搜神记全译》（贵州人民出版社，2008）等。[①] 在专著研究的成果中，较为突出的有叶庆炳的《汉魏六朝鬼怪小说》（河洛出版社，1976）、王国良的《搜神后记研究》（文史哲出版社，1978）、李剑国的《志怪述略·古典小说戏曲探艺录》（天津人民出版社，1982）、李剑国的《唐前志怪小说史》（南开大学出版社，1984）、王国良的《魏晋南北朝志怪小说研究》（文史哲出版社，1984）、王国良的《六朝志怪小说考论》（文史哲出版社，1989）、俞汝捷的《仙·鬼·妖·人：志怪传奇新论》（中国工人出版社，1992）、张庆民的《魏晋南北朝志怪小说通论》（首都师范大学出版社，2000）、王连儒的《志怪小说与人文宗教》（山东大学出版社，2002）等。其余如刘叶秋、叶庆炳、吴维中、杨义、王立、陈文新等多位知名学者，对志怪小说的源流、形成、主题、形象等方面内容进行过详细的研究。

中国学界对志人小说的研究，也以《世说新语》为绝对中心，间或出现关于裴启《语林》和殷芸《小说》的研究。从校注的成果上看，早期主要有刘盼遂的《世说新语校笺》（1928）、余嘉锡的《殷芸小说辑证》（1942）、沈剑知的《世说新语校笺》（1944）、程炎震的《世说新语笺证》（1942、1943）。20世纪60年代以后，出现了许多经典的校注本，主要包括以下一些著作。

杨勇的《世说新语校笺》（香港大众书局，1969）、余嘉锡的《世说新语笺疏》（中华书局，1983）、徐震堮的《世说新语校笺》（中华书局，1984）、周楞伽的辑注的《殷芸小说》（上海古籍出版社，1984）、钱振民点校的《世说新语》（岳麓书院，1989）、张万起和刘尚慈译注的《〈世说新语〉今译》（中华书局，

---

① 关于六朝小说的国内研究资料，参考宁稼雨先生主编《六朝小说学术档案》的前言和附录部分，后文不再赘述。除校注、译注、专著的研究成果外，关于六朝小说的学位论文和期刊论文不胜枚举，在此不做具体分析探讨。

1998)、杨勇的《〈世说新语〉校笺》(中华书局，2006)、沈海波注译的《世说新语》(中华书局，2009)。与注本、笺疏并行不悖，自20世纪80年代左右，学界出现了大量《世说新语》与志人小说的研究专著，大致的研究重点有五部分：(1)《世说》的作者和书名考证；(2)《世说》的版本和注释问题；(3)《世说》一书的性质和思想倾向；(4)《世说》与魏晋清谈文化；(5)《世说》的艺术特色和美学价值。[①] 最为突出的研究成果，主要有徐震堮的《〈世说新语〉简论》(中华文史论丛，1979)、郭豫适的《〈世说新语〉门类小考》与《〈世说新语〉散论》(见《中国古代小说论集》，华东师范大学出版社，1985)、宁稼雨的《中国志人小说史》(辽宁人民出版社，1991)、王能宪的《〈世说新语〉研究》(江苏古籍出版社，1991)、萧艾的《〈世说〉探幽》(湖南出版社，1992)、宁稼雨的《〈世说新语〉与中古文化》(河北教育出版社，1994)、王守华的《〈世说新语〉发微》(上海文艺出版社，1998)、范子烨的《〈世说新语〉研究》(黑龙江教育出版社，1998)、蒋凡的《〈世说新语〉研究》(学林出版社，1998)、范子烨的《中古文人生活研究》(山东教育出版社，2001)、宁稼雨的《传神阿堵、游心太玄：六朝小说的文体及文化研究》(百花文艺出版社，2002)、骆玉明的《〈世说新语〉精读》(复旦大学出版社，2007)、蒋凡的《〈世说新语〉英雄谱》(中国人民大学出版社，2008)。综上所述，可见以《世说新语》为代表的六朝志人小说，在中国学界的研究热度从古延续至今，自20世纪80年代后，以徐震堮、杨勇、宁稼雨、范子烨、蒋凡等学者为代表，将《世说新语》与六朝志人小说的研究推向了一个阶段性的高峰。

从中西方六朝小说的研究成果上看，双方在侧重上呈现出了相反的特点。英语世界的学者，往往对充满超自然因素的志怪小说更感兴趣，尤其是其中的变形、复生、人鬼相恋等问题，是西方学者们研究的重点部分。相比而言，西方对《世说新语》与志人小说的研究热度则显得有些不足，且英语世界中《世说》的

---

① 刘强：《二十世纪〈世说新语〉研究综述》，《文史知识》2000年第4期。

研究者多具有中国的语言背景和文化背景，这也从侧面反映出《世说新语》在西方学界中不被重视。中国的六朝小说研究，在“志怪”与“志人”两种类型中，呈现出了并驾齐驱的发展态势。无论是描写神鬼灵异的志怪故事，还是记录魏晋士人生活的志人小说，都引起了学界的广泛关注。从研究的深度上看，作为个案的《世说新语》显得更为全面具体，除了多种注本、译本的问世外，对《世说新语》的研究也涉及作者考证、版本商榷、人物形象、魏晋风貌、美学观念等各个方面的内容。《世说新语》研究在 20 世纪 80 年代后趋向高潮，应当归功于诸位才识卓越的学者，如余嘉锡、杨勇、宁稼雨、范子烨等先生，为“世说学”的研究做出了难以估量的贡献。若就《搜神记》与《世说新语》这两种六朝小说的代表作品而言，《世说新语》研究取得的成果是略多于《搜神记》的。通过中西方六朝小说研究的侧重点差异分析，可以看出西方学界出于对遥远中国文化的好奇，使他们对文学中的超自然因素更感兴趣；中国学者却多受鲁迅先生影响，向往魏晋时期文人潇洒恣肆的性格特点，在研究中明显倾向于描写士人生活的志人小说，这在客观上折射出了中西方的审美差异。

二、个案与整体的观念差异

（一）西方以个案研究为主

在英语世界的六朝小说研究成果中，除了康儒博的《奇异书写：中国早期的志怪小说》和贝莉的《似人的动物恶魔：6 世纪志怪小说中的性别、种族与界限交叉》外，基本上都是六朝小说的个案研究，作品主要涉及《搜神记》《拾遗记》《幽明录》《世说新语》。英语世界的学者们，大多选择一种作品文本，以特定的文化视角进行研究，如杜志豪主要研究《搜神记》的考据和文献知识，张振军侧重于《幽明录》与佛教的影响关系，而钱南秀对《世说新语》的研究则集中于人性分类和叙事艺术。英语世界多位学者的个案研究成果，详细地探讨了《搜神记》《世说新语》等作品的人物（鬼神）形象、艺术特色、创作手法，促进了六朝小说作品在西方社会中的影响和传播。然而，从整体研究的角度上看，尚未有全面研究六朝小说的成果问世。英语世界现行的诸版《中国文学史》，对六朝小说的研究往往是一带而过，或仅限于介绍《搜神记》和《世说新语》的作者和主要内容。在孙康宜、宇文所安主编的《剑桥中国文学史》中，关于六朝小说的介绍只有"刘义庆与其文学集团"一节，概述了刘义庆的生平事迹，以及《世说新语》的性质和主要内容。在梅维恒主编的《哥伦比亚中国文学史》中，胡缨简要地介绍了六朝志怪小说的发展情况，以干宝的《搜神记》和陶潜的《搜神后记》作为主要代表作品，并提及了刘义庆的生平介绍和《世说新语》的成书过程。骆玉明主编的《中国文学简史》相对较为全面，按照魏晋和南北朝的历史发展顺序，对此时的小说创作进行了概述，但也仅限于对作者与作品的介绍，并未对其历史地位、艺术特色等内容做出深入探讨。英语世界对中国古典小说的研究，大多侧重于明代以后的长篇小说，对六朝小说的整体发展情况则相对关注较少，造成了西方对六朝小说文体史研究的缺失。然而，六朝时期的小说发展，在此时达到了一个阶段性的高潮，诞生的作品数量近两百部，在文体形式上也呈现出小说的基本特点，具有重要的历史地位和研究价值。西方学者对六朝小说的关注，主要集中于作品的个案探讨，缺少整体的史述研究意识，这就使诸多成果呈现出了零散细碎的特点，未能从整体上向西方读者展示六朝小说的风貌，这可谓是西方学界研究中的一大缺憾。

（二）中国的整体史述观念

除了个案研究的发展外，中国学界较早地开始了"六朝小说文体史"的建构，并取得了大量的研究成果，从整体上展示出了此时小说创作的风貌。宁稼雨先生认为，六朝小说文体史建构的先驱当属鲁迅先生。他的《中国小说史略》和《中国小说的历史变迁》两书，全面介绍了六朝"志怪"与"志人"小说的发展问题，提供了六朝小说的绝大部分作品信息，并分析评价了它们的价值和地位。[①] 此后，刘叶秋先生的《魏晋南北朝小说》，首次全面介绍了魏晋南北朝小说的产生和发展过程，并结合具体的作品，说明了此时小说的内容、类型和艺术特点等。

20 世纪 80 年代以后，关于六朝小说的史述研究取得了空前的突破和进展，诸位学者对六朝小说的文体史建构，做出了难以估量的卓越贡献，将“六朝小说史”的研究推向了高潮。此时的代表成果有侯忠义的《汉魏六朝小说简史》（辽宁教育出版社，1992），侯忠义先生对中国文言小说的概念进行了厘清，指出：“（汉代）确定了我国文言小说的概念，它所包括的特点和内涵，成为一个规范，得到整个封建时代直至清末文言小说作家和学者的遵守和承认。”[②] 侯忠义先生的贡献，在于他以纵向发展和横向作品为脉络，分析了汉魏六朝小说的文化土壤、内容思想、艺术特色，以及对后世小说的影响，完整展示出了六朝小说的演进规律。陈文新先生的《六朝小说》（文化艺术出版社，1997），收录了 37 部小说作品，以具体篇目为单元梳理了六朝小说的发展情况，全面介绍了作者的生平、作品内容、版本流传，并以题解的方式引出选文，题解部分也充分反映出了作者对六朝小说的卓见。王枝忠的《汉魏六朝小说史》（浙江古籍出版社，1997），突出特点在于全面介绍了六朝小说的发展面貌，涉及内容包括作者生平、故事来源、内容思想、艺术特色、前后影响等。更为重要的是，王枝忠先生选取的六朝小说篇目，在数量上达到了七十余种，远远超过了其他学者的介绍，极大丰富了六朝小说的研究资料。魏世民的《魏晋南北朝小说史》（安徽大学出版社，2011），侧重于文献考证方面的研究，对魏晋南北朝小说的作品做出了详细的辨析。该书的特色在于扎实的基础工作，作者从宋前的各种史料中挖掘出魏晋南北朝小说 172 种，并剔除了今人理解讹误的小说 16 种，是目前收录魏晋南北朝小说数量最多的著作。作者根据历史的发展顺序，对 172 种小说做了编年校证，分别考证出它们的成

---

① 宁稼雨主编《六朝小说学术档案》，武汉大学出版社 2011 年版，第 3 页。

② 侯忠义：《汉魏六朝小说简史》，辽宁教育出版社 1992 年版，第 4 页。

书年代和作品真伪，使六朝小说创作的先后次序清晰的呈现出来。除了将作品与社会环境结合外，本书在总论部分探讨了魏晋南北朝小说的整体情况，包括作家构成、创作地域、传播情况等内容，使读者对六朝小说的概况有了完整的认识。

除了六朝小说的断代专史外，在各种“中国小说史”的研究成果中，也可见六朝小说的整体情况。董乃斌的《中国古典小说的文体独立》（中国社会科学出版社，1992）、吴志达的《中国文言小说史》（武汉大学出版社，1993）、石昌渝的《中国小说源流史》（生活·读书·新知三联书店，1994），欧阳健的《古小说研究论》（巴蜀书社，1997）、杨义的《中国小说史论》（人民出版社，1998）、孟昭连和宁宗一的《中国小说艺术史》（浙江古籍出版社，2003）等著作，都有关于六朝小说的专题研究。石昌渝的《中国小说源流论》，对介于史传与小说间的“古小说”概念进行了界定，指出魏晋南北朝时期“古小说”成为一种独立的文体，其标志在于大量“古小说”专辑的出现与题材内容的明确分类。在论述“志怪”与“志人”两种题材时，石昌渝指出学界虽将两者对举，但两者的旨趣却有明显不同，“志人小说以玄韵为宗，讲究意蕴和神韵，与诗相近；志怪小说则以叙事为本，讲究故事奇特，与小说接近”①。宁稼雨先生的《传神阿堵·游心太玄——六朝小说的文体与文化研究》，从史传、神话传说、诸子、辞赋的文体变迁入手，分析了其对六朝小说文体形成的影响，并从审美文化的角度对《世说新语》进行了深入具体的研究，其中涉及“世说体”的内容当属国内研究的首倡者。

自20世纪80年代以来，国内对“六朝小说”的文体建构问题做出了详细的探讨，取得了大量优秀的研究成果，在六朝小说的源流、形成、定位、影响等问题中，基本取得了一致的认识，极大地推动了六朝小说整体研究的进程。在多位学者的带领下，作为断代文体史的六朝小说研究，无论在深度和广度上都有了前所未有的突破性进展，改善了80年代以前凋敝的研究情况。尤其是对《世说新语》的研究，已经涵盖作品内部和外部的各个方面，“世说学”的形成业已初见

① 石昌渝：《中国小说源流史》，三联书店1994年版，第118页。

端倪。这些现有的研究成果，为后世的学者研究树立了良好的典范作用。

根据上述的对比分析，可以看出英语世界中的六朝小说研究主要以个案为主，较少涉及整体的史述研究，甚至在各种《中国文学史》的介绍中，也是以作品为切入点进行重点介绍。西方学者重视个案视角的研究，虽然在文本剖析上取得了较为深入的成果，使西方读者了解了如《搜神记》《世说新语》等作品的故事内容和艺术特色，却未能从整体上对六朝小说的发展全貌做出论述，这也是英语世界六朝小说研究的一大缺憾。中国学界则较早意识到了六朝小说的文体建构问题，自鲁迅先生的《中国小说史略》就将六朝小说分为“志怪”与“志人”两种类型，结合作品产生的文化土壤，对六朝小说的作品进行了论述。此后，“六朝小说史”的研究呈现出了渐进式的发展趋势，并于20世纪80年代后达到了高潮，在刘叶秋、侯忠义、王枝忠、宁稼雨等先生的带领下，“六朝小说文体史的建构”逐步被学界所认可，取得了数不胜数的专著和论文成果，现已成为中国小说研究的重镇。通过中西方的对比，可以看出中国较早地产生了文体史的意识，在整体思路的指导下，不断加深六朝小说史的研究。相较之下，西方在整体研究的部分有明显不足，这也可视作未来研究的重点。

三、社会文化与语词研究的方法差异

（一）西方多与社会文化相结合

英语世界中对六朝小说的研究，主要集中于作者生平、故事内容、艺术特色等部分，通过具体的文本故事，使西方读者了解到这一特殊时期的小说形态。通过现有的成果来看，西方学者往往将小说作品放置到具体的社会环境之中，结合当时的政治局面和文化氛围等外部因素，来研究六朝小说的形成、发展，以及艺术特色。如德克·卜德将《搜神记》与六朝时期的鬼神崇拜之风相联系，分析了干宝秉承的“记史”创作宗旨，以此为视角来介绍《搜神记》的具体内容。付思德则从道教的核心观念入手，探讨了《拾遗记》与道教的关系，从侧面反映出了当时社会中道教盛行的风气。张振军把《幽明录》中的部分故事进行了提炼，详细论述了佛教传入以后，志怪小说在人物、主题、情节等各个方面发生的变化。可以看出，英语世界的学者大量运用了社会文化的研究方法，将小说作品与社会环境相连接，向读者展示出六朝时期独特的历史风貌和小说形态。作为反映魏晋士人生活的《世说新语》，更是西方学者进行社会文化研究的重要文本。萧虹的《世说新语研究》除了对《世说新语》的作者和版本问题进行考证商榷外，还着重分析了书中透视的魏晋风尚，涉及上层文人的阶级对垒、生活习惯、文化活动、娱乐方式等内容，剖析了《世说新语》对后世审美观的种种影响。唐翼明的研究则更为清晰，选取“清谈”这一独具特色的魏晋现象，深入地研究了“清谈”所反映出的政治生活和社会现象，其中引用《世说新语》的故事条目，目的均在于反映魏晋的“清谈”风尚，以及“清谈”背后所隐藏的宗教思想。

（二）中国的语言词汇研究

国内关于六朝小说的成果，除了结合社会环境的外部因素外，还涉及了文本语词的内部研究。六朝小说属“古小说”的代表之作，其创作语言均为古体文言，还有很多当时社会中的特殊用语，读者在阅读上会遇到很多障碍。为了解决这一问题，国内学者在六朝小说的语词研究中做出了巨大努力，并取得了一系列的研究成果，这其中又以《世说新语》的语词研究为重点。六朝小说的语词研究成果，主要包括张永言的《〈世说新语〉辞典》（四川人民出版社，1992）、吴金华的《世说新语考释》（安徽教育出版社，1994）、张万起的《〈世说新语〉词典》（商务印书馆，1993）、方一新的《东汉魏晋南北朝史书词语笺释》（黄山书社，1997）、蒋凡的《〈世说新语〉的读法》（中国人民大学出版社，2008）、蔡言胜的《〈世说新语〉方位词研究》（南开大学出版社，2008）。尤其是张永言、张万起两位先生的《世说新语》词典，其中严谨细致的考证、开阔的理论视野、坚实的文献功底，为《世说新语》的语词研究打开了新的局面。张万起先生的《世说新语词典》偏向于语言学的研究，其中对《世说新语》中各种属性名词的分析，对《世说新语》乃至魏晋文学的研究都有重要的作用，特别是其中的虚词研究独具特色。张永言先生的《世说新语辞典》则更像是六朝文学的百科全书，举凡《世说新语》中的词语、人物、典故、环境都在作者的研究范围之中，是考察《世说新语》与六朝文学的重要书目。关于志怪小说词汇研究的专著相对较少，以周俊勋的《魏晋南北朝志怪小说词汇研究》（巴蜀书社，2006）为代表。这些成果的出现，为六朝小说研究扫清了语词中的诸多障碍，不仅对于学界产生了重要的研究价值，同时也有助于普通读者的理解，客观上促进了六朝小说的普及。

从研究方法上来看，英语世界学者主要结合了社会历史的方法，将小说作品与当时的政治、宗教、文化等方面相联系，尤其是对志怪小说的分析，多与道教或佛教的宗教观念紧密相关。西方对志怪小说与六朝文化的研究热情，也是出于对中国宗教的神秘向往。而中国的六朝小说研究，除了社会文化的背景探讨外，还出现了许多研究语词的专著成果，为读者理解六朝小说与文化扫清了诸多障碍。西方在六朝小说的语词研究中，则显得相对不足，除马瑞志先生的《世说新语》全译本外，其他译者也较少涉及语词研究的部分。由于六朝小说基本是以文言创作，还有不少当地的方言俚语，如果不借助于词汇的研究很难真正理解，而西方对语词关注的不足，也是造成六朝小说传播与研究不足的关键因素。

第二节　英语世界六朝小说研究的方法论借鉴

自近代以来，关于六朝小说的研究已持续近百年，尤其是20世纪80年代以后，在诸多前辈学者的带领之下，六朝小说的研究呈现出了欣欣向荣的繁盛局面。然而，与其他断代文体史相比，六朝小说的研究仍显得薄弱与落后，因此需要在未来的发展中深入挖掘。据宁稼雨先生总结，未来六朝小说研究的可开发领域大约有以下几个方面：第一，文献资料资源的进一步整合和扩大；第二，六朝小说史书的综合完善；第三，六朝小说的社会历史文化研究；第四，六朝小说文体和艺术形式的研究；第五，六朝小说研究与新兴的研究方法的融会结合。① 由于中西方不同的文化土壤、思维方式、研究兴趣等差异，致使中西方在六朝小说的研究方面，表现出了不尽相同的特点。对英语世界六朝小说的研究不仅能够展示出西方世界的研究风貌，对中国未来的六朝小说研究，也有着重要的借鉴作用，有助于我国学术视野、思维范式的更新。尤其是西方学者运用了多种先进的研究方法，对简短零散的六朝小说进行系统的理论分析，涉及的方法论包括社会历史研究、叙事学研究、女性主义研究、人类学研究、文学地理学研究、跨文明比较研究，从理论上更新了六朝小说的研究传统，对于中国学界有着积极的启示作用。

一、社会历史研究

中国国内对于六朝小说的历史文化研究多以《世说新语》为主，诸多学者对《世说新语》所反映的魏晋文化、士人生活，以及书中体现的美学意蕴均有了深入地探讨。在宁稼雨、范子烨、蒋凡等学者的带领下，《世说新语》与魏晋文化的研究取得了丰硕的成果，包括《中国志人小说史》（辽宁人民出版社，1991）、《魏晋风度》（东方出版社，1992）、《〈世说新语〉与中古文化》（河北教育出版社，1994）、《魏晋士人人格精神》（南开大学出版社，2003）、《中古文人生活研究》（山东教育出版社，2001）等。然而，志怪小说与社会历史文化的关系研究，相较之下则有明显不足。正如宁稼雨先生所说：“从目前情况来看，以《世说新

① 详见宁稼雨主编《六朝小说学术档案》，武汉大学出版社 2011 年版，第 11—13 页。

语》为主体的志人小说与玄学等当时社会历史文化的关系研究已经相对深入。而志怪小说与当时社会历史文化的关系，尤其是与佛教、道教文化的内在关联，还缺乏深层意义和全面意义上的观照和研究。”①

相较国内对志怪小说社会历史研究的薄弱，英语世界中该部分的研究则较为深入，大多学者结合六朝时期的宗教文化进行解读，这也与西方学者的研究兴趣有很大关系。付思德的《〈拾遗记〉及其与志怪小说的关系》，对六朝时期的文学背景加以介绍，并详细分析了此时的社会状况和文化氛围，将《拾遗记》与志怪小说的研究放置于六朝的时代环境之中。该成果以王嘉的《拾遗记》为研究对象，对《拾遗记》的发展脉络进行了详细地梳理，并将各朝代不同的《拾遗记》版本进行比较。作者认为《拾遗记》的创作并没有完全遵循志怪小说的传统，在文中明显渗透着道家的宗教思想，作者王嘉对道家教义和秘术的信仰，集中反映于《拾遗记》的故事情节之中，这也是《拾遗记》与其他志怪小说的差异所在。付思德指出，自两汉以来统治者崇尚道教，大量招揽方士修炼秘术丹药，此时道教的地位有了很大的提升，因此王嘉的《拾遗记》在当时的上层社会中流传甚广。张振军的《中国早期社会中佛教与超自然因子：刘义庆的〈幽明录〉研究》将作品与宗教结合得更为紧密。作者结合东汉以后佛教传入中国的文化背景，对《幽明录》中的佛教思想进行了研究。张振军认为，《幽明录》作为六朝时期志怪小说的代表作品，在艺术成就上并不亚于《搜神记》，《幽明录》记载的故事条目，无论是主题、人物、情节，还是创作动机上均受到了佛教思想的深刻影响。张振军的研究集中于《幽明录》中的佛教因素部分，力图探究印度佛教的传入情况，还分析了其对六朝志怪小说产生的深远影响，对《幽明录》与佛教思想的研究有重要的现实意义。此外，高辛勇、蒲慕州、杜志豪、太史文等学者关于六朝志怪小说的研究，都与当时的佛教、道教等宗教文化观念相联系，从深层的文化角度对志怪小说的形成、情节、特点等内容进行详细的剖析。英语世界中关于六

---

① 宁稼雨主编《六朝小说学术档案》，武汉大学出版社2011年版，第11页。

朝志怪小说的文化研究，占据了研究成果的重要位置，西方学者的研究视角与方法可对国内学界产生积极的借鉴作用。

二、叙事学研究

从现有的成果来看，英语世界对六朝小说的研究，往往根植于文体和艺术特色等方面，尤其是对叙事学研究方法的运用，是国内学界需要学习借鉴的重要部分。钱南秀专注于《世说新语》的本体研究，在她的专著《中国中古精神与自我意识——〈世说新语〉与其遗产》中，详细论述了《世说新语》的文体艺术特点，以及《世说新语》的人性分类原则，突出其作为“世说体”代表的叙事特点，钱著使用的叙事学理论方法，也使《世说新语》在传统研究的基础上取得了新的成就。钱南秀集中关注于《世说新语》的叙事艺术，她通过整理全书的品目分类和人物轶事，以及联结它们的抽象语法，将全部内容整合成为一个有机的系统，《世说新语》首要的叙事特点即在对于人物性格的分类方法。钱南秀对《世说新语》的叙事研究，主要体现在对人物的性格分类和性格描写方面。通过对《世说》品目和故事的分析，将书中提到的1500余位人物形象，分为了“德”“才”“性”“情”四个部分。同时，钱南秀对《世说》的人物描写手法，进行了叙事学的深入分析，从理论的高度上对《世说新语》的人物描写特点加以探讨，特别是刘义庆使用的叙事方法、技巧、修辞等多方面内容，这种系统深入的研究方法也是国内所欠缺的重要部分。康儒博则以六朝时期的志怪小说为研究对象，对中国这种特殊的超自然小说形式进行了完整系统的探究。在《奇异书写：中国早期的志怪小说》中，康儒博将六朝志怪小说看成一个整体，详细分析了志怪小说的故事来源、叙述模式、修辞手法等各方面的内容。康儒博对六朝志怪小说的研究，不仅是英语世界研究中的集大成之作，与中国的志怪小说研究相比，在深度和广度上也有过之而无不及。康儒博在六朝志怪的研究中，展现出了西方学者宽阔的理论视野，运用了叙事学等研究方法，从艺术特点的多个侧面呈现出六朝志怪的完整内容。在中国学界对志怪小说的研究进程中，对康儒博这种研究视角和方法的借鉴，必然会极大地推动六朝志怪小说的研究进程。

自从20世纪80年代后，结构主义叙事学的浪潮席卷中国，开始将叙事学理论运用于中国文学的研究中。国内外学者借鉴了叙事学的相关理论，对中国文学展开了系统研究，如徐岱的《小说叙事学》、罗钢的《叙事学导论》、浦安迪的《中国叙事学》、杨义的《中国叙事学》、申丹的《叙述学与小说文体学研究》等成果相继问世。但从当前的成果来看，选材范围基本上还处于经典叙事学的范畴中，特别是明代后小说叙事的研究仍属绝对重点，关注此时作品的叙述者、叙述视角、叙述人称和叙述时间等问题，对六朝小说的叙事学研究则显得尤为不足。六朝小说作为中国古小说的定型代表，在各个方面均已确立了小说发展的基本范式，具有重要的研究意义和价值。在杨义先生等学者倡导的“中国小说叙事学”体系的建构中，六朝小说可视为重要的发轫阶段，因此需要国内学者对其做出更为深入系统的理论挖掘。

三、女性主义研究

六朝小说中的主人公形象，包括很多女性鬼怪和女性人物，这也构成了六朝小说研究的主题之一。在志怪小说中，女性大多以“他者”的身份存在，或是善良贤惠的女鬼，或是邪恶阴险的妖怪，是志怪小说超自然情节的关键要素。在《世说新语·贤媛篇》中，刘义庆则生动地刻画出了许多才能卓越、特立独行的女性人物，她们的生活状态和言行方式充分说明了此时相对宽松的社会文化，为“魏晋风度”的形成做出了重要的注解。在六朝小说的研究过程中，西方学者较早地使用了女性主义的研究方法，对国内研究也有重要的借鉴作用。

女性主义的思潮兴起后，迅速蔓延至文学研究的领域之中，特别是对古典小说女性人物的分析，已经成为女性主义研究的重镇。在英语世界的六朝小说研究中，多位学者运用了女性主义的理论视角，对作品中的女性形象进行了探讨。薛京玉的博士论文《魔镜：中国古典小说中的恶魔表现》集中于志怪小说中的人物形象研究，包括志怪小说中女性的“他者身份”。薛京玉认为，在六朝小说的创作中，女性始终处于消极被动的位置，她们与男性的交往多与性相关，特别是引诱男性的情节设定，反映出了女性在男权社会中的弱势情况，以及男权社会对女性身份存在着双重认知：女性的存在一方面会对男性造成诱惑，威胁家庭和社会的稳定；另一方面认为女性缺乏独立的意识，其男性附庸的地位会弱化她们的主导性影响。谢文娟的研究，根据《搜神记》中几则具体的故事篇目，从更为细致的角度指出了六朝志怪小说中女性的附庸地位。她认为，志怪小说中的女鬼往往美貌贤惠，出身尊贵，但却不得不与愚蠢的男性结合，最后结局也大多较为悲惨。谢文娟指出，这样的设定完全是基于男性的创作和阅读取向，满足了男性对性与权力的双重幻想，女性的完美情人形象只是他们通往成功的工具。《搜神记》和其他志怪小说中的女鬼形象，命运的走向完全依赖于男性，这种幻想式的故事情节是出于男性的兴趣而进行创作。谢文娟认为，这种情节反映出了魏晋时期女性对爱情和婚姻的追求，但这种美好的愿望在志怪小说中往往都化为泡影，她们的存在只是满足了男人的幻想，从未真正获得自由与重生。

相较于志怪小说女性消极被动的形象特点，《世说新语·贤媛篇》则生动地塑造出了大量卓越的女性人物，她们大多具有卓越的才能和魄力，甚至在见识方面能够超越男性。在英语世界的《世说新语》研究者中，萧虹、钱南秀两位学者都是女性的身份，在研究的过程中不可避免地带有女性主义的视角。萧虹、钱南秀对《世说新语》的女性主义研究基本相近，认为如谢安妻刘夫人、王凝之妻谢道韫、山涛妻韩氏等女性人物的塑造，集中体现了魏晋时期女性自我意识的崛起。在“贤媛篇”中，对女性的评判标准基本与男性一样，涉及政治才能、哲学思想、勇气魄力等多方面内容，并能够由此赢得丈夫和社会的尊重。自中国封建制度建立后，妇女的地位大多从属于男性，只承担着繁衍后代的社会职能，特别是“理学”兴起后更是如此。然而，魏晋时期女性的生活环境却相对宽松，女性能够自由抒发自己的真实情感，与男性同样拥有受教育的权利，“贤媛篇”中独立的女性形象正是在这种环境中诞生的。

四、文学人类学研究

文化人类学，属于文学与人类学的交叉学科，旨在研究人类各民族创造的文化，以揭示人类文化的本质。文学人类学的研究方法，涉及考古学、人种志、人种学、民俗学、语言学等，通过深入的挖掘对全世界不同民族作出描述和分析。自上古时期，中国便诞生了大量的神话传说故事，象征着先辈们对世界的基本认识和美好幻想，这些充满奇趣的神话也为后世的文学创作提供了宝贵的财富。六朝志怪小说，受到了口头传说和史传文学的重要影响，无论是人物形象、故事题材、主题思想等各方面均明显带有历史遗存的印记。西方学者对六朝小说的研究，也多着眼于文学人类学的领域，通过对具体故事的分析来挖掘文本背后的文化内涵。结合国内六朝小说研究的情况，可以看出对志怪小说的文化探究仍存在巨大空白，西方学者使用的人类学研究方法，也可以为下一步的研究提供具体方向。

西方学者们首先意识到了志怪小说在人类学研究方面的价值，并指明了研究的方向和路径。傅飞岚在评述《搜神记》时就提出，志怪小说展示出了魏晋时期士人生活的真实风貌，《搜神记》对于文化研究更是有着重要的价值和意义，其中囊括的神话预言、圣徒传记、民俗志、神话地理等内容，大致类似于西方的民俗学研究范畴。杜志豪也提出，志怪小说是人们探索未知世界的有力证明，此时人们开始运用已知的知识和想象来探究世界。在研究的主体方面，杜志豪认为许多民族志学者构成了志怪小说的创作者，许多前代的故事构成了志怪小说的主题。从人类学的研究角度看，文学是民族文化的深刻印记，志怪小说与《诗经》、楚辞一样，都是中国文化的真实缩影。相较而言，付思德对六朝志怪的人类学价值有更为清晰的认识。他指出，六朝志怪的主题是鬼、魂、梦境、变形，这些故事汲取了早期民俗神话的材料来源，通过改编形成了志怪小说的文学类型。民俗神话是文学人类学研究的重要部分，反映了远古时期人们对自然界的朴素认识，并直接影响了六朝志怪小说的创作。付思德认为，志怪小说并不是纯粹的文学题材，在内容上更多体现出了民俗志的特点，具有重要的史学考证价值，是哲学、史学、社会学研究的基础性材料，但无论是中外学界，均未对六朝志怪的民俗价值加以重视，只是将其作为后世小说的材料来源，这也是当前研究中的缺憾与空白之处。

五、文学地理学研究

作为一种新型的文学批评方法，文学地理学集中关注文学创作与区域文化之间的紧密关系，其研究对象是作品、作家、流派、批评和接受中的地域审美观念。“文学地理学”的观念，实际来源于康德的《自然地理学》中，他主张将一定地理环境中产生的文学现象纳入地理学考察的范围，而不是考察文学中的地理环境。1902 年，梁启超在《中国地理大势论》中明确提出了“文学地理学”的学科概念，对中国的政治、哲学、文学、艺术与地理环境进行了详细剖析。“六朝”这一正统编年记事，不仅是时间上的概念，也是空间上的定义，代表着在建康（今南京）建都的六个朝代，即东吴、东晋，以及南朝的宋、齐、梁、陈。六朝小说的创作，无论从故事选题、文字习惯，还是故事中的对话俚语，都明显呈现出了六朝时期建康附近的区域特点。在西方学者的研究成果中，可以看到如康儒博、菲勒等均使用了文学地理学的研究方法，透视六朝小说中的区域文化特点，可为国内研究提供新的方法和视角。

菲勒在对比六朝志怪和德国的传说时，充分利用了文学地理学的研究方法，探究中西超自然小说的地域文化色彩。他指出，六朝志怪无论语言上明显体现出了建康附近的文化特征。德国境内各个区域的政治文化差异，直接影响了超自然小说中“梦魔”的形象。南方梦魔的形象是善良单纯的，大多是年轻女子的变形，她们并不会对人类造成伤害；在北部和西北部的地区中，女性恶魔则往往是邪恶歹毒的，她们通过入侵男性的梦境之中，以暴力的方式伤害男性的身体健康。康儒博对志怪小说的系统研究，则更为明确地体现出了文学地理学的研究视角。康儒博根据志怪小说的主体身份研究，指出大多作者集中于南朝的都城建康周边（现今南京地区），同时辐射至现在的河南、江苏、安徽、浙江等地区，明显反映出了建康周边的区域文化特点。此外，康儒博认为在志怪小说的故事条目中，大量出现了建康附近的民俗风情内容，并有明显的“其民曰”“俗曰”等标志，体现了地理志和民俗志对于志怪小说的创作影响。

六、跨文明比较研究

由于全世界各民族的人民，在生活环境、生活方式、风俗信仰、审美取向等多方面的差异，因此各民族的文学作品往往带有深刻的民族时代烙印。然而，由于人类共同的情感与思想，文学作品在某些方面也呈现出了部分共性，这就构成了它们在文化中的可通约性。

西方学者在六朝小说的研究中，自觉或不自觉间运用中西比较的研究方法，彰显了西方汉学界跨文化的学术视野。菲勒的《传统小说中的社会批判：六朝志怪小说与德国传说中的超自然女性形象》，是典型的中西跨文化研究成果。菲勒以中国与德国超现实小说中的女性形象为主题，比较了不同文化中女性形象的共性与差异，并结合当时的社会时代环境，分析社会现状对女性生活的决定性影响。菲勒选取了中国的志怪小说和德国传说，将两者进行互文本的研究尝试，通过情节、主题、人物等多方面的比较，凸显了中西文学间的异同之处。丽莎·拉斐尔（Lisa Raphals）则选取美国作家林白乐（Cordwainer Smith）的科幻小说与《搜神记》进行对比，运用平行研究的视角分析两种作品中体现的“人性”，她从人物的外貌、行为等方面的特点，指出两者均反映出了人类在社会生活中所压抑的动物性本能。在林白乐的作品中，动物能够具有人类的思维和行为能力，而在《搜神记》中，动物则能够变化成为人形，参与人类的社会生活。拉斐尔认为，在社会秩序的形成过程中，统治阶层通过教化限制了人类的动物性本能，而在这

Avenging Ghost Stories. Varictes Sinologiques n. s. 68. Taipei: Ricci Institution, 1982.

DeWoskin, Kenneth J. & Crump, J. I. Jr. *In Search of the Supernatural: The Written Record.* Stanford: Stanford University Press, 1996.

Dewoskin, K, J. *Doctors Diviners and Magicians of Ancient China.* New York: Columbia University Press, 1983.

Ding W. D. *Anecdotes about Spirits and Immortals*. Beijing: Foreign Language Press, 2004.

Donald, Holzman. *Chinese Literature in Transition from Antiquity to the Middle Ages.* Variorum Collected Studies Series. Aldershot, Brookfield, Singapore, and Sydney: Ashgate, 1998.

Donald, Holzman. *Immortals, Festivals and Poetry in Medieval China.* Variorum Collected Studies Series. Aldershot, Brookfield, Singapore, and Sydney: Ashgate, 1998.

Eberhard, Wolfram. *A Dictionary of Chinese Symbols: Hidden Symbols in Chinese Life and Thought.* London: Routledge & Kegan Paul, 1986.

Gilmartin, Christina K. , etal. *Engendering China: Women, Culture, and the State.* Cambridge: Harvard University Press, 1994.

Gjertson, Donald Edward. *Ghosts, Gods, and Retribution: Nine Buddhist Miracle Tales from Six Dynasties and Early Tang China.* Asian Studies Committee Occasional Paper Series No. 2. Amherst: University of Massachusetts, 1978.

H. C. Chang. *Tales of the Supernatural.* New York: Columbia University Press, 1983.

Hanan, Patrick. *The Chinese Short Story: Studies in Dating, Authorship and Composition.* Cambridge, Mass: Harvard University Press, 1973.

Holcombe, Charles. *In the Shadow of the Han: Literati Thought and Society at the Beginning of the Southern Dynasties.* Honolulu: University of Hawaii Press, 1994.

Kao Karl S. Y. , ed. and trans. *Classic Chinese Tales of the Supernatural and the Fantastic: Selections from the Third to the Tenth Century.* Bloomington: Indiana University Press. 1985.

Kroll, Paul W. , and David R. Knechtges, eds. *Studies in Early Medieval Chinese Literature and Cultural History: In Honor of Richard B. Mather and Donald Holzman.* Provo, UT: T'ang Studies Society, 2003.

Li, Wai-yee. *Enchantment and Disenchantment: Love and Illusion in Chinese Literature.* Princeton: Princeton University Press, 1993.

Owen, Stephen. *Readings in Chinese Literary Thought.* Cambridge: Harvard University Press, 1992.

Penzoldt, Peter. *The Supernatural in Fiction.* New York: Peter Nevill, 1952.

Plaks, Andrew H. ed. *Chinese Narrative.* Princeton, N. J. : Princeton University Press, 1977.

Price, Martin. *The Other Self: Thought about Character in the Novel.* In Maynard Mack and Ian Gregor, eds. Imagined Worlds. London: Methuen, 1968.

Qian Nanxiu. *Spirit and Self in Medieval China-The Shih-shuo hsin-yu and Its Legacy.* Honolulu: University of Hawaii Press, 2001.

Richard B. Mather. *A New Account of Tales of the world.* Minneapolis: University of Minnesota Press, 1976.

Robert Ford Campany. *Strange Writing: Anomaly Accounts in Early Medieval China.* New York: State University of New York Press, 1996.

Roberts, Moss. *Chinese Fairy Tales and Fantasies.*New York: Pantheon Books, 1980.

Shryock, J. K. , trans, *The Study of Human Abilities: the Jen-wu Chih of Liu Shao.* New Haven, 1937.

Sterckx, Roel. *The Animal and the Daemon in Early China.* Albany: State

Tsung-Cheng Lin. *Time and Narration: A Study of Sequential Structure in Chinese Narrative Verse.* Ph. D. Dissertation. The University of British Columbia, 2006.

Zhenjun Zhang. *Buddhism and the Supernatural Tale in Early Medieval China: A Study of Liu Yiqing's (403-444) You ming lu.* Ph. D. dissertation. University of Wisconsin-Madison, 2007.

（三）英文期刊论文

Anthony C. Yu. History, Fiction and the Reading of Chinese Narrative. *Chinese Literature: Essays, Articles, Reviews* (CLEAR), Vol. 10, No. 1/2 (Jul. , 1988), pp. 1—19.

Anthony C. Yu. Rest, Rest, Perturbed Spirit! Ghosts in Traditional Chinese Prose Fiction. *Harvard Journal of Asiatic Studies,* Vol. 47, No. 2 (Dec. , 1987), pp. 397—434.

Beartrice Spade. The Education of Women in China During the Southern Dynasies. *Journal of Asian History,* Vol. 13, No. 1 (1979), pp. 15—41.

Dennis Grafflin. The Great Family in Medieval South China. *Harvard Journal of Asiatic Studies,* Vol. 41, No. 1 (Jun., 1981), pp. 65—74.

Derk Bodde. Again Some Chinese Tales of the Supernatural: Further Remarks on Kan Pao and his Sou-shen chi. *Journal of the American Oriental Society,* Vol. 62, No. 4 (Dec. , 1942), pp. 305—308.

Derk Bodde. Some Chinese Tales of The Supernatural. *Harvard Journal of Asiatic Studies,* Vol. 6, No. 3/4 (Feb. , 1942), pp. 338—357.

Donald Holzman. The Cold Food Festival in Early Medieval China. *Harvard Journal of Asiatic Studies,* Vol. 46, No. 1 (Jun., 1986), pp. 51—79.

Donald Holzman. The Conversational Tradition in Chinese Philosophy. *Philosophy East and West,* Vol. 6, No. 3 (Oct. , 1956), pp. 223—230.

Eichorn, W, T. Wang Chia's Shih-i Chi. ZDMG, CII: I (1952), pp.130—142.

Erica Brindley. The Perspicuity of Ghosts and Spirits and the Problem of

Intellectual Affiliations in Early China. *Journal of the American Oriental Society,* Vol. 129, No. 2 (April-June 2009), pp. 215—236.

Holcombe, Charles. The Exemplar State: Ideology, Self-Cultivation, and Power in Fourth-century China. *Harvard Journal of Asiatic Studies* 49. 1(June 1989): 93—139.

Huang, Martin W. Author(ity) and Reader in Traditional Chinese Xiaoshuo Commentary. *In Chinese Literature: Essays, Articles, Reviews* 16 (Dec. 1994), pp. 41—67.

Larry C. Foster. Wang Chia's Shi-I Chi. *Monumenta Serica,* Vol. 33 (1977—1978), pp. 379—340.

Lien-sheng Yang. Justification for Spending An Uncommon Idea in Traditional China. *Harvard Journal of Asiatic Studies,* Vol. 20, No. 1/2 (Jun. ,1957), pp. 36—52.

Maeno Naoaki. The Origin of Fiction in China. *Acta Asiatica,* 16 (1969), 27—37.

Mu-Chou Poo. The Completion of an Ideal World: The Human Ghost in Early-Medieval China. *Asia Major, Third Series,* Vol. 10, No. 1/2 (1997), pp. 69—94.

Paula Varsano. Disappearing Objects/Elusive Subjects: Writing Mirrors in Early and Medieval China. *Representations,* Vol. 124, No. 1 (Fall 2013), pp. 96—124.

Pei-Yi Wu. Self-Examination and Confession of Sins in Traditional China. *Harvard Journal of Asiatic Studies,* Vol. 39, No. 1(Jun. , 1979), pp. 5—38.

Qian Nanxiu. Diato Seigo: An Alien Analogue of the Shih-shuo hsin-yu. E*arly Medieval China* 4(1998): 49—82.

Qian Nanxiu. Milk and Scent: Works about Women in the Shih-shuo hsin-yu Genre. *Early and Imperial China* 1. 2(Fall 1999): 187—236.

Qian Nanxiu. Women's Role in Wei-Chin Character Appraisal as Reflected in the Shih-shuo hsin-yu. *Studies in Early Medieval Chinese Literature and Cultural History,* 2003: 259—302.

Richard B. Mather. A note on the Dialects of Lo-Yang and Nanking during the Six

Dynasties. In Tse-chung Chow, ed, Wei-lin. *Madison,* 1968: 247—256.

Richard B. Mather. Chinese Letters and Scholarship in the Third and Fourth Centuries: The Wen-hsueh P'ien of the SSHY. *Journal of the American Oriental Society* 84. 4(1964): 348—394.

Richard B. Mather. Individualist Expressions of the Outsiders during the Six Dynasties. *Individualism and Holism: Studies in Confusion and Taoist Values,* edited by Donald J. Munro. 199—214.

Richard B. Mather. Some Examples of "Pure Conversation" in the SSHY. *Transactions of the International Conference of Orientalists in Japan* 9(1964): 58—70.

Richard B. Mather. The Controversy over Conformity and Naturalness during the Six Dynasties. *History of Religions* 9. 2-3(1969-1970): 160—180.

Richard B. Mather. The Fine Art of Conversation: The Yen-yu P'ien of the SSHY. *Journal of the American Oriental Society* 91. 2(1971): 222—275.

Richard B. Mather. Translating Six Dynasties "Colloquialisms" into English: The Shih-Shuo hsin-yu. *Translating Chinese Literature,* Eoyang, Eugene, & Lin, Yao-Fu [Eds], Bloomington. Indiana Press, 1995, pp.57—66.

Robert F. Campany. Ghosts Matter: The Culture of Ghosts in Six Dynasties Zhiguai. *Chinese Literature, Essays, Articles, Reviews.* 13 (1991): 15—34.

Robert Ford Campany. Two Religious Thinkers of the Early Eastern Jin: Gan Bao and Ge Hong in Multiple Contexts. *Asia Major, THIRD SERIES,* Vol. 18, No. 1 (2005), pp. 175—224.

Robert Joe Cutter. Shishuo xinyu and the Death of Cao Zhang. *Journal of the American Oriental Society,* Vol. 129, No. 3 (July-September 2009), pp. 403—411.

Roel Sterckx. Transforming the Beasts: Animals and Music in Early China. *T'oung Pao, Second Series,* Vol. 86, Fasc. 1/3 (2000), pp. 1—46.

Stephen F. Teiser. Having Once Died and Returned to Life: Representations of

Hell in Medieval China. *Harvard Journal of Asiatic Studies,* Vol. 48, No. 2 (Dec., 1988), pp. 433—464.

T. H. Barrett. On the Reconstruction of the Shenxian zhuan. *Bulletin of the School of Oriental and African Studies,* University of London, Vol. 66, No. 2 (2003), pp. 229—235.

William H. Nienhauser, Jr. The Origins of Chinese Fiction. *Monumenta Serica,* Vol. 38 (1988—1989), pp. 191—219.

Yang, V. T. About shih-shuo hsin-yu. *Journal of Oriental Studies*2. 2(1955): 309—315.

Yoshikawa Kōjirō and Glen W. Baxter. The Shih-shuo hsin-yü and Six Dynasties Prose Style. *Harvard Journal of Asiatic Studies,* Vol. 18, No. 1/2 (Jun. , 1955), pp. 124—141.

Yu, Ying-Shih. O Soul, Come Back! a Study in the Changing Conceptions of the Soul and Afterlife in Pre-Buddhist China. *Harvard Journal of Asiatic Studies 47,* No. 2 (1987): 363—395.

Zou, John. A Chinese Ghost Story: Ghostly Counsel and Innocent Man. In Chinese Films in Focus: 25 New Takes, ed. Chris Berry, pp. 39—46. London: British Film Institute, 2003.

二、中文文献

（一）中文专著

〔汉〕班固:《汉书》，中华书局 1970 年版。

〔晋〕陈寿、〔宋〕裴松之注《三国志》，中华书局 1959 年版。

〔晋〕葛洪:《神仙传》，学苑出版社 1998 年版。

〔南朝梁〕沈约:《宋书》，中华书局 1974 年版。

〔南朝梁〕萧子显:《南齐书》,中华书局 1972 年版。

〔唐〕房玄龄等:《晋书》,中华书局 1974 年版。

〔唐〕李延寿:《北史》,中华书局 1974 年版。

〔唐〕李延寿:《南史》,中华书局 1975 年版。

〔唐〕魏征等:《隋书》,中华书局 1973 年版。

〔唐〕姚思廉:《陈书》,中华书局 1972 年版。

〔宋〕范晔:《后汉书》,中华书局 1965 年版。

〔清〕阮元校刻《十三经注疏》,中华书局影印 1980 年版。

曹道衡:《南北朝文学史》,人民文学出版社 1991 年版。

曹顺庆主编《比较文学概论》,中国人民大学出版社 2011 年版。

曹顺庆主编《比较文学教程》,高等教育出版社 2006 年版。

范子烨:《世说新语研究》,黑龙江教育出版社 1998 年版。

范子烨:《中古文人生活研究》,山东教育出版社 2001 年版。

贺昌群:《魏晋清谈思想初论》,商务印书馆 1947 年版。

胡从经:《中国小说史长编》,上海文艺出版社 1998 年版。

李剑国:《唐前志怪小说史》,南开大学出版社 1984 年版。

李剑国:《新辑搜神后记》,中华书局 2007 年版。

李剑国:《新辑搜神记》,中华书局 2007 年版。

刘大杰:《魏晋思想论》,商务印书馆 1939 年版。

刘叶秋:《魏晋南北朝小说》,上海古籍出版社 1978 年版。

鲁迅:《中国小说史略》,人民文学出版社 1981 年版。

吕思勉:《两晋南北朝史》,上海古籍出版社 2005 年版。

马良怀:《崩溃与重建中的困惑——魏晋风度研究》,中国社会科学出版社 1993 年版。

宁稼雨:《传神阿堵,游心太玄:六朝小说的文体与文化研究》,百花文艺出版社 2002 年版。

宁稼雨:《魏晋风度——中古文人生活行为的文化意蕴》，东方出版社 1992 年版。

宁稼雨:《六朝小说学术档案》，武汉大学出版社 2011 年版。

欧阳健:《中国神怪小说通史》，山东教育出版社 1996 年版。

齐治平校注《拾遗记》，中华书局 1981 年版。

石昌渝:《中国小说源流论》，生活·读书·新知三联书店 1994 年版。

孙逊:《中国古代小说与宗教》，复旦大学出版社 2000 年版。

汪绍楹校注《搜神后记》，中华书局 1981 年版。

汪绍楹校注《搜神记》，中华书局 1979 年版。

王恒展:《中国小说发展史》，山东教育出版社 1996 年版。

王能宪:《世说新语研究》，江苏古籍出版社 1992 年版。

王枝忠:《魏晋六朝小说史》，浙江古籍出版社 1997 年版。

魏世民:《魏晋南北朝小说史》，安徽大学出版社 2011 年版。

吴志达:《中国文言小说史》，齐鲁书社 1994 年版。

萧虹:《〈世说新语〉整体研究》，上海古籍出版社 2011 年版。

徐公持:《魏晋文学史》，人民文学出版社 1999 年版。

徐震堮:《世说新语校笺》，中华书局 1984 年版。

杨义:《中国古典小说史略》，中国社会科学出版社 1995 年版。

余嘉锡笺疏《世说新语笺疏》，中华书局 1983 年版。

余英时:《士与中国文化》，上海人民出版社 1987 年版。

袁济喜:《六朝美学》，北京大学出版社 1989 年版。

郑晚晴辑注《幽明录》，文化艺术出版社 1988 年版。

郑学韬校注《列异传等五种》，文化艺术出版社 1988 年版。

周一良:《魏晋南北朝史论集》，北京大学出版社 1997 年版。

周一良:《魏晋南北朝史札记》，中华书局 1985 年版。

朱人渭等:《魏晋南北朝社会生活史》，中国社会科学出版社 1998 年版。

（人文社会科学版）2007年第3期。

宇汝松:《心理调适与终极关怀——魏晋士林心隐之路探析》,《江淮论坛》2008年第3期。

张海明:《世说新语的文体特征及与清谈之关系》,《文学遗产》1997年第1期。

张庆民:《〈搜神记〉研究二题》,《文学遗产》2008年第4期。

张庆民:《〈搜神记序〉初探》,《文学遗产》2013年第6期。

张永言:《马译〈世说新语〉商兑续貂（一）——为纪念吕叔湘先生九十寿辰作》,《古汉语研究》1994年第4期。

张永言:《马译〈世说新语〉商兑续貂（二）——为纪念吕叔湘先生九十寿辰作》,《古汉语研究》1995年第1期。

赵艳波:《魏晋士人的文化精神及现代意义》,《广州大学学报》（社会科学版）2013年第1期。

赵志坚:《魏晋南朝的门第婚姻》,《历史教学》1997年第8期。

周光庆:《魏晋风度的人格内涵》,《华中师范大学学报》（哲社版）1996年第4期。

附录　英语世界的六朝小说译介史概况

时间	译者	篇名	出版单位	备注
1812	Robert Morrison.	*Horae Sinicae: Translations from the popular literature of the Chinese*	London: Printed for Black and Parry.	收录有中国道教、佛教以及《搜神记》中的故事
1841	J. L. Shuck.	*Sketch of Teen Fe, or Matsoo Po, the goddess of Chinese seamen*	The Chinese Repository. Vol. 10, No. 2, pp. 90—93.	收录有《搜神记》部分条目
1841	J. L. Shuck.	*Sketch of Kwanying*	The Chinese Repository. Vol. 10, No. 3 , pp. 191—197.	收录有《搜神记》部分条目
1841	J. L. Shuck.	*Sketch of Yuhwang Shangte, one of the highest deities of the Chinese mythology*	The Chinese Repository. Vol. 10, No. 6, pp. 311—315.	收录有《搜神记》部分条目
1849	J. L. Shuck.	*Account of Hiuen-tien Shangti*	The Chinese Repository. Vol. 18, No. 2, pp. 108—115.	收录有《搜神记》部分条目
1850	J. G. Bridgman.	*Mythological Notices*	The Chinese Repository. Vol. 19, No. 6, pp. 318—323.	收录有《搜神记》部分条目
1882	J. D. Ball.	*Scraps from Chinese Mythology*	The China Review. Vol. 11, No. 2.	收录有《搜神记》部分条目
1883	J. D. Ball.	*Scraps from Chinese Mythology*	The China Review. Vol. 11, No. 4	收录有《搜神记》部分条目
1919	W. P. Yetts	*Taoist tales*	The New Chinese Review. Vol. 1, No. 2, 169—170.	收录有《搜神记》第 10、12 则故事

后　记

自进入“英语世界的六朝小说”的专题研究以来，已接近五年的时光，如今终于付梓。笔者接触中国文学的海外传播这一领域，缘于恩师曹师顺庆先生的教育部重大攻关项目“英语世界的中国文学译介与研究”，在先生的带领下进行了六朝小说在英语世界的传播研究。在中华文化“走出去”的时代背景下，以曹先生为学术团队核心，经过近八年的深入研究，全面系统地总结了中国文学在英语世界的传播和接受规律，共计产生 440 万字的研究成果，并辅以大量的案例资料，为我国文化建设及中国文化“走出去”战略提供了有益借鉴。笔者在进行大量的前期工作后，将研究对象确定为六朝小说，可以说，本书从确定选题、制定框架、文献搜集等各部分，均得益于曹师的悉心指导，在此向恩师致以谢意。同时，笔者的硕士研究生导师李凯先生，持续关注着本课题研究的进行，并在笔者的学习和工作中不断给予鼓励和关怀，一并向恩师致谢。

在四川大学完成博士阶段的学习后，笔者选择回到家乡工作，加入大连外国语大学文化传播学院。进入工作岗位后，感受到了与学生身份截然不同的节奏，尽管有教学与科研工作的压力，但更多的是轻松愉快的工作氛围。从院系领导到各位老师，在笔者工作初期提供了很多帮助，使笔者能够在短时期内完成了从学生到教师的身份转换。2018 年，笔者以“英语世界的六朝小说研究”为题，申报了教育部人文社会科学青年基金项目并顺利获批，在撰写项目申报书时，得到了大连外国语大学日本语学院柴红梅教授的多次指点，在此向柴教授致谢。在项目获批后，笔者对本选题进行了更为深入系统的研究，团队成员在《当代文坛》

《中外文化与文论》《中华文化海外传播研究》等刊物上发表多篇论文，为本项目的最终完成奠定了良好的基础。

2017～2020年，对于笔者来说是人生的重要阶段，结束了20年的校园生活，真正开始独立工作和生活，并于2020年走入婚姻，承担起家庭的责任与义务。感谢我的丈夫王雪龙先生，自青葱岁月起就给予我无限关爱，包容我在生活中的种种不足，让我在漂泊多年后拥有最为温暖的港湾。自13岁相识，到31岁结为夫妻，虽会感叹于缘分的兜兜转转，但更多是感谢命运的眷顾。感谢父母的疼爱，在人生各个阶段为我提供了安定的生活条件，可以集中精力完成各项学习与工作任务。年岁渐长，慢慢发现父母鬓边华发的增长，更觉时光飞逝，应珍惜所有。

本书的顺利出版，还要感谢大连外国语大学文化传播学院张恒军院长，中华文化海外传播研究中心首席研究员唐润华先生。两位老师在工作中的指导与支持，使笔者能够较为圆满地完成各项工作，并鼓励我不断进行科研创作。此外，大连外国语大学文化传播学院办公室主任刘明阳老师、教学秘书潘婧妍老师，在日常工作中为笔者提供了诸多帮助，不厌其烦地指导我处理各项行政工作，在此表示谢意。

而立之年已过，回首过往要感念所有的善意，感谢人生旅程上的师长、家人、挚友、伙伴，带给我每一段难忘的回忆。我也将带着善意继续前行，脚踏实地的走好人生的每一步。

本书是教育部人文社会科学青年基金项目“英语世界六朝小说研究”的最终成果，感谢教育部和大连外国语大学学科规划处的资助，感谢中国戏剧出版社有限公司的大力支持，感谢郭峰老师的严谨工作。

芦思宏

2020年5月于大连外国语大学逸夫教学楼